Ex libris Salmon
1734
Emp. Massilia die februar. 4.º

TRAITÉ
DE LA VERITÉ
DE LA
RELIGION
CHRETIENNE.

Traduit du Latin de GROTIUS,
PAR P. LE JEUNE.

*Nouvelle Edition augmentée de deux
Differtations de* M. LE CLERC,
qui ont raport à la matiere.

A AMSTERDAM,
Chez ELIE JACOB LEDET,
& COMPAGNIE.
MDCCXXVIII.

AVERTISSEMENT
SUR CETTE EDITION.

LES Exemplaires de cette Traduction Françoise du Traité de la Vérité de la Religion Chrétienne, du célebre GROTIUS, sont devenus si rares, qu'on se flate de faire plaisir au Public, en lui en donnant une nouvelle Edition. On ne dira rien ici sur l'excellence de l'Ouvrage; le merite en est assez connu, & il y a long tems que divers Savans en ont fait l'éloge: Le seul nom de l'Auteur seroit même suffisant pour le recommander, & pour le faire rechercher avec empressement. Mais on se croit obligé d'avertir, que cette Edition a plusieurs avantages considerables, qui la doivent faire préferer à la précedente. En voici les principaux.

1. Comme l'on sait que plusieurs Personnes de bon goût ont desapprouvé la li-

AVERTISSEMENT.

liberté que le Traducteur s'étoit donnée, d'inserer quelques Additions de sa façon dans le Texte même de GROTIUS; on a jugé à propos, pour ôter ce juste sujet de plainte, de placer ces Additions au bas des pages d'où elles ont été tirées: & pour les faire distinguer des Notes, on a mis à la fin de chaque Addition ces mots abregés, ADD. DU TRAD.

2. Dans l'autre Edition, on avoit mis toutes ensemble les Notes de GROTIUS après le corps de l'Ouvrage; ce qui étoit fort incommode pour les Lecteurs, qui n'aiment pas d'interrompre leur lecture, pour aller chercher à la fin d'un Livre les éclaircissemens dont ils peuvent avoir besoin: au lieu que dans celle-ci, on a placé ces Notes, de même que celles du Traducteur, sous l'endroit du Texte auquel elles se rapportent, chacune dans son rang; de sorte qu'on peut voir d'un coup d'œil, & sans se detourner, ce qu'il y a à remarquer sur chaque page.

3. On a encore ajouté quelques Notes historiques d'un autre Traducteur, qui a publié sa Traduction à Paris en 1724; & on les a toutes distinguées en deux manieres differentes: car d'un coté, ces

de

AVERTISSEMENT. v

de GROTIUS *sont marquées par des chiffres, celles du Traducteur de cette Edition par des Asterisques, & celles du Traducteur de Paris par des lettres: d'autre côté, on n'a rien mis à la fin de celles du premier, au lieu qu'on a mis le mot* TRAD. *à la fin de celles du second, & les mots* TRAD. DE PAR. *à la fin de celles du troisieme; ainsi on ne sauroit prendre les unes pour les autres. Il est bon d'observer ici, en passant, qu'on n'a emprunté du Traducteur de* Paris *que ses Notes historiques, & qu'on a laissé à l'écart celles d'une autre espece, n'aiant pas trouvé à propos d'en charger cette Edition. On doit remarquer aussi, que notre Traducteur n'a pris des Notes & des Citations de* GROTIUS, *que celles qui lui ont paru curieuses & de quelque importance, & qu'il en a omis quantité d'autres qu'il a cru inutiles ou indifferentes pour les Lecteurs; comme, par exemple, les Citations du Talmud, des Livres des Rabbins, de l'Alcoran &c. A l'égard des Notes qu'il a pris la peine de traduire, il a tâché de leur donner plus de force & de clarté qu'elles n'en ont dans l'Original, tantôt en les abregeant, tantôt en les*

pa-

AVERTISSEMENT.

paraphrasant un peu, tantôt en y faisant quelques remarques &c. & c'est de quoi on doit lui tenir compte.

4. Enfin on a enrichi cette nouvelle Edition de deux Dissertations de l'illustre Monsieur LE CLERC ; qu'il avoit ajoutées aux dernieres Editions de l'Original, & qu'on a traduites en faveur de ceux qui n'entendent pas le Latin. Ces deux Pièces ont un si grand rapport avec la matiere qui fait le sujet de ce Traité, qu'on peut dire qu'elles en sont autant de dépendances, & une espèce de suite assez naturelle. Monsieur LE CLERC est d'ailleurs si connu dans la Republique des Lettres, par tant de beaux & savans Ouvrages, que le nommer simplement, c'est faire son Eloge, & c'est aussi pour cette raison qu'on n'entreprendra pas de s'étendre ici sur ses louanges, d'autant plus qu'on se sent fort incapable de le louer dignement. On se contentera donc de dire, qu'on ne doute pas que tout le monde ne lise avec plaisir les deux Dissertations dont il s'agit, lorsqu'on saura que ce Savant du premier ordre en est l'Auteur.

En

AVERTISSEMENT.

En voilà assez pour faire juger que cette derniere Edition l'emporte de beaucoup, à plusieurs égards, sur la précedente. Ainsi l'on se flate qu'elle sera d'autant plus favorablement reçue du Public, & que le Libraire n'aura pas sujet de se repentir de l'avoir publiée.

DISCOURS
DU TRADUCTEUR.

Où l'on fait voir la nécessité qu'il y a d'étudier les fondemens de la Religion: où l'on tâche de diminuer le scandale de la voir combatue par les Libertins tant de mœurs que de créance : & où l'on rend compte de la conduite qu'on a tenue dans cette Traduction.

IL n'est rien de si commun ni de si blâmable tout ensemble, que le peu d'aplication des Chrétiens à examiner les véritables fondemens de leur Religion; & que cette espéce de bonne foi mal-entendue avec laquelle ils continuent de croire des véritez, qu'ils ont embrassées avant que de savoir pourquoi ils les embrassoient. Si l'on l'on y prend garde, on verra que l'un des derniers principes sur quoi repose leur persuasion, est à peu près le même que celui qui sert d'apui à toutes les fausses Religions, & qui est la source de la plûpart des erreurs, même de simple spéculation. Voici ce principe, *Mes Ancêtres ont été dans cette créance: Or ils étoient trop habiles pour se tromper, & trop sincéres pour se vouloir tromper les uns les autres successivement: Donc j'ai raison de recevoir cette créance & d'y persévérer.* Ce raisonnement fait pitié, je l'avoue, lors qu'il est dévelopé: & tel qui en sent la prétendue force, tant qu'il demeure dans les replis du cœur, & dans le rang des idées confuses, n'a garde de le reconnoître, lors qu'on le tire de là pour le mettre en son jour. Mais il n'en est pas moins vrai qu'il n'y a rien de si ordinaire; qu'on le rencontre en toutes sortes d'hommes, & sur toutes sortes de sujets, & qu'il est particuliérement assez commun en matiére de Religion.

Remarquons cependant, à l'honneur de ceux qui font profession du Christianisme le plus épuré, que quoi qu'ils ne soient pas exemts de cette foi-

foiblesse, lors qu'ils s'agit de la vérité de la Religion Chrétienne en général, ils prennent un soin extréme de l'éviter par raport au Christianisme Réformé. Rien n'est plus édifiant que de voir parmi eux les enfans croître en la connoissance de leur Religion, à mesure qu'ils croissent en âge, & parvenir avec le tems à une certaine maturité, qui les rend capables de soutenir leur créance contre les Docteurs du Parti contraire.

Mais il faut reconnoître de bonne foi qu'ils ne font en cela que la moitié de leur tâche, & qu'en s'accoutumant à suposer la divinité des Livres dont ils se servent si bien contre les Communions ennemies de celle où ils sont nez, ils s'acoutument aussi à négliger de connoître les preuves de cette divinité. La raison de cette négligence est claire. Si la Providence eût permis qu'il y eût des Sociétez de Libertins & d'Athées, distinctes des Sociétez Chrétiennes, il est certain que l'oposition auroit produit à cet égard son éfet ordinaire. Le besoin où chaque Chrétien auroit été de trouver des armes, tant pour ataquer que pour se défendre, lui en eût bien tôt fait chercher. Mais dans l'état où sont les choses, la timidité qu'inspirent des sentimens qui choquent la créance universelle, & apuyée même du bras séculier, oblige les ennemis de nos Véritez à se cacher sous le voile de la profession du Christianisme. Si quelquefois ils se produisent, ils le font ou avec si peu de ménagement, & une si grande éfronterie, qu'il ne paroissent pas même vouloir faire des Sectateurs; ou d'une maniére si circonspecte & si mistérieuse, que le commun des Chrétiens ne les comprend pas, ou n'opose à leur témérité, dés qu'ils viennent à l'apercevoir, que l'horreur & le mépris.

S'il a plu à Dieu de ne nous pas mettre tout à fait dans cette triste nécessité de nous atacher à l'étude des principes du Christianisme, il en naît d'ailleurs une si pressante de la nature même de la Religion, de la conduite de Dieu dans la Révélation, & des inconvéniens dont l'ignorance de ces principes pourroit être suivie, qu'il est étrange qu'on ne sente pas cette nécescessité, ou qu'on la sente si inutilement.

La Religion étant la chose du monde la plus conforme à la droite Raison, il est juste aussi de la croire sur des principes raisonnables. De plus, c'est très-mal répondre aux soins que la Sagesse divine a pris d'y répandre tant de lumiére; de ménager avec tant d'art les degrez de la Révélation, que les premiers conduisent aux derniers, & les prouvent invinciblement : de déployer si à propos la force du pouvoir divin pour en autoriser les premiers Ministres; de fournir, en un mot, tout ce qui pouvoit afermir la créance que c'est Dieu même qui parle: C'est, dis-je, très-mal répondre à ces soins si dignes de Dieu que de ne faire que peu ou point d'atention à ces illustres caractéres de sa Parole, de n'en pas pénétrer le but, & de ne pas travailler à les munir contre les exceptions de l'Impiété.

En vérité, l'on a de la peine à comprendre que l'esprit de l'homme, toûjours inquiet, jusques dans les moindres choses, toûjours curieux pour les grandes, toûjours en défiance contre
les

les nouveautez, fur tout fi elles lui impofent quelque joug, démeure néanmoins dans une fi grande indolence à l'égard des véritez de la Religion. Cet efprit qui, lors qu'il agit avec quelque raifon, ne fe foumet jamais à une autorité gênante, & ne fe laiffe jamais éfrayer par de grandes menaces, ni flatter d'efpérances un peu extraordinaires, fans en avoir quelque motif: Cet efprit ne fe demandera-t-il pas enfin à lui-même, mais qui m'a foumis aux Loix de cette Religion que je profeffe? N'aurois-je point cru un peu trop légérement ceux de qui je la tiens? Quelle certitude ai-je que fes menaces ne font pas vaines? Qui me fera garand de l'acompliffement fes de promeffes?

Il le fait fans doute, dira-t'on, & il s'eft bien tôt répondu, que fa foumiffion, fes craintes, & fes efpérances font fondées fur l'autorité de Dieu qui lui en révéle les objets. J'avoue que cette raifon eft bonne, mais ce n'eft pas proprement une derniére raifon. Qu'on preffe ce Chrétien, & qu'on lui demande les preuves en vertu defquelles il fe perfuade que Dieu

eft

est l'auteur de cette Révélation, on verra qu'il les ignore, ou qu'il ne les connoît que très-imparfaitement.

Distinguons pourtant ici deux sortes de preuves. Les unes consistent, dans des raisonnemens qui vont à établir la certitude des principaux Faits que l'Ecriture contient; dans l'harmonie des deux parties de la Révélation: dans le juste & précis acomplissement des Oracles qu'elle renferme; dans la qualité des premiers témoins des événemens miraculéux qui y sont raportez. Les autres se tirent de diverses réflexions, sur la simplicité du stile, jointe à une majesté qui n'a rien d'humain; sur la sublimité des Dogmes; sur l'excellence de la Morale, & sur le raport de toutes les parties de la Révélation à tous les besoins de la conscience. Les unes & les autres peuvent être un sujet de raisonnement, & devenir, étant bien éclaircies, des motifs de conviction par raport aux Incrédules mêmes. Cependant il est certain que les derniéres ont ces deux caractéres particuliers. 1. Qu'elles sont encore plus l'objet du sentiment que celui de la réflexion & du discours,

&

& que toute divine qu'est leur force, il est bien dificile de la faire passer dans les cœurs qui n'ont point encore été ébranlez par les premières. 2. Que ce sont elles pourtant qui font le véritable fidéle, & qui le distinguent le mieux de ceux qui n'ont qu'une foi stérile, froide, & purement historique.

Cela posé, j'avoue que dans ceux qui sont véritablement persuadez de la Religion, cette persuasion ne naît pas seulement de ce préjugé dont j'ai parlé dès l'entrée, & qu'elle vient aussi de cette dernière sorte de preuves, que j'apelle *preuves de sentiment*. Mais, après tout, cela ne sufit pas. Outre qu'elles ne sont pas assez sures, lors qu'on ne veut que les sentir, & qu'on ne tâche pas à les aprofondir par le secours de la réflexion, on demeure toûjours par là dans une ignorance assez honteuse des preuves de la première espéce, & l'on néglige d'aquerir des connoissances utiles, capables de fortifier la foi, & d'afermir même les preuves de sentiment. De plus, où en seroit-on avec celles-ci, au cas que
Dieu

Dieu préfentât quelque ocafion de défendre la Religion, ou de combatre l'Incrédulité? On rougiroit affurément d'en être réduit à dire, *Quoi qu'il en foit, je fens qu'il faut que cela foit ainfi. Je ne puis pas bien vous développer pourquoi ma Religion me femble vraye. Mais j'en fuis fi pleinement convaincu, que je fuis prêt à répandre mon fang plutôt que d'y renoncer.* Cela ne reffembleroit-il pas affez à ce *je ne fai quoi* dont on a tant parlé, & par lequel un bel Efprit de ce tems a très-férieufement prétendu définir la grace?

Ce n'eft pas là le feul mauvais éfet de cette demi-fcience des principes de la Religion. On pourroit foutenir, fans donner dans le Paradoxe, qu'elle eft capable de répandre fur la pratique même, d'affez mauvaifes influences: ou que du moins, une connoiffance entiére des preuves ne peut qu'y en répandre de très-heureufes. Que de Chrétien à Chrétien on entaffe controverfes fur controverfes, quel fera l'éfet de toutes ces peines? Ordinairement plus de fermeté dans la Communion particuliéliére où l'on est né, mais souvent plus d'animosité contre ceux qu'on regarde comme errans, & plus de présomption de sa propre capacité. Pour la sanctification, il ne paroît pas que cela contribue fort à l'avancer. Mais que par une méditation sérieuse on entre dans l'étude de la vérité de l'Ecriture, & des raisons qui la prouvent, quel sera le fruit de ce travail? Une persuasion plus vive & plus forte que c'est Dieu qui y parle: que par conséquent rien n'est plus certain que les promesses & les menaces qui y sont faites, rien plus auguste & plus inviolable que les Loix qui y sont prescrites. Et n'est-ce pas là le premier & le plus universel Principe de la Morale, & celui dont l'afoiblissement est le plus propre à ralentir l'Homme, & à le jetter dans la négligence & dans le relâchement?

Enfin, la foi du commun des Fidéles, qui roule sur un certain sentiment, raisonnable à la vérité, mais un peu confus, est de tems en tems sujette à des ébranlemens qui naissent, ou de la trop grande sublimité & de la spiritualité de son objet; ou de l'in-

** con-

constance naturelle à l'ame, qui a beaucoup de peine à se tenir sur un certain point fixe; ou de quelque persécution, qui ne porteroit peut-être pas le Chrétien à embrasser les opinions de ses Persécuteurs, mais qui faisant prévaloir le sentiment vif & distinct des peines ou des recompenses sur le sentiment confus de la vérité du Christianisme, pourroit bien le porter à ne plus rien croire du tout. Il faut avouer qu'en ces trois cas-là, le sentiment peut souffrir de grandes défaillances, & que le moyen le plus sûr de le réveiller, c'est d'apeller à son secours ces autres preuves de réflexion & de raisonnement. Ce sont elles qui ont établi la Religion Judaïque. C'est par elles que le Christianisme s'est produit pour la premiére fois dans Jérusalem, & s'est répandu de là dans tout l'Univers. C'est donc à elles à le défendre dans le cœur des Fidéles, lors qu'il y est combatu ou par leur foiblesse, ou par leur inconstance, ou par la malice des hommes.

Il n'est pas dificile de voir où tendent ces réflexions. C'est d'un côté, à exciter puissamment les Chrétiens

tiens à une étude si nécessaire & si négligée, & à leur faire naître l'envie d'être aussi raisonnables dans la chose du monde la plus importante, qu'ils le sont dans les plus indiférentes & les plus communes. Mais d'autre côté, elles nous ménent à rendre justice à ceux qui nous ayant prévenu dans cette étude, nous ont bien voulu faire part de leurs lumiéres; à les écouter favorablement, & à profiter de leurs travaux.

Et que l'on ne craigne pas de s'engager par là dans une trop longue étude. Jamais sujet aussi digne d'être traité n'exerça moins l'esprit des Savans. Le dénombrement des Livres qui ont été faits sur cette matiére, ne seroit pas fort dificile à faire; & à peine nôtre Langue, si fertile en productions d'esprit & de science, en fournit-elle cinq ou six. Cette stérilité peut venir de deux principes tout oposez; ou d'une crainte scrupuleuse de donner prise à l'Incrédulité, en montrant à nud les fondemens de la Religion; ou, ce qui arrive plus souvent, d'une si grande confiance sur l'évidence de ses preuves, que l'on ait cru que l'industrie n'y pouvoit rien ajouter : sentimens presque également faux & excessifs.

Quoi qu'il en soit, l'Eglise semble n'avoir pris cette matiere à cœur, que quand ses Ennemis l'y ont forcée. Lors que le Christianisme, parfaitement établi sur les ruines de la Religion Payenne, n'eut plus d'ennemis à combatre, on vit tout d'un coup cesser ces disputes, ces Apologies, & tels autres Ecrits que l'Eglise naissante & persécutée avoit mis en usage avec tant de succès. Délivrée de ces Ennemis, il lui en naquit d'autres de son propre sein. La corruption des mœurs, l'obscurcissement des Véritez, l'introduction des erreurs lui furent, & lui ont toûjours été depuis cela, une matiére de combats & de triomphes. Trop heureuse, au milieu de ces désordres, si elle se fût souvenuë de n'employer contre ses Enfans revoltez, que les mêmes armes dont elle s'étoit servie jusques là contre ses Ennemis; & si, par une funeste imitation de la fureur des Payens, elle n'eût pas joint aux voyes de raisonnement & de discussion, ces mêmes voyes de fait qu'elle avoit si hau-

hautement désaprouvées, & dont elle avoit si bien fait voir l'injustice!

Il ne faut pas douter que dans ce progrès de corruption & d'erreurs, la malice du cœur n'en ait souvent précipité plusieurs dans le Libertinage & dans l'Athéisme. Mais on peut dire que c'étoit plûtôt un libertinage de mœurs que de créance, ou du moins d'une créance qui cherchât des raisons pour s'apuyer. Il y avoit sans doute beaucoup de ces Insensez, qui disent en leur cœur, *Il n'y a point de Dieu :* mais il ne paroît pas qu'il y en eût beaucoup qui le dissent dans leur esprit. La dépravation ordinaire du cœur ne va pas là. Pour franchir ce pas, il faut un degré de malice qui n'apartient pas à tous les siécles, il faut un certain tour & une certaine mesure d'esprit assez extraordinaires. Lors qu'il s'agit d'ataquer des Véritez ou obscures, ou peu importantes, & ausquelles personne ne prend intérêt, il n'est besoin pour y réüssir, que d'un degré fort médiocre d'esprit & de hardiesse. Mais il faut beaucoup de l'un & de l'autre, pour entreprendre de ruïner dans son cœur, & dans celui des autres hommes, des sentimens & des notions, que la Nature, que la Conscience, que le consentement des Peuples, qu'une Religion enfin aussi ancienne que le Monde, établissent unanimement; ou pour tâcher de détruire une Religion, qui, outre ces apuis généraux, en a d'autres qui lui sont particuliers, & qui sont si fermes que ni la fureur ni l'artifice, n'ont fait après mille éforts, que les rendre encore plus inébranlables.

De si étranges excès sembloient donc être réservez à nôtre siécle : siécle dont on ne sauroit dire ni trop de bien ni trop de mal. En éfet il n'est pas facile de déterminer s'il a fait plus de progrès dans les choses qui perfectionnent l'esprit, que dans celles qui le corrompent. Toutes les Sciences & tous les Arts semblent avoir pris une nouvelle face. La seule Religion Chrétienne y a perdu. Ses divisions intérieures, & les ataques secrettes de plusieurs Esprits, beaux & heureux à l'égard d'autres objets, mais gâtez & perdus par raport à la Religion, ont bien balancé les conquêtes qu'elle a
pu

pu faire, soit dans l'Orient, soit dans l'Occident. Il étoit donc juste qu'à mesure que les Ennemis paroissoient, il parût aussi des Défenseurs, & que l'on n'abandonnât pas les foibles à ce sentiment confus, si peu capable de tenir contre l'artifice d'un Sophisme manié par des mains adroites. Il étoit même de la charité qu'on travaillât à ramener ces esprits égarez, & à leur rendre aimable une Religion qu'ils ne combatent, que parce qu'ils ne la connoissent pas.

C'a été l'une des vues de l'Illustre GROTIUS, dont le nom exciteroit la plus parfaite admiration qu'on puisse concevoir pour un homme, s'il ne réveilloit pas en même tems le souvenir de ses derniéres foiblesses.

Je ne m'étendrai pas sur le mérite de son Ouvrage. Ce seroit avoir mauvaise opinion du goût du Siécle, que de croire que 50 ou 60 ans eussent encore laissé quelque chose à ajoûter à sa réputation. Elle est si bien établie, que l'on peut hardiment dire du bien de ce Livre sans craindre d'exposer son jugement, & qu'on ne peut en parler foiblement sans se faire tort à soi-même.

Il me sufira de remarquer, qu'à peine une si belle matiére pouvoit-elle tomber en de meilleures mains. Rien n'est plus satisfaisant à un cœur plein d'amour pour nôtre sainte Religion, que de la voir défendre par un homme en qui toutes les Sciences humaines se trouvent réünies dans le plus haut degré. On a beau faire, on ne se défera jamais entiérement du préjugé que forment, pour ou contre de certains sentimens, l'habileté & le mérite de ceux qui les soutiennent ou qui les combatent. Il est vrai que la Religion Chrétienne est en un sens la Religion *des simples, des humbles, des enfans, & des pauvres en esprit*. Mais il n'est pas moins vrai, que c'est aussi la Religion des *prudens, des sages, & des parfaits*. Il n'y auroit donc rien de plus capable d'ébranler la Foi, que de voir que dans ce double ordre de Savans & de Simples, où l'on peut ranger tous les hommes, le Christianisme n'eût en partage que ces derniers, & fût ou négligé ou rejetté par les autres. Ainsi c'est par une conduite infiniment sage, que la Providence atire dans le parti de la Religion ces deux sortes de personnes indiféremment; & que pendant que ces bienheureux Simples lui rendent témoignage par la sainteté de leur vie, & quelquefois par leur sang, cette même Providence suscite de tems en tems des personnes éclairées, *des scribes bien apris, qui tirant du trésor de leur cœur des choses anciennes & nouvelles*, la défendent par la voye de la méthode & du raisonnement. Il semble qu'en Grotius, la Philosophie & l'érudition fassent hommage à nos Véritez, qu'elles les vangent de l'insolence & du mépris où l'abus de ces Sciences-là les expose quelquefois, & qu'elles servent même à établir le Christianisme.

L'érudition sur tout est une des parties les plus nécessaires à un Apologiste de la Religion Chrétienne. S'il ne faloit que la prouver positivement, le seul bon sens fourniroit pour cela des secours sufisans. Mais il faut outre cela répondre aux objections, qui sont les seules preuves des plus dangereux mêmes de nos Adversaires. Il faut abatre les fausses Religions, & faire de leurs ruïnes un trophée à la véritable. Or comment y réüssir que par la connoissance de plusieurs Langues, par la lecture des Auteurs des autres Religions, par une Critique tant sacrée que profane, & par une vaste Litérature?

Ce n'est pas qu'entre les preuves positives mêmes de la Religion, ce siécle n'en ait produit une, dont Grotius a presque donné l'ouverture, & qui a reçu sa derniére perfection par les recherches utiles & laborieuses de M. Bochart & de M. Huet. Je parle de ces conformitez entre les Auteurs sacrez & les Auteurs profanes, & entre la Religion des uns & la Religion des autres: conformitez qui vont à l'avantage du Judaïsme ancien & du Christianisme, puis qu'elles tendent à faire regarder nos Livres sacrez comme un Original, dont les autres n'ont été que des copies; & par conséquent, comme ayant le privilége de l'Antiquité, qui étant bien entendue, fait un argument très-solide.

Qui ne sera surpris de voir qu'après tant de preuves de toutes les espéces, qui chacune en particulier ont beaucoup de solidité, mais qui réünies a-
vec

vec art, comme elles le font dans ce Traité, forment une démonstration invincible, la Religion Chrétienne rencontre encore de l'oposition en ceux qui étant nez dans son sein, sont assez téméraires pour oser la rejetter ? Qu'il me soit permis de m'arrêter un peu à en découvrir les raisons.

 Ces Ennemis domestiques sont de deux sortes, les Mondains & les Philosophes. Les uns l'ataquent par une suite du déréglement de leur cœur, & les autres par le déréglement de leur esprit.

 L'oposition des premiers ne doit pas nous étonner. Leur conduite publioit déja si hautement le mépris qu'ils font de la Religion, que la hardiesse qu'ils ont de le découvrir par leurs discours, n'a rien qui doive nous surprendre. De plus, il faut, si je puis m'exprimer ainsi, un sixiéme sens, un cœur libre & dégagé de préjugez charnels, pour être frapé de nos Véritez ; & ils ne l'ont pas. Fascinez des avantages de la vie, pénétrez de ses douceurs criminelles, incommodez d'ailleurs du souvenir d'une Divinité, à qui ils sentent qu'ils se-

roient

roient nécessairement odieux; quelle merveille qu'ils ne comprennent rien à tout ce que la Religion nous enseigne d'une autre sorte de vie, & d'une autre espéce de douceurs, & qu'ils se tiennent en garde contre la créance d'un Dieu, qui ne pourroit être qu'irrité de leurs désordres! Quelle merveille qu'ils prennent les devans, & que, pour me servir de l'expression d'un homme de ce caractére, *ils tuent leur conscience, de peur que leur conscience ne les tue!* Une oposition à nos Véritez, qui naît de ces honteuses sources, leur fait aussi peu de tort, que la profession de les croire, jointe à de pareils déréglemens, leur feroit peu d'honneur. Je suis plus indigné de voir un Fourbe conserver des égards pour la Religion au milieu de ses plus grands excès, que je ne le suis de voir cette union, toute triste qu'elle est, entre les sentimens & la pratique, en ceux dont nous parlons à cette heure.

Si leur oposition ne nous surprend point, nous ne devons pas non plus nous étonner que leur opiniâtreté soit à l'épreuve des argumens les plus propres

pres à les convaincre de la vérité de la Religion. Il y en a deux principales raisons, l'une de la part de Dieu, l'autre de la part de la disposition de leur cœur. Ils ont étoufé toutes les lumiéres qui pouvoient les tirer de leur déplorable état, à son tour Dieu les abandonne à leurs ténèbres. Ils lui ont dit librement & de sens froid, *Retire toi de nous, nous ne voulons point de la science de tes voyes:* Dieu ne trouve pas à propos de se raprocher d'eux, & il les laisse dans cette funeste indépendance. Il n'est rien de plus juste. Si sa bonté fait quelquefois des exceptions à cette conduite ordinaire de sa Justice, elles sont rares ; quoi qu'elles le soient beaucoup moins que celles dont il use en faveur de la seconde sorte d'Ennemis, dont nous parlerons tout à l'heure.

La disposition du cœur fait le second obstacle au retour de ces malheureux dans le bon chemin. Je l'ai touchée dans le premier des 2. articles précédens, & je n'y reviendrai pas.

Je viens à la seconde espéce d'Ennemis de la Religion. Il n'est pas aussi
aisé

de se délivrer de l'embarras où jette la conduite de ces gens-là. Dans le fond, soit par tempérament, soit par point d'honneur, soit par je ne sai quelle idée de vertu Payenne; toûjours est-il certain qu'il y en a parmi eux qui sont assez exemts des plus honteux excès du libertinage, & dont les occupations vont moins à satisfaire des passions criminelles, qu'à cultiver & à polir leur esprit. D'où peut donc venir leur éloignement pour la Religion? Pourquoi n'ouvrent-ils pas les yeux à l'évidence, & à la solidité des preuves du Christianisme? Pourquoi ne les ouvrent-ils pas du moins aux risques éfroyables du parti qu'ils ont embrassé? Que devient cette prudence qu'on voit régner dans toute leur conduite, qui leur fait manier si adroitement les afaires les plus dificiles, & qui les guide si bien dans les diférens embarras de la vie?

L'Ecriture, qui a prévû ce scandale, n'a pas manqué de le lever, & de prévenir ses éfets dans les esprits foibles. Elle le fait par les dispositions qu'elle demande à ceux qu'elle veut instruire, c'est l'humilité, c'est

la

la conviction de leur ignorance. Elle le fait par un aveu sincére que les véritez qu'elle enseigne, ne sont pas pour *les sages* & *pour les entendus*. Elle va plus loin. Elle déclare formellement qu'elle a pour but de choquer leur Sagesse Philosophique & terrestre, & de l'abolir, pour y en substituer une autre toute diférente.

Apliquons à nôtre tems ces déclarations de l'Ecriture, qui nous ouvrent les deux grandes sources de l'Incrédulité.

Il est aisé de voir qu'il y a deux obstacles principaux à la conversion des Esprits forts, 1. leur orgueil, 2. le goût qu'ils ont pris aux idées métaphysiques & de simple spéculation.

Par l'orgueil je n'entens pas proprement cette fierté ridicule & choquante, qui est si odieuse à toutes sortes de gens; ni même cette *enflure de cœur*, par laquelle nous grossissons nous-mêmes à nos yeux tout ce que nous avons de mérite vrai ou faux; ni cette secrette avidité de louanges & d'aprobations, comme d'autant de témoins que nous ne nous trompons point dans
le

le jugement avantageux que nous faisons de nous-mêmes. J'entens une espéce d'orgueil rafiné & spirituel, qui rend l'esprit indocile & intraitable, arrêté dans ses vûes, plein d'amour pour ses découvertes, mais sur tout, incapable d'admettre ce qu'il ne comprend pas jusqu'à la derniére precision. Il n'y a presque rien dans la Nature qui ne mette cette sorte d'orgueil à la gêne, & qui ne donne aux Esprits les plus roides & les plus indomtables, des leçons d'humilité. Mais malheureusement cette docilité forcée où les réduit l'obscurité des Véritez naturelles, ne les dispose guére à quelque humiliation à l'égard des Véritez révélées. On les voit malgré cela aporter à leur lecture tout le faste & toute la présomption, que pourroit leur donner la connoissance des secrets les plus impénétrables de la Nature. Par là nos Véritez deviennent leur grande pierre d'achopement. Car enfin ce ne sont pas proprement les Miracles, ni la beauté de la Morale, considerée spéculativement, qui les rebutent & qui les choquent. Ils ne sont pour la plûpart, ni si ignorans que de ne pas savoir

voir que la Puissance qui a formé l'Univers, & qui en a établi les Loix, est assez forte & assez libre pour les pouvoir violer; ni si corrompus que de ne pas sentir la perfection & la pureté de nos Régles sacrées. On peut croire que jusques-là ils prendroient patience. Mais dès que la Révélation prend pié là-dessus pour captiver leur Raison à des choses qui la surpassent, ils reculent & aiment mieux se défier de ce qu'ils avoient pu recevoir, que de se charger l'esprit de choses embarrassantes, obscures, & dont on leur déclare qu'ils ne doivent pas espérer une parfaite intelligence. Alors sans doute retournant sur leurs pas, ils cherchent après coup des raisons de douter de la solidité des preuves, dont ils n'avoient pas été choquez, tant qu'elles laissoient à leur esprit toute sa liberté & toute son élévation.

Ne pourrions-nous pas remarquer ici, sans trop nous écarter, que c'est-là aussi l'esprit régnant de celle d'entre toutes les Sectes du Christianisme, qui mérite le moins de porter ce nom? Un homme de qualité assez connu par ses Emplois disoit librement, que s'il

* * *

avoit

avoit à embrasser le Christianisme (admirable expression pour un homme né Chrétien) il se rangeroit de ce parti. On a sans doute beaucoup d'obligation à ceux de cette Secte de la peine qu'ils se sont donnée pour aplanir la Religion Chrétienne, & pour en faire une Religion toute unie, toute naturelle, & accessible à toute sorte d'esprits. Après cela n'ont-ils pas dequoi nous insulter sur ces obstacles insurmontables, que nos Dogmes, pleins de mystéres & d'obscurité, mettent à la conversion des Incrédules ? Mais plûtôt, ne pouvons-nous pas leur dire ici, que leur conduite, si semblable à celle de ces nouveaux Apôtres, qui dérobent à la vuë des Idolatres l'Image choquante de Jésus-Christ crucifié, pour ne leur présenter que celle de Jésus-Christ glorieux, ne ressemble guére à cette généreuse liberté de S. Paul, qui pour établir la Sagesse Chrétienne, ne l'accommode pas à la Sagesse du siécle, mais détruit de plein pié celle-ci par la premiére.

Je pose pour seconde raison de l'obstination des Philosophes Déistes ou Athées, & de leur peu de sensibilité

tant

tant pour la Religion que pour ſes preuves, un certain eſprit nourri d'abſtractions & de ſpéculations ; qui n'en trouvant d'un côté dans la Théologie Scholaſtique que de ſéches & de dégoûtantes, & n'en trouvant point du tout dans la Religion priſe dans ſa véritable nature, tiennent cette eſpéce de Véritez pratiques extrémement au deſſous d'eux, & tâchent de ſe dédommager dans les idées de la Métaphyſique, de la perte volontaire qu'ils font de celles de la Religion. Ils s'y font d'autant plus aiſément, qu'ils ne prennent pas le change à tous égards, qu'ils rencontrent vérité pour vérité, qu'ils y gagnent même en un ſens; puis que pour des connoiſſances qui les confondroient preſque avec le reſte des hommes, ils en trouvent d'autres qui leur donnent un beau rang dans le monde ſavant, & dont l'aquiſition les remplit de cette joye, qui acompagne toûjours la Vérité lors qu'elle paroît après s'être fait quelque tems chercher. Après tout, comment ne ſe borneroient-ils pas là, & ne ſe contenteroient-ils pas de ces choſes ſi propres à les flater? Comment au milieu des heureux éforts de leur esprit, & des aclamations de tous les Savans, sentiroient-ils le besoin que l'Homme a de la Religion ; puis qu'entre ceux-mêmes qui font une profession sincére de la Religion Chrétienne, il s'en trouve, qui lors qu'ils ont aquis, dans l'étude de ses Véritez, quelques lumiéres un peu distinguées, ont tant de peine à en tirer de nouveaux motifs de sainteté, & s'en tiennent si aisément à ces secrets aplaudissemens qui sont tous sur le compte de l'Homme, & où Dieu n'a point de part. Tant il est vrai que les choses les plus excellentes, & les plus propres à nous rendre heureux, perdent toute leur éficace, dès qu'une fois l'esprit s'en est emparé au préjudice du cœur.

Je reviens à ce que j'ai posé d'abord : c'est que la Religion n'ayant aucuns charmes pour des Esprits acoutumez à une autre sorte de nourriture, ils se laissent aller peu à peu à la méprifer. S'il arrive donc qu'une nouvelle lumiére vienne fraper leurs yeux à l'avantage de la Religion, ils aiment mieux y répandre des ténèbres, que de s'y laisser conduire; puis qu'aussi bien elle ne les conduiroit qu'à des cho-

choses désolantes pour eux, en les o-
bligeant à perdre la haute idée qu'ils
avoient de leur Science, & en leur faisant voir dans quel abîme ils se sont
précipitez, si la Religion est véritable, & quelle est l'horreur des mépris outrageans qu'ils ont eu jusques-
là pour elle.

Mais, dira-t'on toûjours, d'où leur
vient cette regularité de vie & cette
belle Morale qu'ils savent si bien débi-
ter & dont on aperçoit quelques traits
dans leur conduite: & pourquoi ne les
dispose-t-elle pas à embrasser la Religion, dont le grand but est de corriger l'Homme & de lui inspirer la vertu?

Je répons premiérement, que cette
Morale, toute brillante qu'elle est,
n'est par raport à la véritable Morale,
que ce que les premiéres lueurs de l'Au-
rore sont à l'égard de l'éclat du Soleil
en plein midi : elle est si aisée & si
douce, cette Morale, que les Idolatres mêmes, pour qui ceux dont nous
parlons doivent avoir un souverain mépris, l'ont poussée tout aussi loin qu'eux.
Aimer Dieu de tout son cœur, se sentir porter pour ses intérêts & pour
ceux du Prochain par une véritable

sensibilité; s'humilier du fond de l'ame, même auprès des hommes; avoir pour soi un mépris sincére: voilà les grands Préceptes du Christianisme. Et c'est ce qui ne se trouvera jamais, ni dans les Athées, puis qu'ils s'en moquent, ni dans les Déistes, puis qu'ils se contentent de certaines Régles commodes, qui laissent l'amour propre dans son entier.

Je dis en second lieu, que quand même ce qu'ils ont de bon pourroit les disposer à recevoir la Religion, ce qui leur manque à cet égard est encore plus capable de les en éloigner. Qui sait si par de certains retours ordinaires à l'Homme, qui n'est jamais dans un parfait repos sur ses principes, mais ordinaires sur tout à ceux en qui la conscience n'est pas entiérement morte, ils n'entrent pas quelquefois en défiance de leurs sentimens & de leur témérité? Qui sait si alors ils ne repassent pas avec exactitude ces Véritez qu'ils avoient rejettées, & leurs preuves qu'ils n'avoient pû goûter? Qui sait si dans cette revue ils ne pourroient pas bien passer à la Religion ses obscuritez, ses Mystéres, ses Miracles, la beauté té même & l'austérité de sa Morale, considerée en général comme preuve, si elle n'exigeoit pas d'eux des devoirs contre lesquels ils se sont fortifiez le cœur par un long endurcissement, & dont ils se sont rendu la pratique comme impossible? Qui sait enfin, si alors désespérant de pouvoir y fléchir leur cœur, & apaiser par de véritables regrets la Divinité outragée, ce désespoir ne les replonge pas plus avant que jamais dans leurs premiers égaremens?

Toutes ces considérations ne seront peut-être pas inutiles, pour diminuer le scandale que pourroit donner aux véritables Chrétiens l'opiniâtreté de tant d'Esprits éclairez, qui marquent si peu de soumission & si peu d'amour pour une Religion, que mille preuves convaincantes devroient leur faire recevoir.

Avant que de finir, je dois me justifier sur deux Points. 1. Sur ce que ce Livre aiant déja paru en François, il semble que je me sois donné une peine assez inutile. 2. Sur la conduite un peu libre que j'ai tenue dans cette Traduction.

DISCOURS

A l'égard du 1. j'avouerai franchement que j'avois déja commencé ma Traduction, avant que de savoir qu'il y en eût une. Je l'apris quelque tems après; & j'apris aussi que cette Traduction étoit assez bonne, quoi qu'elle n'aprochât pas de celles des Giri & des Ablancourt. Sur cela je fis réflexion que peut-être le Traducteur s'étoit un peu asservi à l'Original; que peut-être voulant en conserver le suc & la force, il en avoit un peu conservé la dureté; que depuis ce tems-là, nôtre Langue avoit assez considérablement changé, soit pour la pureté des termes & des expressions, soit à l'égard de la clarté du stile, pour donner aux esprits médiocres d'à présent quelque avantage à cet égard sur les meilleurs de ce tems-là; qu'enfin la facilité d'avoir une Traduction passablement bonne donneroit à la mienne quelque avantage sur l'autre, qui est extrêmement rare.

Pour ce qui est des libertez que je me suis données, elles regardent ou le stile, ou les choses mêmes.

Le stile de Grotius, comme on le sait, est serré & concis. Ce caractére, re, qui trouve de grands modéles dans la Langue dont cet Auteur s'eſt ſervi, & qui ſemble avoir cet avantage, de retrancher toutes les ſuperfluitez faſtueuſes du Langage des Orateurs, pour préſenter à l'eſprit plus de choſes que de mots: ce caractére, dis-je, n'a pu juſqu'ici gagner le deſſus en nôtre Langue. Si d'un côté elle ne donne pas dans les prolixitez & les détours du Langage oratoire, elle ſe fait d'ailleurs un ſcrupule d'abandonner cette clarté & cette douceur, qui l'ont juſqu'ici diſtinguée des autres Langues. Et pour le dire ici par une eſpéce de digreſſion, ce caractére n'eſt-il pas infiniment plus raiſonnable que l'autre? A quoi bon ce ménagement myſtérieux par lequel on ne ſe montre qu'à demi, lors qu'on peut ſans honte ſe montrer tout entier? A quoi bon cette épargne de termes & d'expreſſions, lors que ceux à qui vous parlez ne vous peuvent entendre, qu'en ſupléant à peu près ce que vous avez ſuprimé? A quoi bon enfin cette ſécherreſſe & cette dureté dans des matiéres qui occupent aſſez l'eſprit par elles-mêmes, ſans emprun-

ter

ter le secours du stile obscur & serré, pour mériter quelque aplication?

Encore une fois, je ne prétens pas blâmer absolument les maniéres de Grotius. Il a ses modéles, qui font encore aujourd'hui les délices des Savans. Outre cela il est certain qu'il est bien difficile de vaincre son naturel, & de sortir de son caractére. Si ce naturel n'a pu le porter à la derniére clarté ni dans cet Ouvrage ni dans plusieurs autres, il vaut mieux qu'il s'en soit éloigné par ce stile un peu sec mais savant, que de donner, en s'en raprochant, dans cette superfluité si rebutante pour ceux qui ne se payent pas de mots. Il est beaucoup plus agréable à un esprit bien fait, d'ajouter que de retrancher, de suivre son Auteur en lecteur atentif & ataché, que de le suivre en Censeur dégoûté par l'abondance incommode de ses expressions. Il est plus agréable de trouver plus qu'on n'atendoit, que de ne trouver presque rien.

C'est dans le dessein de garder le milieu entre ces deux extrémitez vicieuses, que je me suis permis de tems en tems de certaines libertez. Ici j'ai dé-

dévelopé une pensée ou une preuve que l'Auteur avoit plûtôt indiquée que traitée: là j'ai changé son ordre, lors que j'ai cru pouvoir y en substituer un plus clair & plus facile. En un mot, j'ai tâché à me rendre maître de mon Auteur quand je l'ai cru nécessaire pour le plier à nos maniéres. Mes premiéres vûes ont été de decouvrir ses pensées & de les exprimer. Mes secondes vûes ont été de les exprimer, comme il l'a fait lui-même. Mais lors que je n'ai pu obéïr à cette seconde loi sans tomber dans l'obscurité ou dans la langueur, je m'en suis départi: me tenant néanmoins ataché inviolablement à la 1. de ces deux Loix, qui est de réprésenter fidélement les pensées de l'Auteur.

Pour ce qui est des libertez qui regardent les choses mêmes, elles consistent en quelques Additions & quelques Remarques.

Je ne dirai là-dessus qu'un mot en genéral. Il n'est point d'Ouvrage parfait à tous égards, & où une revue exacte faite par d'autres yeux que ceux de l'Auteur, ne puisse découvrir quelque endroit à fortifier, & quelque autre

Je ne pretens pas exclurre Mr. du Plessis Mornai du nombre de ceux qui ont réüssi sur la matiere.

autre à redreſſer. Cela arrive ſur tout dans les matiéres qui n'ont pas encore reçu leur derniére perfection. Telle étoit du tems de Grotius celle qu'il traite en ce Livre. C'eſt preſque lui qui a ouvert la carriére; d'autres y ont heureuſement couru ſur ſes pas. Et je ne ſai ſi l'on ne peut pas dire que M. Abbadie l'a fournie parfaitement, & qu'il s'eſt rendu pour le moins auſſi original que Grotius l'étoit en ſon tems. Il ne faut donc à préſent qu'une capacité médiocre pour apercevoir dans ceux qui ont précédé, certaines choſes qui pouvoient être plus éclaircies & mieux prouvées, & d'autres qui ne ſont pas dans toute l'exactitude où elles auroient été, ſi elles fuſſent nées plus tard.

En particulier, l'on voit en quelques endroits du premier Livre de ce Traité, une certaine teinture de vieille Philoſophie qui n'eſt plus à la mode, depuis que l'on a apris à mieux raiſonner, à ne ſe pas contenter de mots, & à ne rien admettre que de clair & de certain. Mais ces endroits ſont rares, & ils ne préjudicient aucunement au fond

fond du Syſtême de cet Auteur, ni à la force de ſes raiſons.

Peut-être cependant aurois-je mieux fait de donner l'Auteur tel qu'il eſt, & de me tenir dans une religieuſe retenue. On écoute volontiers ceux qui par leurs longs ſervices ont aquis le droit de parler en maîtres. On ſouffre qu'ils ſe meſurent à ceux du premier rang. C'eſt là le privilége des *vétérans* dans la République des Lettres. Le partage des nouveaux venus eſt d'écouter & de ſe taire. Et quoi qu'en matiére de raiſonnement, le bon ſens ne reconnoiſſe ni âge ni ſexe, & qu'étant Citoyen né dans cette heureuſe République dont nous parlions, il doive jouïr de tous ſes priviléges: il y a néanmoins en cela, comme en beaucoup d'autres rencontres, de certaines bien-ſéances qu'on ne peut ſe diſpenſer de ſuivre ſans quelque néceſſité. Si l'on trouve que j'en aye paſſé les bornes, je ſuis tout prêt à rentrer dans le devoir en éfaçant & Additions & Remarques.

Il ne ſera pas inutile d'avertir ici le Lecteur, que quoique nôtre Langue n'ait point encore d'orthographe fixe,

on

on s'eſt déterminé à retrancher toutes les lettres ſuperflues, afin de mettre ce Livre en état d'être lu commodément de toutes ſortes de perſonnes. Si cette maniére d'écrire ne plait pas à tout le monde, du moins elle a cet avantage par deſſus les autres, qu'elle eſt & la plus débaraſſée & la plus uniforme.

AVIS

AVIS

A CEUX QUI COMBATENT LA RELIGION CHRETIENNE.

Puis que c'est pour vous que l'on écrit, il est juste que ce soit à vous qu'on s'adresse. Si l'on n'avoit pour but que de défendre la Religion contre vos doutes & contre vos dificultez, peut-être n'employeroit-on à les repousser, que le même moyen dont un certain homme repoussa les objections contre la possibilité du mouvement. On iroit toûjours son train, on n'exposeroit point ces ataques à la vûe des foibles qu'elles scandalisent : Content de n'en pas sentir les coups, on ne songeroit pas à passer en révision les titres sous lesquels la Religion s'est établie dans le monde. Aussi ne voit-on pas que ces ataques nous fassent beaucoup de mal. Vos succès ne grossissent vôtre
par=

parti que des rebuts du nôtre. Ceux qui nous quitent pour vous suivre, vous suivoient déja du cœur. Certaines semences de revolte qui y étoient cachées, sans qu'ils s'en aperçussent, les avoient déja perdus. Si vos soins y ajoûtent quelque chose, ce n'est qu'un peu plus de sécurité & beaucoup plus de hardiesse.

Ce n'est donc pas seulement par un intérêt de parti, mais aussi par le dessein de vous tirer d'un état, dont on apréhende pour vous les funestes suites, que l'on tâche de communiquer avec vous, & de vous faire voir la vérité & l'excellence de nôtre Religion. Nous tenons encore à vous par quelque endroit, ne fût-ce que par la qualité d'hommes & de membres d'une même Société. Nous ne pouvons voir sans douleur ce que nous regardons en vous comme le plus déplorable de tous les égaremens, & comme un mal très-dificile à guérir. Les lumiéres de l'esprit, & je ne sai quelle droiture de cœur, qui devoient être le premier degré de la Religion, deviennent en vous des machines pour la détruire, ou du moins un rempart derriére lequel vous vous tenez en sureté. Ce sont là vos Autels, que vous dressez contre nos

Au-

Autels: Ce sont là les livrées de vôtre profession.

Nous perdrions donc courage, si la charité ne nous ranimoit. C'est elle qui fait en nous ce que l'horreur de la singularité fait en vous. Vous n'aimez pas à être seuls: nous n'aimons pas à vous voir périr. Lequel de ces deux engagemens au dessein de nous atirer les uns les autres, vous paroît le plus raisonnable? Quelque secret plaisir que vous donne ce degré d'esprit, qui vous éléve au dessus de ce que vous apellez superstition & opinions populaires, vous vous faites une peine de n'avoir pas la multitude pour vous. Vous ménagez adroitement le peu de liberté que vous avez, & vous tâchez d'étendre ses bornes, en étendant celles de vôtre Parti. Pardonnez nous, si nous ne donnons point d'autre motif à l'empressement que vous faites paroître pour répandre vos sentimens, que la crainte de vous voir trop seuls: nous ne pouvons y en donner d'autres. La charité & la compassion, raisons ou prétextes ordinaires des Convertisseurs, ne nous paroissent pas être le mobile qui vous remue, & qui vous porte à nous vouloir détromper.

Mais ne fouillons pas dans les secrets

AVIS.

de vôtre cœur, j'y consens ; égalons-nous pour la bonté des intentions. Il est sûr néanmoins qu'à l'égard de l'état où nous sommes & vous & nous, & d'où nous tâchons de nous retirer les uns les autres, le mal que vous croyez que nous voulons vous faire, est bien moindre que celui que nous apréhendons de vôtre part. Laissant dans l'indécision la certitude des suplices éternels, n'est-il pas vrai que la crainte vive & certaine que nous en avons, est beaucoup plus sûre que la crainte, ou si vous voulez, le soupçon que vous devez avoir, que ce l'on en dit pourroit bien être véritable ? L'une nous porte à faire nos éforts pour les éviter ; elle diminue à mesure que ces éforts redoublent, & nous fait dire enfin ; Je craignois, mais je ne crains plus, & je sai que je ne dois plus craindre. L'autre vous porte à faire de nouveaux éforts pour en éloigner la pensée, ou pour les croire chimériques ; mais elle ne diminue jamais assez pour vous faire dire avec une parfaite confiance ; Je craignois, mais je ne crains plus, & je sai que je n'ai plus rien à craindre.

Mais à quoi bon, direz-vous, cet éfroi où vous voulez nous jetter ? Sont-ce

AVIS.

là les armes de vôtre Religion? Est-ce ainsi que la vérité se persuade?

Il nous est rude, n'en doutez pas, de vous présenter des motifs de frayeur, pendant que nous en avons d'autres qui ne respirent que douceur, que joye, & que tranquillité. Il nous est rude d'être obligez de vous ébranler par la crainte, pendant que nous croyons avoir dequoi vous ébranler par le poids & par la force des raisons. Ne prenez pas cela comme des menaces de personnes poussées à bout, & à qui les raisons manquent: prenez-le au contraire, comme un avis plein de tendresse, que nous suggérent vôtre persévérance dans une voye qui nous fait peur, & le peu de succès de nos autres armes. Si nous voulons vous éfrayer, c'est parce que nous tremblons les premiers pour vous. Nous souhaiterions avec ardeur de porter ces craintes jusques dans vos consciences, & de vous communiquer un peu de nôtre repos par les mêmes voyes, par lesquelles nous l'avons aquis.

Mon dessein n'est pas de disputer ici: c'est de vous parler en frére touché de vôtre état. Au nom de Dieu, faites y avec moi quelques réflexions: vous sur tout qui n'êtes ni Athées, ni Chrétiens.

AVIS.

N'oserois-je pas vous prier de rentrer encore un peu en vous-mêmes, & d'éprouver si vous ne vous acommoderiez pas de la Religion Chrétienne? Détournez un moment les yeux de dessus ce que vous regardez comme son foible, ou regardez-le avec un peu moins de prévention, & un peu plus d'équité. Suposez un peu, par une espéce de concession, que la Divinité ait voulu se révéler par une autre voye que par celle de ses Ouvrages; n'auroit-elle pas bien pu trouver à propos de laisser la plus considérable partie des hommes dans l'ignorance du salut puis qu'elle ne peut rien devoir à l'homme, encore moins à l'Idolatre? N'auroit-elle pas même pu mettre dans cette Révélation plusieurs choses capables de faire de la peine à l'esprit, aussi bien qu'elle en a pu mettre dans la Nature? Voyez si cela ne pourroit pas un peu diminuer la surprise, que vous causent les obscuritez de l'Ecriture. Voyez si en ce cas la Divinité n'eût pas pû user de quelque retenue, pour ainsi dire, & de quelque ménagement dans la dispensation de ses lumiéres; se cacher pendant long tems sous des voiles,

voiles, qui ne laiſſoient qu'entrevoir ſes deſſeins; ſe raprocher en ſuite de nous par des voyes extraordinaires; employer à cela des gens qui n'avoient presque rien qui les diſtinguât, que leur groſſiéreté & leur ſimplicité. Voyez ſi elle n'auroit pas pu permettre ce grand nombre de ſentimens opoſez, parmi ceux qui font profeſſion de s'en tenir à ſa parole. Voyez ſi elle n'auroit pas pu ſe paſſer de parler avec cette derniére évidence, qui réünit tous les eſprits, & qui bannit tout doute & tout diférent.

Pour vous engager un peu à ſupoſer que Dieu pouvoit bien ajoûter à la Nature une Révélation expreſſe, & à la Loi du cœur une Loi écrite, conſidérez s'il a pu ſe contenter de toutes les diférentes maniéres, dont les hommes le ſervent; s'il a pu lui être indiférent de ſe voir comme multiplié dans toutes les Divinitez des Payens, & ſi les idées groſſiéres & ridicules qu'ils ont eues de lui, ont pu lui être ſuportables. Que jugeriez-vous d'un tas d'Ignorans, qui, ſupoſant en gros qu'ils vous doivent beaucoup de vénération & d'eſtime, n'auroient de vous que des penſées baſſes & directement contraires à celles qui doivent

vent imprimer du respect? Si Dieu n'a pu qu'être choqué de ces extravagances, n'auroit-il pas plus agréé le Culte Judaïque, qui sous un extérieur charnel renfermoit les idées les plus magnifiques que l'on puisse avoir de lui, les plus capables, par conséquent, d'exciter dans l'homme, l'amour, le respect, la confiance, & l'adoration? Ne trouveroit-il pas encore dans le Culte que les Chrétiens lui rendent, quelque chose de plus digne de lui: & ainsi, y auroit-il trop de témérité dans la suposition que nous exigeons de vous? Mais je vais plus loin. Si nous pensons mieux de lui, que toutes les autres Religions, seroit-ce le hazard qui nous auroit fait naître ces pensées? D'où nous viendroit ce rafinement de Culte & de sentimens, si peu connu dans les autres Religions? Dieu ne s'en seroit-il pas un peu mêlé, & n'y auroit-il pas, dès là, quelque vraisemblance dans l'histoire que nous faisons de la maniére dont il l'a fait? Ne pourriez-vous pas remarquer que, dans le tems où l'Idolatrie étoit montée à son comble, & que tout alloit à déifier sans façon la Grandeur & l'Autorité, quelque deshonorée qu'elle fût par le déréglement des mœurs, c'est nôtre Religion seule qui a arrêté ces excès,

excès, fait remonter Dieu sur le Trône, & remis l'homme dans le rang qu'il doit tenir ? Ne pourriez-vous pas enfin reconnoître, que ces hautes idées que vous croyez avoir de Dieu indépendamment de la Religion, sont dans le fond des fruits de la Religion même, puis que les lumiéres des plus habiles de ceux qui n'ont eu autrefois que la Nature pour guide, n'étoient presque rien au prix de celles que vous avez, & qu'étant nez plusieurs siécles après la Religion, vous avez été élevez par ses mains à ces grands sentimens, & à ces belles connoissances.

Si ces reflexions pouvoient un peu diminuer la mauvaise opinion que vous avez du Christianisme, je vous exhorterois ensuite de tout mon cœur, d'éprouver, si entrant dans nos sentimens, & vous soumettant, comme par provision, à ce que l'Ecriture nous prescrit, & pour la Foi & pour la Vertu, vous ne pourriez pas venir jusqu'au point de sentir ce que tant de personnes, des lumiéres de qui vous convenez, se vantent de sentir ; si vous ne pourriez pas trouver que nôtre joug est doux, & que nôtre fardeau est léger ; si la complaisance que vous auriez eue de mettre à part pour quelque tems les dificultez de l'Ecriture, de plier sous ses véritez & de vous assujettir à ses Loix, ne seroit pas ensuite sufisamment récompensée par une véritable tranquillité, & si enfin vous ne viendriez pas à faire par goût & par discernement ce que vous auriez commencé par une espéce d'honnêteté & de condescendance

Je n'ai pas dessein de vous surprendre par des interrogations captieuses. Je vous ferois en cela moins de tort qu'à nous. C'est mon cœur qui parle & qui parle au vôtre. Après tout, qu'est-ce que vous auriez à craindre ? Vous avez toûjours la voye du retour, si le chemin où je vous veux engager n'a rien qui puisse vous plaire. Dieu veuille que vous y entriez, & que vous y persévériez : Dieu veuille ajoûter aux preuves de nôtre sainte Religion, dont l'évidence n'a pu encore vous fraper, ce secours puissant, qui plie les cœurs les plus inflexibles, qui fait rompre les plus durs, mais qui les rompt pour en faire des cœurs nouveaux, capables de nouvelles inclinations, & de nouveaux goûts, & faire par là succéder le plus grand de tous les biens, au plus terrible de tous les malheurs. AMEN.

TA-

TABLE DES SECTIONS.

LIVRE PREMIER.

I. OCCASION de cet Ouvrage. Page 1
II. Qu'il y a un Dieu. 5
III. Qu'il n'y a qu'un Dieu. 11
IV. Que toutes les perfections sont en Dieu. 14
V. Qu'elles y sont dans un degré infini. 15
VI. Que Dieu est éternel, tout-puissant, tout-bon, & qu'il sait toutes choses. 16
VII. Que Dieu est la Cause de toutes les choses du Monde. I. Preuve de cette vérité. 17
2. Preuve tirée de la consideration de toutes les parties du Monde, & de leurs diferens usages. Ibid.
Que les hommes ne sont pas de toute éternité, & qu'ils sont tous issus d'un seul homme. 25
VIII. Réponse à l'Objection, que si Dieu étoit la Cause de tout, il seroit l'auteur du mal. 28
IX. Refutation de l'Opinion de deux premiers Principes. 29
X. Que Dieu gouverne toutes choses. I. Preuve. 30
XI. Que Dieu gouverne toutes les choses sublunaires. 31
Que Dieu gouverne les Natures particulieres. 31
XII. 2. Preuve de la Providence, par la conservation des Etats. Ibid.
XIII. 3. Preuve, par les Miracles. 34
XIV. En particulier par les Miracles de Moïse &

TABLE

de *Josué*, que l'on prouve I. par la durée de la Religion Judaïque. 36

XV. 2 Par la sincerité de *Moïse*, & par l'antiquité de ses Livres. 38

XVI. 3. Par les témoignages des Auteurs étrangers. 41

XVII. 4 Preuve de la Providence, savoir les Prédictions. 82

Quelques confirmations de cette même Verité. 85

XVIII. I. *Objection*, Qu'on ne voit plus de Miracles 87

XIX. 2. *Objection*, Que s'il y avoit une Providence, il n'y auroit pas tant de crimes. 89

XX. Que cette 2. Objection nous conduit à reconnaître un dernier Jugement. 91

XXI. Et par cela même l'immortalité de l'Ame. 92

XXII. 1. Preuve de l'immortalité de l'Ame, savoir, une Tradition ancienne & universelle. 93

XXIII 2. Preuve, tirée de ce qu'aucune raison ne peut faire voir que l'Ame soit mortelle. 95

XXIV. Trois autres Preuves de l'immortalité de l'Ame. 98

XXV. Que la derniere fin de l'Homme est un bonheur éternel. 99

LIVRE SECOND.

I. DESSEIN de ce II. Livre, savoir de prouver que la Religion Chrétienne est veritable 102

II. Que JESUS a été. 103

III. Qu'il a été crucifié. 104

IV. Que les premiers Adorateurs de Jesus Christ n'etoient pas des personnes ignorantes & grossieres. 106

Preuve

DES SECTIONS.

    Preuve de la verité des Miracles de l'Evangile.   107

V. *Que ces Miracles n'ont été ni naturels, ni illusoires &c. mais produits par la puissance de Dieu.*   108

VI. *Preuves de la Resurrection de Jesus-Christ.*   113

VII. *Objection:* Que la Resurrection est une chose impossible. *Reponse.*   121
    Que la Resurrection de Jesus-Christ prouve invinciblement la Religion Chrétienne. 122

VIII. *Que la Religion Chrétienne est plus excellente que toutes les autres.*   123

IX. 1. *Avantage de la Religion Chrétienne sur les autres, savoir les recompenses qu'elle promet.*   124

X. *Que la Resurrection des corps dissous & reduits en poudre n'est pas impossible.*   130

XI. 2. *Avantage de la Religion Chrétienne sur les autres, savoir la sainteté de la Morale, dans ce qui concerne le Service de Dieu.*   135

XII. *Avantage de la Religion Chrétienne sur les autres dans les devoirs qui regardent le Prochain.*   140

XIII. *Dans le devoir de la chasteté, & dans ce qui regarde le Mariage.*   145

XIV. *Dans la maniere d'aquerir & de conserver les richesses.*   149

XV. *Dans les Loix qui reglent le Serment.* 154

XVI. *Perfection de la Morale Evangelique.* 154

XVII. *Objection tirée de la diversité de sentimens qui est parmi les Chrétiens.*   155

XVIII. 3. *Avantage de la Religion Chrétienne, tiré de la maniere dont elle s'est établie.* 158
    Où l'on considere 1. *son Auteur.*   Ibid.
    2. *Sa grande étendue dès le commencement même.*   163
    3. *Ceux qui l'ont les premiers prêchée.* 167

4. *Les*

TABLE

4. *Les dispositions des premiers qui l'embrassè-*
rent. 170

XIX. *Réponse à ceux qui demandent des preuves*
encore plus demonstratives. 175

Conclusion. 177

LIVRE TROISIEME.
Où l'on prouve l'autorité de l'Ecriture.

I. PREUVE generale de l'autorité des Livres du Nouveau Testament. 179

II. *Preuves plus particulieres.* 1. *Que ceux d'entre ces Livres, qui portent le nom de quelque Auteur, sont veritablement de cet Auteur.* 181

III. *Qu'on n'a pas lieu de douter de ceux qui autrefois ne furent pas generalement reçus.* 183

IV. *Qu'à l'égard de ce que quelques-uns ne portent aucun nom d'Auteur, cela ne leur prejudicie point.* 184

V. 2. *Que tous ces Auteurs n'ont pu écrire que des choses vraies.* 185

VI. 1. *Preuve : on ne les peut accuser d'ignorance.* 186

VII. *Qu'on ne peut les accuser de mauvaise foi.* 189

VIII. 2. *Preuve, tirée des Miracles que ces Auteurs ont faits.* 191

IX. 3. *Preuve prise des Prédictions que ces Livres renferment.* 194

X. 4. *Preuve, Qu'il n'étoit pas de la bonté de Dieu de permettre que l'on trompât tant de gens de bien.* Ibid.

5. *Preuve, tirée du consentement de tant de Sectes opposées.* 195

XI. *Objection: Que quelques Sectes ont rejetté plusieurs de ces Livres.* Ibid.

XII. 1. *Objection: Que les Livres du Nouveau Testament contiennent des choses impossibles.* 201

XIII.

DES SECTIONS.

XIII. 2. *Objection :* Des choses contraires à la Raison. *Ibid.*
XIV. 3. *Objection :* Qu'il y a dans ces Livres des choses contradictoires. 204
XV. 4. *Objection :* Qu'il y a des choses combatues par les Auteurs étrangers. 207
XVI. 5. *Objection :* Que ces Livres ont été corrompus. 209
XVII. *Preuves de l'autorité des Livres du Vieux Testament.* 215

LIVRE QUATRIEME.

Refutation du Paganisme. 232

II. CONTRE *le Culte des Esprits créez.* 234
III. *Que les Esprits qui étoient adorez par les Payens étoient les Démons.* 236
IV. *Impiété de ce Culte.* 239
V. *Contre le Culte que les Payens rendoient aux Héros après leur mort.* 241
VI. *Contre le Culte des Astres & des Elemens.* 242
VII. *Contre le Culte que les Payens rendoient aux Animaux.* 244
VIII. *Contre le Culte qu'ils rendoient aux Passions, à la Vertu &c.* 246
IX. *Refutation de la preuve que les Payens tiroient de leurs Miracles.* 249
Refutation de la preuve qu'ils tiroient de leurs Oracles. 253
X. *Que le Paganisme est tombé de lui-même lorsque les secours humains lui ont manqué.* 257
XI. *Que les Astres n'ont aucune influence sur la Religion.* 259
XII. *Que les Principaux Points de la Religion Chrétienne se trouvent dans les Ecrits des sages Payens. Et que les Payens croioient des choses aussi difficiles à croire que nos Mystères.* 262

L l

TABLE

LIVRE CINQUIEME.

Refutation du Judaïsme. 268

II. QUE les Juifs ne doivent pas douter des Miracles de Jésus-Christ. 270
III. Que ces Miracles n'ont pas été faits par le secours des Demons. 271
IV. Ni par la force de quelques paroles. 274
V. Preuve de la divinité de ces Miracles, par la Doctrine de Jésus-Christ. Ibid.
VI. Reponse à l'Objection tirée de la diference entre la Loi de Moïse & celle de Jésus-Christ. 276
VII. Qu'il peut y avoir une Loi plus parfaite que celle de Moïse. 278
VIII. Que Jésus-Christ a observé la Loi. 280
IX. Que cette partie des Loix de Moïse, qui a été abolie, ne contenoit rien que d'indifferent par soi-même. 281
X. Que les Sacrifices n'étoient ni agréables à Dieu par eux-mêmes, ni irrevocables. 286
XI. Preuve de la même verité, à l'égard de la difference des viandes. 294
XII. 2. De la difference des jours. 298
XIII. 3. A l'égard de la Circoncision. 304
XIV. Que les Juifs conviennent qu'un Messie a été promis. 308
XV. Que ce Messie est venu. 1. Preuve; le tems marqué pour sa venue est expiré. 308
XVI. Réponse à l'Objection, que l'avenement a été differé à cause des péchez du Peuple. 314
XVII. 2. Preuve: Comparaison de l'état présent des Juifs avec ce que la Loi leur promettoit. 316
XVIII. Que Jesus est le Messie. Preuves tirées des Prédictions. 320
XIX. Réponse à l'Objection, que quelques-unes

DES SECTIONS.

de ces Prédictions n'ont pas été accomplies? 323

XX. Réponse à l'Objection prise de la bassesse & de la mort de Jesus-Christ. 326

XXI. Examen du préjugé favorable que beaucoup de Juifs ont pour ceux qui ont condamné Jesus Christ. 333

XXII. Réponse à l'Objection, que les Chrétiens adorent plusieurs Dieux. 338

XXIII. Réponse à l'Objection, que les Chrétiens adorent la nature humaine. 341

LIVRE SIXIEME.

Refutation du Mahometisme.

I. ORIGINE du Mahometisme. 347
II. Contre la soumission aveugle, qui est le fondement du Mahometisme 351
III. 1. Preuve contre les Mahometans, tirée de l'Ecriture Sainte dont ils avouent en partie la divinité. 353
IV. Que l'Ecriture n'a pas été corrompue. 354
V. 2. Preuve tirée de la comparaison de la Religion Chrétienne & de la Mahometane, & 1. de la comparaison de Jesus-Christ avec Mahomet. 356
VI. 2. De la comparaison des actions de l'un & de l'autre. 357
VII. 3. De la comparaison de ceux qui ont les premiers embrassé le Christianisme & le Mahometisme. 358
VIII. 4. De la comparaison des moyens par lesquels ces deux Religions se sont établies. 359
IX. 5. De la comparaison de la Morale Chrétienne avec celle de Mahomet. 362
X.

TABLE

X. Reponse à l'Objection que les Mahometans tirent de la qualité de Fils de Dieu, que nous donnons à Jesus-Christ. 363

XI. Que les Livres des Mahometans sont pleins d'absurditez. 364

XII. Application de tout l'Ouvrage, adressée aux Chrétiens. 366

XIII. Usage du I. Livre, pour la Pratique. Ibid.

Usage du II. Livre. Ibid.
Usage du III. Livre. 367
Usage du IV. Livre. 368
Usage du V. Livre. Ibid.
Usage du VI. Livre. 369

I. DISSERT. Du Choix qu'on doit faire entre les divers Sentimens qui partagent les Chrétiens.

Par Mr. LE CLERC.

I. Qu'on doit examiner qui sont ceux d'entre tous les Chretiens, qui suivent aujourd'hui la Doctrine la plus pure de Jesus-Christ. 374

II. Qu'il faut s'atacher à ceux qui sont les plus dignes du nom de Chrétiens. 380

III. Les plus dignes du nom Chrétien sont ceux qui enseignent la Doctrine la plus pure, dont Grotius a prouvé la verité. 384

IV. Des choses dont les Chrétiens sont d'accord, & de celles où ils sont d'un sentiment contraire 388

V. De quelle source chaqu'un doit tirer la connoissance de la Religion Chrétienne. 395

DES SECTIONS.

VI. *Qu'on ne doit prescrire aux Chrétiens que ce qui est tiré du Nouveau Testament.* 398

VII. *Qu'on doit admirer la Providence de Dieu dans le soin qu'il a pris de conserver la Doctrine Chrétienne.* 402

VIII. *On répond à la question, pourquoi Dieu a permis qu'il y eût des erreurs & des disputes entre les Chrétiens.* 406

IX. *Que ceux-là professent & enseignent la plus pure Doctrine de Jesus-Christ, qui ne proposent pour Regle de la Foi, de l'Esperance & des Mœurs que les choses dont tous les Chrétiens sont d'accord.* 412

X. *Que la prudence nous oblige de participer à l'Eucharistie avec ceux qui ne demandent des Chrétiens, que ce que chacun trouve dans les Livres du Nouveau Testament.* 414

XI. *De la Discipline Ecclesiastique.* 419

XII. *Que Grotius a beaucoup estimé l'ancienne Discipline, quoiqu'il n'ait jamais condamné l'autre.* 423

XIII. *Exhortation à tous les Chrétiens, divisés de sentimens, de n'exiger les uns des autres la créance d'aucun Point de Doctrine, que de ceux dont chacun connoit la certitude par la lecture du Nouveau Testament, & qui ont toujours fait l'objet de la Foi.* 425.

II. DISSERT. contre l'Indiference de Religion. 430

Par Mr. LE CLERC.

II. Qu'il n'y a rien de plus important que la Religion, & que par conséquent on doit

TABLE

doit employer tous ses soins pour la connoître. 433

III. Que l'indifference de Religion n'est pas permise d'elle même; qu'elle est defendue par les Loix divines, & condamnée par toutes les Communions Chrétiennes. 437

IV. Qu'il ne faut pas legerement taxer d'erreur & d'un culte deffendu ceux qui sont d'un sentiment contraire au nôtre, ni les exclurre du Salut éternel qui ne se peut trouver dans leur Communion; quoi qu'il ne soit jamais permis de professer ce que nous ne croions pas, ou de pratiquer ce que nous condamnons. 446

V. Qu'un homme qui est dans l'erreur, & qui péche par ignorance, peut être agréable à Dieu; mais qu'un Hypocrite & un Fourbe qui dissimule ne sauroit lui plaire. 452

F I N.

TRAITÉ
DE LA VERITÉ
DE LA
RELIGION
CHRETIENNE.

LIVRE PREMIER.

I. **V**Ous fouhaitez, Monfieur*, de favoir quel eſt le précis des livres que j'ai faits en Flamand, pour prouver la vérité de la Religion Chrétienne. Vôtre curioſité ne me ſurprend point. Une perſonne qui, comme vous, joint à une lecture fort vaſte un diſcernement parfaitement juſte, ne peut ignorer, que la ſubtilité du Philoſophe Raimond de Sé-

Occaſion de cet Ouvrage.
* Jerôme Bignon Avocat Général

Sébonde (*a*), l'agréable variété des Dialogues de Vivès (*b*), l'érudition & l'éloquence de Mr. du Plessis-Mornai (*c*), ont en quelque sorte épuisé cette matiére, & ne nous ont laissé que le soin de copier ou de traduire ces Auteurs.

Cependant, quelque jugement que d'autres puissent faire d'un nouvel ouvrage sur ce sujet, j'espère que vous serez assez équitable pour ne désaprouver pas qu'après avoir lu non seulement ces ouvrages dont je viens de parler, mais aussi ce que les Juifs ont écrit pour l'ancienne Religion Judaïque, & ce que les Chrétiens ont fait pour la défense du Christianisme, je ne me sois pas contenté de ce qu'ont dit tous ces Auteurs : mais qu'ajoûtant mes lumiéres aux leurs, j'aye donné à mon esprit la liberté dont j'étois moi-même privé (*d*), lors que je fis cet Ouvrage. Je savois qu'on ne doit

---

(*a*) Raimond de Sébond étoit Espagnol, sa Théologie naturelle fut composée en Latin, & le célèbre Montagne l'a traduite en François. TRADUCTEUR DE PARIS.

(*b*) Louis Vivès, Espagnol, Professeur de Belles Lettres à Louvain & à Bruges, un des plus habiles Critiques du seizième siècle, cinq Livres de la Verité de la Religion Chrétienne, en Latin. TRAD. DE PAR.

(*c*)

doit employer pour défendre la Vérité, d'autres armes que la Vérité même; que je ne pouvois apeller Vérité que ce qui m'avoit paru l'être; & qu'en vain j'entreprendrois de persuader les autres par des raisons qui ne m'auroient pas convaincu. Je choisis donc dans les Auteurs anciens & modernes les preuves qui m'avoient le plus frapé, je laissai celles qui me paroissoient les plus foibles, & en particulier je ne voulus tirer aucun avantage de certains livres dont les uns sont évidemment suposez, & dont les autres m'étoient suspects. Ayant fait ce choix, je donnai à mes preuves l'ordre le plus naturel qu'il me fut possible, je les énonçai d'une maniére proportionnée à la portée du peuple, & je les mis en vers, afin qu'elles fussent plus aisées à aprendre & à retenir.

Mon dessein étoit de travailler pour l'uti-

___

(c) Philippe de Mornay, Sieur du Plessis Marly, de la Vérité de la Religion Chrétienne, contre les Athées, Epicuriens, &c. à Paris in-oct. 1582. en François, à Genéve 1590. à Leyde 1651. on le trouve aussi en Latin & en Italien. TRAD. DE PAR.

(d) L'Auteur étoit en prison quand il fit cet Ouvrage en vers Flamands; car ce fut à Paris qu'il le traduisit en Latin. TRAD. DE PAR.

l'utilité de tous ceux de mon païs ; mais j'avois sur-tout en vûe ceux qui vont sur mer, à qui je voulois procurer par là les moyens de bien employer le loisir qu'une longue navigation leur donne, & dont la plûpart tâchent à dissiper l'ennui par des ocupations peu raisonnables.

Je commence cet ouvrage par les éloges des habitans de nos Provinces, auxquels aucun autre peuple ne peut sans doute disputer la gloire d'exceller dans l'art de la navigation. Je leur fais regarder cet avantage comme un éfet de la bonté de Dieu. Je les exhorte sérieusement à l'employer comme un moyen pour étendre le Christianisme, aussi bien que pour s'enrichir. Je leur fais remarquer que leurs longs voyages leur en fournissent l'ocasion ; qu'ils trouvent des Payens dans la Chine & dans la Guinée, des Mahométans dans la Turquie, dans la Perse & dans la Barbarie ; que pour les Juifs, les plus déclarez ennemis du Christianisme, il y a peu de lieux sur la terre où ils ne soient répandus ; qu'enfin, parmi les Chrétiens mêmes, il se trouve des Impies,

qui

qui dans l'ocasion versent adroitement dans l'esprit des Simples le venin de leurs sentimens, que la crainte leur fait ordinairement cacher; que c'est contre ces ataques que je voulois leur fournir des armes, dont les plus éclairez pourroient se servir pour combatre vigoureusement l'erreur, & les autres, pour s'en garantir.

Après cela j'entre en matiére; & afin de faire voir que la Religion n'est pas une chose vaine & imaginaire, j'en établis d'abord le fondement, renfermé dans cette proposition, qu'*Il y a un Dieu.* C'est ainsi que je le prouve.

II. Le sentiment & l'aveu de tout le monde mettent hors de doute qu'il y a des choses qui ont commencé d'être. Or ces choses ne se sont point produites elles-mêmes: car produire c'est agir. Or pour agir il faut exister. Par conséquent si elles se sont produites elles-mêmes, elles ont existé avant que d'être, ce qui est contradictoire. Il s'ensuit donc qu'elles ont tiré l'être de quelqu'autre principe. Pour fortifier cette preuve, j'ajoûte, qu'elle ne porte pas seulement sur les choses

Qu'il y a un Dieu.

que nous voyons ou que nous avons vûes, mais auſſi ſur leurs cauſes, & ſur les cauſes de ces ca..es; juſqu'à ce qu'enfin l'on remonte à un premier Principe, c'eſt à dire, à un Etre qui n'ait jamais commencé, & qui exiſte néceſſairement & par lui-même. Et c'eſt préciſement ce Principe que nous apellons Dieu, & dont nous eſſayerons tantôt de découvrir la nature.

Ma ſeconde preuve eſt tirée du conſentement manifeſte de toutes les Nations du monde à croire une Divinité; au moins de celles en qui un naturel ſauvage & farouche n'a point éteint les lumiéres de la Raiſon, & les idées du bien & du mal. Je dis donc que les choſes qui ne viennent que d'un établiſſement purement humain, ont deux caractéres qui ne ſe trouvent point dans ce conſentement unanime. Le premier, c'eſt d'être diférentes ſelon les païs * & ſelon les inclinations des peuples : le ſecond, d'être ſujettes à changer. Or comme l'a re-

* On pourroit dire que la Religion eſt diférente ſelon les inclinations des peuples, mais ce n'eſt qu'à l'égard de telle ou telle Divinité particuliére,

remarqué Aristote même, lequel on auroit tort de soupçonner de crédulité sur ce sujet, la créance d'une Divinité est généralement répandue par tout. D'ailleurs, comme l'a aussi reconnu ce Philosophe, le tems qui change toutes les choses de pure institution, n'a jamais pu altérer celle-ci. D'où vient donc cette créance, sinon d'une cause qui agit naturellement sur l'esprit de tous les hommes du monde ? Or cette cause ne peut être que l'une de ces deux-ci ; une révélation expresse, émanée de Dieu, ou une tradition, qui de main en main ait passé des premiers hommes jusques à nous. La première décide la question en notre faveur ; puis qu'il n'y peut avoir de révélation divine, qu'il n'y ait un Dieu. Si l'on dit que c'est une tradition, qu'on nous aporte quelque raison, qui puisse nous faire croire que ces premiers hommes ont eu dessein, dans une afaire de cette importance, d'en imposer à toute leur postérité.

___

ou de la maniére de servir les Dieux ; & non par raport à cette opinion générale, qu'il y a un Dieu, quel qu'il soit ; & c'est de cela qu'il s'agit ici. TRAD.

rité*. Ajoutez à cela, que soit que nous jettions les yeux sur toutes les parties de l'ancien Monde, soit que nous regardions toutes celles du nouveau, nous ne verrons aucuns Peuples, (je ne parle pas de ceux qui n'ont presque de l'homme que la figure) nous ne verrons, dis-je, aucuns Peuples qui ne reconnoissent une Divinité; quoiqu'à dire vrai, la connoissance qu'ils en ont soit distincte ou confuse, à proportion de leur politesse & de leurs lumiéres. Or peut-on se persuader que ceux d'entre ces Peuples qui ont eu des lumiéres, ayent pû être trompez; ou que ceux en qui l'on remarque de la stupidité, ayent pû entreprendre de se tromper les uns les autres?

Que l'on n'objecte point ici ce peu d'hommes, qui dans un grand nombre de siécles ont cru, ou fait profession de croire, qu'il n'y a point de Dieu. Leur petit nombre, & l'oposition générale qu'ils ont rencontrée, lors qu'ils ont voulu introduire leurs sentimens, font voir que ces sentimens n'étoient

---

* Ou que l'on prouve qu'ils se sont eux-mêmes trompez; faute de quoi j'ai droit de conclurre, qu'ils n'étoient pas le fruit du bon ufage que ces gens faifoient de leur Raifon; mais un éfet, ou de l'amour de la nouveauté, paffion dont la bizarrerie a quelquefois été jufques à faire foutenir que la neige eft noire : ou d'un efprit corrompu, qui de même qu'un goût dépravé, juge des chofes, non felon ce qu'elles font en elles-mêmes, mais felon ce qu'elles lui paroiffent. En éfet, tant les Livres hiftoriques que ceux d'un autre genre, nous aprennent que les hommes ont confervé l'idée d'une Divinité, à proportion de la droiture de leur cœur. Il paroît donc que cet éloignement pour une opinion fi ancienne & fi univerfelle, eft une fuite de la dépravation de l'efprit & qu'elle n'a guére pu fe trouver qu'en ceux, à qui il importe fouverainement qu'il n'y ait point de Dieu, c'eft à dire, point de Juge de leurs déréglemens.

Il eft fi vrai que ce qui peut jetter les hommes dans cette erreur, n'eft
pas

qu'ils ont été légitimement perfuadez de cette vérité qu'ils ont transmife à leurs defcendans. ADD. DU TRAD.

pas le deſſein d'entrer dans des opinions un peu moins humiliantes pour la Raiſon, que pour peu qu'on y faſſe reflexion, on voit que le ſentiment d'une ſuite de générations ſans commencement, ou d'un concours fortuit d'atomes, ou quelque autre ſentiment que ce ſoit, eſt ſujet à d'auſſi grandes dificultez, pour ne pas dire à de plus grandes, & ne fait pas moins de peine à l'eſprit que la créance d'une Divinité. Par exemple, ce que quelques-uns diſent, que parce que leurs ſens ne découvrent pas Dieu, ils ne peuvent croire qu'il y en ait un, peut-il arrêter un eſprit qui faſſe quelque uſage de ſa Raiſon? Voyent-ils leur ame, qui de quelque nature qu'elle ſoit, corporelle ou ſpirituelle, eſt très-certainement en eux, & y produit des penſées, des jugemens, & des volontez*? L'objection qu'on tire de l'incompréhenſibilité de l'Etre ſuprême, n'a pas plus de force que la pré-

---

* Si l'inviſibilité n'eſt pas une raiſon pour faire rejetter ce principe de connoiſſance & de volontez, parce qu'on a d'ailleurs de trop fortes preuves de ſa réalité, pourquoi formeroit elle un doute plus raiſonnable contre l'exiſtence d'un Dieu? ADD. DU TRAD.   * Cela

précédente pour prouver qu'il n'y a point de Dieu. On fait qu'il eſt de la nature des choſes inférieures, de ne pouvoir bien comprendre celles qui ſont d'un ordre plus élevé & plus éminent. † Les bêtes ne comprennent point ce que c'eſt que l'Homme: beaucoup moins peuvent-elles pénétrer ſes actions, & découvrir de quelle maniére il établit & gouverne les Etats, meſure le cours des Aſtres, & fait voyager ſur la Mer. Certes la vûe même de ces beaux avantages de l'homme ſur la bête, devroit bien lui faire conclurre, que celui de qui il les a reçus eſt pour le moins autant au deſſus de lui, qu'il eſt lui-même au deſſus des bêtes, & devroit bien diminuer la peine qu'il a à reconnoître quelque choſe de plus excellent que lui, ſous prétexte qu'il n'en connoit pas la nature.

III. Nous avons prouvé qu'il y a un Dieu : venons à ſes atributs. Le premier qui ſe préſente, c'eſt l'Unité. Elle ſe recueille 1. de ce que nous

Qu'il n'y a qu'un Dieu.

---

† Cela paroîtra foible à ceux qui ſont perſuadez que la Bête eſt une pure machine: mais qu'au lieu de *Bête* on mette ici un *Cafre*, par exemple, ou un *Hottentot*, & cela fera le même éfet. TRAD.

nous avons déja établi, c'est que Dieu est un Etre, qui existe nécessairement & par soi-même. Or une chose est dite être nécessairement & par elle-même, non entant qu'on la considére dans une idée génerale, & dans l'indétermination à être ou à n'être pas, mais entant qu'elle existe actuellement. Cela posé, je dis que si l'on établit qu'il y a plusieurs Dieux, l'on ne trouvera rien en chacun d'eux qui le fasse exister nécessairement; rien même qui oblige à en admettre deux plutôt que trois, ou dix plutôt que cinq. 2. La multiplicité des Etres particuliers de même espéce, vient de la fecondité de leurs principes, qui, selon qu'elle est plus ou moins grande, les rend capables de plus ou de moins de productions; or Dieu n'a ni principe ni cause. 3.

* Peut-être le raisonnement seroit meilleur, si on le poursuivoit ainsi: Or cette propriété individuelle ne pouvant être en Dieu que quelque perfection (comme il paroîtra par la suite) l'un de ces Dieux auroit une perfection que les autres n'auroient pas: par conséquent ces autres ne seroient pas Dieu. TRAD.

† Quelques-uns répondent à cette objection, que ces Dieux ne pourroient pas vouloir des choses oposées, parce qu'ils seroient sages, & non bizar-

3. Il y a dans plusieurs Etres singuliers certaines propriétez qui les distinguent les uns des autres : * or dans une nature nécessaire, comme est celle de Dieu, rien n'oblige à reconnoître ces sortes de propriétez. 4. S'il y avoit plusieurs Dieux, il y auroit plusieurs agens libres, qui par conséquent pourroient vouloir des choses directement oposées : † or l'un, comme Dieu, c'est-à-dire, comme Toutpuissant, devroit pouvoir empêcher l'autre d'exécuter ses desseins. Mais si cela étoit, celui duquel il arrêteroit l'action, ne seroit pas Dieu, puis qu'être Dieu, & rencontrer de l'obstacle dans l'exécution de ses projets, sont deux choses incompatibles. ‡ Ajoutons à tout cela une reflexion, qui, quoi qu'elle ne soit pas absolument concluante,

forme

---

res si capricieux. Mais c'est ne rien dire. J'avoue, si l'on veut, qu'ils en seroient plus sages, s'ils s'accordoient assez pour ne vouloir que les mêmes choses. Mais aussi, ils ne seroient pas infiniment libres s'ils ne pouvoient en vouloir de contraires, & par conséquent, ils ne seroient pas Dieu. *Le même.*

‡ Cette reflexion étoit couchée en forme de preuve, entre la troisiéme & quatriéme raison ; & on l'a mise à la fin de l'article, parce qu'elle ne paroit pas assez considérable pour être mise entre de solides preuves. *Le même.*

forme pourtant un préjugé assez fort en faveur de l'Unité de Dieu. C'est que, de quelque côté que nous jettions les yeux, nous ne découvrons rien qui nous fasse même soupçonner qu'il y ait plus d'un Dieu. L'Univers fait un seul Monde : dans ce Monde il n'y a qu'un Soleil : dans chaque homme il n'y a qu'un principe dominant, qui est l'Esprit.

Que toutes les perfections sont en Dieu.

IV. POURSUIVONS, & tâchons de découvrir les autres atributs de Dieu. Tout ce qu'on entend par le mot de *perfection* est nécessairement en Dieu, & je le prouve ainsi. Toutes les perfections qui sont dans le Monde ont eu un commencement, ou n'en ont pas eu. Celles qui n'ont point eu de commencement, ne peuvent être que celles de Dieu. Celles qui ont commencé d'être, suposent manifestement un principe qui les ait produites. Et comme de toutes les choses qui sont, aucune ne s'est produite elle-même, il s'ensuit que les perfections qu'on découvre dans les éfets sont tellement dans leurs causes, qu'elles les rendent capables d'en produire de pareilles : par conséquent

quent tout ce qu'il y a de perfection au monde, a dû se trouver dans la cause premiére. J'ajoûte, que si elles y ont été, elles n'ont jamais pu cesser d'y être, puis qu'on ne peut pas dire que cette cause ait pu en suite en être dépouillée. Je le prouve : ou ce changement viendroit d'ailleurs, ou il viendroit de la cause premiére elle-même. Le premier ne se peut : un Etre éternel, ne dépendant d'aucun autre, aucun autre ne peut agir sur lui. Le second n'est pas plus possible, puis que chaque chose tend d'elle-même autant qu'elle peut à se perfectionner, bien loin de travailler à se rendre moins parfaite.

V. Ce premier principe étant posé, il faut en établir un autre, c'est que *Toute perfection se doit trouver en Dieu dans un degré infini* : en voici la preuve. Ce qui borne l'atribut d'un Etre, est, ou que la cause qui a produit cet Etre ne lui a communiqué cet atribut, que jusqu'à un certain degré : ou que cet Etre même ne le pouvoit recevoir, que dans une certaine mesure. Or ni l'un ni l'autre

Qu'elles y sont dans un degré infini.

l'autre ne se peut dire de Dieu, par cette seule raison, qu'étant par soi-même & nécessairement, il n'a jamais pu rien recevoir d'ailleurs.

Que Dieu est éternel, toutpuissant, tout bon, & qu'il sait toutes choses.

VI. Voyons à présent quelles doivent être ces perfections de l'Etre suprême. Il est certain que ce qui vit, est plus parfait que ce qui ne vit pas; que ce qui peut agir, l'est plus que ce qui en est incapable; que ce qui est doué d'intelligence, est plus excellent que ce qui ne l'est pas; qu'enfin ce qui a de la bonté, surpasse en perfection ce qui n'en a point. Donc tous ces atributs de *vivant*, de *puissant*, d'*intelligent*, de *bon*, sont en Dieu. Or par le second principe que nous avons posé, il ne peut y avoir rien en Dieu qui ne soit infini : donc ces atributs y sont dans un degré infini : donc sa vie ne doit être bornée d'aucun tems, c'est à dire, d'aucun commencement ni d'aucune fin : voilà *l'Eternité*. Son pouvoir est illimité : voilà la *Toute-puissance*. Je dis le même de la *Science* & de la *Bonté*, qui, comme les deux autres atributs, ne se peuvent trouver en Dieu, que par cela même ils ne soient infinis.

VII.

DE LA REL. CHRET. LIV. I. 17

VII. De ce que nous venons d'établir, il résulte que tout ce qui subsiste, tire son origine de Dieu. Car puis que nous avons conclu de ce qu'une chose existe nécessairement, qu'elle est par cela même unique, & exclut tout autre Etre de même nature : il est évident que toutes les choses qui sont hors de Dieu ne sont point nécessairement & par elles-mêmes, & qu'elles ont dû être produites par une cause diférente d'elles. Or cette cause ne peut être que celle qui n'a point eu de commencement, puis que, comme nous l'avons vu dès l'entrée, tout ce qui est, doit avoir été produit ou immédiatement, ou médiatement, c'est-à-dire, dans ses causes, par un premier Principe. Et ce premier Principe est ce que nous apellons Dieu.

Quand le raisonnement ne nous conduiroit pas à cette derniére vérité, la vûe seule des choses créées nous l'aprendroit sufisamment. En éfet il est impossible de considérer avec atention la structure admirable du corps humain, l'arrangement de ses parties tant extérieures qu'intérieures, la destina-

B

tination des plus petites à de certains usages, le peu de part que les péres & les méres ont à cet arrangement & à cette destination; en un mot, l'artifice exquis que l'on découvre dans cet excellent ouvrage, & qui fait l'admiration de ceux qui s'occupent avec le plus de succès à en étudier les merveilles : l'on ne peut, dis-je, considérer tout cela sans conclurre, que l'Auteur de cet ouvrage est un Être souverainement sage & intelligent. Si dans une chose aussi évidente on ne se contente pas de ses propres lumiéres, on n'a qu'à lire Galien dans les endroits où il traite de l'usage de la main, & de celui de l'œil.

Les corps des animaux brutes ne nous fournissent pas une preuve moins solide de cette vérité. La forme &
la

___

(1) La *situation des eaux &c.*] Strabon liv. 17. après avoir distingué les ouvrages de la nature, c'està-dire, de la matiére, & ceux de la Providence, ajoûte ces mots. ,, Mais comme naturellement les eaux
,, devroient environner & couvrir toute la terre,
,, & que d'ailleurs l'homme n'est pas un animal
,, aquatique, mais en partie terrestre & en partie
,, aërien, & capable de joüir de la lumiére, d'un
,, côté la Providence a fait sur la surface de la terre
,, plusieurs enfoncemens pour recevoir l'eau ou une
,, partie

la situation de leurs parties marquent visiblement une certaine intention & de certaines fins, dont une puissance aveugle, telle qu'est celle de la matiére, est absolument incapable. Je dis la même chose des plantes & des herbes, & je le dis après les Philosophes les plus éclairez. La situation des eaux (1) a fait fort à propos naître à Strabon la même pensée. * Selon leur nature, & la qualité de la matiére qui les compose, elles devroient être placées entre la Terre & l'Air. Si donc la Terre, au lieu d'en être couverte, en est seulement arrosée en diférens endroits, n'est-ce pas afin qu'elle puisse servir de demeure à l'homme, & produire les choses qui lui sont nécessaires? Or qui peut se proposer une certaine fin dans ses actions,

„ partie de l'eau, & pour en être cachée: & de
„ l'autre, plusieurs éminences par lesquelles la Terre
„ s'élevant au dessus de l'eau, la couvre & n'en
„ laisse paroître qu'autant qu'il en faut, pour l'u-
„ sage de l'homme & des animaux, & pour nour-
„ rir les plantes.

* La nature de l'eau ne demande pas qu'elle soit placée entre l'air & la Terre. Il suffit de remarquer, que la distribution qui en a été faite par toute la terre marque une sagesse & une bonté qui ne peut convenir à la matière. TRAD.

tions, sinon un Etre sage & intelligent?

* Pour dire encore un mot des bêtes, quelques-unes, comme les fourmis & les abeilles, font des choses si bien réglées & si bien conduites, qu'à peine peut-on se défendre d'y reconnoître de la raison & de la sagesse. On en voit d'autres qui avant que d'avoir éprouvé ce qui leur peut nuire, ou ce qui leur est bon, s'éloignent de l'un & recherchent l'autre. Y auroit-il donc éfectivement en celles-là, quelque intelligence qui dirigeât leurs actions, & dans celles-ci, quelque discernement qui réglât leur choix? Non sans doute; puis qu'on les voit astreintes à agir toûjours de la même maniére, & que leur capacité est tellement bornée à un certain ordre de choses, qu'elle n'a point de lieu dans d'autres un peu diférentes, quoi qu'aussi peu dificiles. Il faut donc que ces actions partent d'une cause extérieure, intelligente, qui agisse sur ces bêtes, & qui en
règle

---

* On a tiré cet Article de son lieu, pour mettre tout d'une suite les réflexions de l'Auteur sur les fins particuliéres. TRAD.

† Cette crainte du vuide, n'est aparemment, dans
le

régle les mouvemens : & cette cause n'est autre chose que Dieu.

Au reste, on voit dans les parties de l'Univers, non seulement une direction à de certaines fins particulières, mais aussi une destination à des fins générales, & qui tendent à la conservation réciproque de ces parties. L'eau, par exemple, qui de sa nature tend en bas, se meut quelquefois en haut. Pourquoi cela, si ce n'est † de peur que le vuide venant à séparer les parties de l'Univers, n'en détruise la liaison, qui ne peut subsister, à moins qu'elle ne soit universelle? Or ni cette fin qui va, pour ainsi dire, au profit du Monde entier, ni la force que telle ou telle partie a d'y concourir, ne peuvent être que la production d'un Esprit qui préside sur toutes les parties du Monde.

De plus le cours des Astres, & en particulier celui du Soleil & de la Lune, est si propre à rendre la terre fertile,

le sens de l'Auteur, qu'une précaution de la Providence, qui pour mieux lier les parties du Monde, en a exclus le vuide. Et cette réflexion, ainsi expliquée, supose que le vuide est possible. TRAD.

tile, & à conserver les animaux dans une bonne disposition, que l'imagination même, quelques éforts qu'elle fît, ne pourroit rien concevoir de plus éficace pour ces usages-là. La simplicité des Loix naturelles exigeoit, ce semble, que les Astres se mussent sur l'Equateur (*a*). Pourquoi donc ont ils reçu une impression qui les fait mouvoir sur un cercle oblique? C'est sans doute, afin qu'ils répandissent leurs bonnes influences sur un plus grand nombre d'endroits. Le Ciel est donc en quelque façon pour la Terre, & la Terre est pour tous les animaux en général. Mais ne nous arrêtons pas là. Pour qui sont les brutes? Pour l'Homme, sans doute, qui par la prééminence de son esprit s'est assujetti les plus indomtables. Quand nous recueillirons de tout cela, que le Monde entier a été fait pour l'Homme, nous ne dirons rien que
tous

(*a*). L'Equateur est un des quatre grands cercles qui divise la Sphere en deux parties égales, dont l'une est septentrionale, & l'autre méridionale. TRAD. DE PAR.

(2) *Que tous les Stoïciens n'ayent aperçu.*] Cicéron Offic. liv. 1. & de la nature des Dieux liv. 2.

(3) *Enfin tous ces mouvemens* &c.] Si l'on supose que la Terre tourne, la même réflexion aura lieu, quoi que sous diferens termes.

(*a*)

tous les Stoïciens n'ayent aperçû. (2) Or comme cet ordre qui aſſujettit à l'Homme toutes les parties du Monde, & entr'autres les Aſtres, n'eſt ni l'éfet de la puiſſance de l'Homme, laquelle ne s'éléve guére au-deſſus de l'air qu'il reſpire, ni de la ſoumiſſion volontaire de ces Etres céleſtes : il faut néceſſairement reconnoître une Intelligence ſupérieure, dont les ordres ſecrets obligent ces Etres ſur qui l'Homme a ſi peu de pouvoir, à ſervir continuellement à ſes beſoins : & cette Intelligence n'eſt autre que celle du Créateur même des Aſtres, & de l'Univers entier.

(3) Enfin tous ces mouvemens, excentriques, (b) epicycliques, * & autres, qu'on remarque dans les Aſtres; leurs ſituations diférentes; la diverſité de leurs cours, qui les aproche ou les éloigne

---

(b) Petit cercle qui a pour centre un point pris ſur la circonference d'un autre cercle plus grand, ſur lequel ce petit ſe met ἐπι ſur & κυκλος cercle. TRAD. DE PAR.

* La ſimplicité du Syſtême que l'on a ſubſtitué à celui de Ptolomée, eſt encore bien plus propre à nous faire connoître la ſageſſe d'un Dieu Créateur, que tous ces mouvemens embarraſſez, que l'on n'a inventez que ſur la ſupoſition fauſſe de la ſolidité des Cieux. TRAD.

éloigné plus ou moins de certains endroits; la variété presque infinie qui se voit dans la surface de la Terre, & dans la figure des Mers, sont des traces si sensibles d'une Cause également libre & sage, qu'il faudroit être stupide, pour n'y reconnoître que l'impression brute & aveugle d'un principe matériel. * La figure du Monde entier, qui est d'une rondeur parfaite, & l'arrangement admirable de ses parties, toutes enfermées dans la vaste enceinte des Cieux, font aussi voir clairement que ce n'est pas le hazard, mais une Intelligence sans bornes, qui a pû composer ce grand Tout & en assembler les parties. Les coups du hazard ne sont pas d'ordinaire d'une si gran-

―――――――――――

* Cette rondeur du Monde est une suite de ce même faux principe, que les Cieux sont d'une matiére solide. TRAD.

(*) *** Du progrès des Arts, &c.] Tertullien prouve ce progrès des Arts, & cette multiplication du genre humain par le témoignage de l'Histoire, dans son liv. de l'ame, Sect. 36. *Nous trouvons*, dit-il, *dans les histoires les plus anciennes que le genre humain s'est multiplié peu-à-peu* &c. Et plus bas, *le monde entier même se perfectionne tous les jours & pour la politesse des mœurs, & pour l'invention de plusieurs choses necessaires.* Ces deux raisons, sçavoir cette multiplication & ce progrès, ont fait rejetter à ceux qui sçavent l'Histoire, & aux Epicuriens mêmes, l'opinion d'Aristote, lequel a crû que les hommes ont été de toute éternité. A l'égard des Epicuriens, en voici un témoignage que Lucréce nous fournit.

„ Si

grande justesse. L'on ne verra jamais des matériaux jettez à l'avanture, s'unir avec assez d'art & de régularité pour composer un Palais. L'on ne verra jamais naître un Poëme de l'amas fortuit de plusieurs caractéres. C'est du moins ce qui ne parut pas possible à celui qui ayant vû des figures géométriques tracées sur le bord de la Mer, dit qu'il apercevoit les traces d'un homme.

Il faut aussi prouver que les hommes n'ont pas été de toute éternité, & qu'ils doivent leur origine & à un certain tems & à une certaine tige qui leur est commune à tous. Cela se recueille, premiérement (4) du progrès des Arts qui se sont perfection-

Que les hommes ne sont pas de toute éternité; & qu'ils sont tous issus d'un seul homme.

nez

,, Si la Terre & les Cieux n'avoient point eu de com-
,, mencement, seroit-il possible que les Poëtes
,, n'eussent rien chanté de plus ancien que la guerre
,, de Troye & la ruine de cette Ville; que la mé-
,, moire de tant de grandes actions, que tant de
,, siécles doivent avoir vûes, fût périe, & qu'il n'en
,, fût resté aucun monument qui les rendît immor-
,, telles ? Je crois donc que l'Univers est nouveau,
,, & que la Nature ne subsiste que depuis peu de
,, siécles. De là vient que nous voyons encore quel-
,, ques Arts se polir, & quelques autres nouvelle-
,, ment nez croître de jour en jour. Tantôt l'on a
,, ajouté aux navires quantité de piéces & d'instru-
,, mens qui les rendent plus parfaits, tantôt les
,, joueurs d'instrumens ont inventé des sons mélo- *Vit-*
,, dieux &c.

nez peu-à-peu, & de ce que plusieurs Païs auparavant déserts & incultes, ont commencé d'être habitez par des Peuples, qui pour la plûpart, & sur tout ceux des Iles, ont conservé dans la ressemblance de leur Langue avec celle des Païs voisins, une preuve évidente

Virgile. Ecl. 6. Siléne commença à chanter comment tous les éléméns, & le monde entier dans sa naissance, avoient été composez de ces principes (c'est-à-dire des atomes.) Géorg. liv. 1. „ Jupiter mit fin à l'heureuse „ abondance qui régnoit avant son tems, afin que la „ nécessité obligeât l'homme à inventer divers Arts, „ à chercher le blé dans les sillons, & à tirer des „ veines des cailloux le feu qui y est caché. Alors „ les fleuves commencérent à sentir le poids des ar- „ bres creusez & travaillez en forme de navires. Alors „ le Pilote étudia le rang des Etoiles, apella les „ unes Pleïades, les autres Hyades, quelques au- „ tres Ourse. Alors on trouva l'invention de pren- „ dre les animaux au lacet & à la glu, & d'en- „ tourer les bois avec des chiens. Alors on com- „ mença à jetter des filets dans les riviéres & dans „ la mer même. Alors on profita de la dureté du „ fer, & au lieu qu'auparavant on fendoit le bois „ avec des coins, on commença à le couper avec „ des scies. Enfin plusieurs autres Arts commen- „ cérent à paroître.
Horace Sat. 3. *du liv.* 1. Après avoir réprésenté les premiers hommes dans leur naissance, comme assez semblables à des bêtes, fait voir par quels progrès ils vinrent à un état plus policé & mieux réglé. Sénéque dans un endroit cité par Lactance assure que la Philosophie n'est pas encore vieille de mille ans. Tacite Ann. 3. dit „ que les hommes „ de la premiere Antiquité ne savoient ce que c'étoit „ de loix & d'Empires, & que les loix ne furent „ introduites, & les Empires ne se formérent, qu'a-
„ près

dente qu'ils en étoient venus. Cela se voit en second lieu par quelques maximes & quelques pratiques, qui naissent moins d'un instinct naturel, ou d'un raisonnement clair & sensible à tous les hommes, que d'une tradition qui s'est répandue dans tous les tems, & dans tous les lieux, sans aucune in-

„ près que l'ambition & la violence eurent succé-
„ dé à la modération & à l'honnêteté.

Ce qui a obligé Aristote à croire & à soutenir l'éternité du genre humain & par conséquent du Monde, a été l'absurdité de l'opinion de Platon, qui disoit, à la vérité, que le Monde avoit eu un commencement, mais qui prétendoit qu'il avoit été engendré, & non pas créé. L'un & l'autre de ces deux Philosophes ont eu raison & ne l'ont pas eu à divers égards. Platon avoit raison de nier l'éternité du Monde, mais il se trompoit en disant qu'il avoit été formé par voye de génération. Aristote raisonnoit juste, lors qu'il rejettoit cette génération; mais il raisonnoit mal, lors qu'il concluoit de l'absurdité de cette doctrine, qu'il faloit donc que le Monde fût sans commencement. Que l'on prenne ce que l'un & l'autre ont eu de bon, & l'on tombera dans l'opinion des Juifs & des Chrétiens.

Il semble néanmoins qu'Aristote n'ait pas été tout à fait content de son hypothése. Il en parle fort souvent d'une maniére à faire voir qu'il étoit fort irrésolu là-dessus. Dans la préface du second livre qu'il a fait des Cieux, il dit qu'il n'a pas de demonstration de ce qu'il avance sur ce sujet, mais une simple persuasion. Dans le premier livre de ses Topiques chapitre 9. il met la question de l'éternité du Monde au rang de celles sur lesquelles on peut disputer de part & d'autre avec probabilité. Et dans le 3. liv. de la génération des animaux, il supose qu'ils ont pu avoir un commencement, & là-dessus il tâche à découvrir de quelle maniére ils ont pu avoir été engendrez.

interruption, que celle qu'a pu y aporter la malice des hommes, ou les désastres publics. Tels furent autrefois les sacrifices. Telles ont été, & sont encore aujourd'hui, la délicatesse de la pudeur pour les choses qui la peuvent blesser, les cérémonies nuptiales, & l'horreur pour les incestes.

Réponse à l'objection, que si Dieu étoit la cause de tout, il seroit l'auteur du mal.

VIII. Mais ne semble-t'il pas que, s'il y avoit un Dieu auteur de toutes choses, & infiniment bon, on ne verroit pas dans le monde tant de miseres & tant de désordres? Je répons qu'il y a de deux sortes de maux, le mal *moral*, c'est-à-dire, le crime, & le mal *physique*, c'est-à-dire, la misere. A l'égard du premier, il est sûr qu'on ne peut l'atribuer à Dieu sans blesser sa sainteté. Nous avons dit qu'il est l'auteur de toutes choses, mais ce n'est que de celles qui subsistent réellement : & rien n'empêche que les choses qui subsistent réellement, n'en produisent d'autres qui ne sont que de purs accidens & de pures maniéres d'être, tel qu'est ce qu'il y a de criminel dans les méchantes actions : de sorte qu'il n'est pas besoin de remonter jusqu'à Dieu pour en trou-

trouver la source. Lors qu'il créa l'Homme & les Intelligences qui sont au-dessus de l'homme, il leur donna une liberté qui les rendoit capables du bien & du mal. Mais quoique cette liberté se puisse déterminer au mal, elle n'est pas cependant mauvaise en elle-même. Pour ce qui est du mal physique qui est proprement ce que nous apellons *douleur*, il n'y a aucun inconvénient à dire qu'il vient de Dieu; puis qu'il s'en sert ou à corriger l'Homme, ou à le punir. Et bien loin que cette espéce de mal répugne à sa bonté, on peut dire qu'il l'employe souvent par un principe d'amour pour les hommes; de la même manière que les Médecins prescrivent aux malades des remédes désagréables au goût, mais nécessaires pour leur guérison.

IX. Il faut réfuter en passant l'opinion de ceux qui établissent deux premiers Principes, l'un bon, & l'autre mauvais. *Réfutation de l'opinion de deux premiers principes.*

I. Deux Principes si oposez ne peuvent que causer du désordre, & même une destruction entiére, bien loin de pouvoir produire quelque chose d'aussi d'auſſi bien conſtruit, & d'auſſi ſagement réglé, qu'eſt le Monde. II. De ce qu'il y a un Etre bon par ſoi-même, il ne s'enſuit pas qu'il y en ait un abſolument & néceſſairement mauvais. La malice eſt un defaut qui ſuppoſe une choſe qui exiſte déja : or l'exiſtence eſt par ſoi-même quelque choſe de bon *.

Que Dieu gouverne toutes choſes. I. Preuve. X. S'IL eſt vrai, comme nous l'avons établi, que Dieu a créé le Monde, il n'eſt pas moins conſtant, qu'il le gouverne par ſa Providence. Sa bonté l'y oblige : ſa ſcience infinie & ſa toute-puiſſance lui en donnent les moyens : l'une lui fait connoître tout ce qui ſe fait & tout ce qui ſe doit faire : l'autre le rend capable d'exécuter ce qu'il juge à propos pour conduire & pour régler l'Univers. Avec un degré de ſageſſe & de bonté infiniment plus petit, les hommes étendent leurs ſoins ſur leurs enfans ; & avec quelque choſe qui n'eſt en ſoi-même ni bonté ni ſageſſe, mais qui en

* De plus il ne faut pas concevoir le mal comme une choſe naturelle, mais comme la dépravation de l'état naturel des choſes. Or, comme nous l'avons prouvé, un Etre qui eſt néceſſairement & par ſoi-

en répréfente affez bien les démarches, les bêtes mêmes favent élever & conferver leurs petits. Il faut rapeller ici ce que nous avons dit de certains mouvemens peu naturels, que l'on remarque dans le Monde, mais qui fervent bien mieux à fa confervation que d'autres plus naturels, & plus fimples.

XI. La Terre & toutes les chofes fublunaires étant l'ouvrage du Créateur, auffi bien que le Ciel, & tous les corps céleftes, cette même raifon fait voir combien eft mal fondée l'opinion de ceux, qui reconnoiffant une Providence, la renferment dans l'étendue des Cieux. Il ne feroit pas même dificile de prouver, que la Terre eft plus particuliérement que le Ciel, l'objet des foins de la Providence. Le cours des Aftres eft fi conforme aux befoins de l'Homme, qu'on peut dire qu'ils ont été créez pour lui. Or lequel eft le plus digne des foins de Dieu,

Que Dieu gouverne toutes les chofes fublunaires.

ou

foi-même, eft parfaitement immuable: & quand il ne le feroit pas, il eft toûjours évident qu'un premier Etre devenu mauvais, ne le feroit pas néceffairement, puis qu'il ne le feroit pas de toute éternité. Add. du Trad.

ou la fin, ou les moyens qui sont destinez à cette fin?

Que Dieu gouverne les natures particuliéres.

Il n'y a pas plus de raison à prétendre, que Dieu ne conduit que les natures universelles, & ne touche point aux Etres singuliers. Est-ce qu'il ne les connoît pas? C'est ce que quelques-uns disent; mais si cela est, comment se connoît-il lui-même? De plus, nous avons prouvé que la science de Dieu est nécessairement infinie: elle s'étend donc à tous les Etres particuliers. Or si Dieu les connoit tous, pourquoi ne les gouverneroit-il pas tous? Cela paroît encore par ces fins tant particuliéres, que générales, que nous avons découvertes dans chaque partie du Monde. Sans toutes ces considérations, une seule raison sufit. C'est que les natures universelles ne subsistent que dans les Etres particuliers. Si donc Dieu abandonne les Etres particuliers, il faut aussi qu'il abandonne le genre; s'il conserve & gouverne le genre, il faut de nécessité qu'il conserve & gouverne les Etres particuliers.

2. Preuve de la Providence, par la con-

XII. La durée des Etats & des Empires est une preuve si forte de la Pro-

Providence Divine, que tous les Philosophes & tous les Historiens en ont très-bien senti le poids. En général, par tout où cet ordre, qui soumet un Etat à une autorité supérieure, a été reçû, il y subsiste toûjours. En particulier, on voit que certaines formes de Gouvernement se maintiennent en quelque Païs pendant une longue suite de siécles. Combien de tems n'a pas duré, par exemple, le Gouvernement monarchique des Assyriens, des Egyptiens, & des François. Le Gouvernement Aristocratique des Vénitiens compte déja plus de douze cens ans. Il est vrai que la Politique a beaucoup contribué à cette longue durée. Cependant, si l'on prend garde combien il y a toûjours eu d'esprits déréglez & turbulens; à combien de traverses un Etat est sujet de la part de ses Voisins, & quelle est l'inconstance de toutes les choses du Monde: on verra qu'il est impossible qu'une certaine maniére de Gouvernement subsiste si long tems, sans une direction toute particuliére de la Providence. Cette direction est encore plus sensible dans la maniére dont

servation des Etats.

C   Dieu

Dieu change la forme des Empires, & les ôte à de certains Peuples pour les donner à d'autres. Ceux par qui il opére ces grandes Révolutions, Cyrus, par exemple, Alexandre, Céfar, Cingi parmi les Tartares, & Namcaa dans la Chine, ont tous eu une enchaînure de fuccès, que toute la prudence humaine n'auroit jamais pu leur procurer; ils ont tous éprouvé un bonheur dont la grandeur furpaffoit leurs defirs, & dont la durée conftante étoit fort éloignée du cours ordinaire des chofes du monde, dans lefquelles on ne voit que mélange & qu'inégalité. La reffemblance qu'ont entr'eux ces événemens mémorables, & leur concours à une même fin, c'eft-à-dire, à l'établiffement d'un Empire fur les ruïnes d'un autre, ne peuvent partir d'une caufe fortuite & aveugle. On peut faire plufieurs fois de fuite un coup de dé heureux: mais fi on le fait jufqu'à cent fois, il n'y a perfonne qui ne l'atribue d'abord à quelque adreffe cachée.

3. Preuve par les miracles.

XIII. ENTRE toutes les preuves qui nous convainquent d'une Providence, il n'en eft point de plus incontestable que les miracles & les prédictions dont les Historiens font mention. Il est vrai qu'on en débite beaucoup sans fondement. Mais doit-on rejetter pour cela tout ce qu'on a là-dessus de bien atesté par des témoins oculaires, dont le jugement & la bonne foi sont au-dessus du soupçon? Ce sont des choses impossibles, dira-t'on; mais si Dieu peut tout & sait tout, pourquoi ne feroit-il pas ce qu'il veut, & ne pourroit-il pas révéler ce qu'il sait? Si l'on ajoûte que ces actions miraculeuses violent les loix de la Nature; je demanderai pourquoi Dieu, étant l'auteur de ces loix, il n'en seroit pas le maître; & s'il s'y est tellement lié, qu'il ne puisse jamais se dispenser de les suivre? Si l'on dit que ces choses extraordinaires peuvent avoir été produites par des Esprits inférieurs à Dieu, j'y consens : mais j'en conclus qu'à plus forte raison Dieu les pouvoit produire lui-même : outre que, comme dans un Royaume bien réglé il ne se fait rien d'extraordinaire que sous le bon plaisir de celui qui le gouverne, il faut nécessairement que ces Esprits, à qui on

veut

veut faire honneur de ces grandes choses, ne les ayent faites que par l'ordre ou par la permiſſion de leur Maître.

En particulier par les miracles de Moyſe & de Joſué, que l'on prouve 1. par la durée de la Religion Judaïque.

XIV. Que l'on chicane tant qu'on voudra ſur la certitude des hiſtoires qui nous parlent d'événemens ſurnaturels & miraculeux; l'Hiſtoire de la Religion Judaïque, & des merveilles qui lui ſervent de fondement, eſt au-deſſus de toute exception. Cette Religion (5), quoique privée depuis long tems de tous apuis humains, quoi qu'en bute à la raillerie & aux mépris de toutes les Nations, a ſubſiſté jusqu'à préſent dans tous les endroits du Monde où elle s'eſt répandue. Toutes les autres Religions, ſi vous en exceptez la Chrétienne, qui n'eſt autre choſe que la Religion Judaïque amenée à ſa perfection, ſont tombées du même coup qui a renverſé les

_____

(5) *Cette Religion.... ſubſiſte encore aujourd'hui.*] Joſephe dans ſon premier livre contre Appion nous a conſervé un paſſage d'Hecatée, où cet Auteur parlant des Juifs qui étoient avant Alexandre, dit „ qu'ils étoient ſi atachez à leurs loix & à leurs „ coutumes, que ni le mépris outrageant que leurs „ voiſins faiſoient d'eux, ni les mauvais traitemens „ des Rois de Perſe & de leurs Satrapes, ni même „ les derniers ſuplices, ne les pouvoient obliger à „ y

les Empires, dont la puiſſance leur ſervoit d'apui. C'eſt ce qui eſt arrivé à toutes les diférentes branches de l'ancien Paganiſme. Et ſi le Mahométiſme ſe maintient encore, ce n'eſt qu'à la faveur de l'Autorité ſouveraine. Si l'on recherche la cauſe de cette impreſſion profonde & inefaçable, que la Religion Judaïque a faite dans le cœur de ceux qui la profeſſent, on n'en trouvera pas d'autre qu'une Tradition certaine & conſtante, qui leur a apris de génération en génération les miracles que leurs premiers péres virent faire à Moyſe & à Joſué à leur ſortie d'Egypte, & à leur entrée dans le Païs de Canaan. Sans cela, il n'eſt pas concevable qu'un Peuple qui a toûjours eu un grand fonds d'obſtination, & un extrème penchant à la déſobéïſſance, eût voulu

,, y renoncer. Un autre paſſage du même Hécatée porte que *du tems d'Alexandre, des Soldats Juifs refuſérent conſtamment d'aider à rebâtir le temple de Bélus.* Joſéphe dans ſa Réponſe à Appion, liv. 2. conclut de cette fermeté des Juifs à conſerver leurs loix au milieu de leurs malheurs & de leurs diſperſions & malgré les menaces & les careſſes des Rois étrangers, qu'il faloit bien qu'ils euſſent été fermement perſuadez de tout tems que Dieu en étoit l'Auteur.

lu se charger d'une loi qui l'acabloit par une multitude rebutante de Cérémonies & de Rites. Sur-tout (6), la Circoncision est quelque chose de si douloureux, & qui leur atiroit de si cruelles railleries de la part des Etrangers, qu'il n'est pas croyable qu'entre tant de cérémonies que l'esprit peut inventer, des hommes sages eussent pris celle-ci pour en faire le symbole de leur Religion, s'ils n'avoient été convaincus que c'étoit Dieu qui leur en ordonnoit la pratique.

2. *Par lá sincérité de Moyse & par l'antiquité de ses Livres.*

XV. Les Ecrits de Moyse, qui nous ont conservé la mémoire de tant de miracles, ont des caractéres de vérité extrémement vifs & sensibles. Tous les Juifs qui ont été depuis ce grand Homme jusqu'à nous, ont toujours cru très-sincérement, que Dieu le leur avoit envoyé pour les conduire & pour établir leur Religion*. On ne lui voit ni passion pour la

---

(6). *La Circoncision étoit quelque chose de si douloureux, & qui leur &c.* Philon.

* Mais comment eût-il obtenu créance dans l'esprit des premiers Israëlites, si Dieu n'eût véritablement signalé sa Mission par tous ces prodiges qu'il

la gloire, ni defir d'établir fa Maifon. S'il fait des fautes, il veut bien les publier; s'il jouït de l'autorité fuprême, c'eſt parce qu'il étoit feul capable de la manier. Mais d'ailleurs il ne travaille point à l'afermir dans fa famille, qu'il s'eſt contenté de confondre dans la foule des Lévites. Il laiffe à d'autres l'honneur du Sacerdoce dont il auroit pu s'emparer. On ne remarque dans fes difcours, ni cet artifice, ni ces maniéres flateufes & infinuantes, qui font les couleurs ordinaires du menfonge; mais une fimplicité inimitable, & une proportion merveilleufe avec les chofes dont il parle. Joignez à cela qu'aucun autre livre ne peut difputer aux fiens l'avantage de l'antiquité. Les Grecs mêmes, de qui les autres Peuples ont tiré ce qu'ils ont d'érudition, avouent qu'ils ont reçu d'ailleurs (7) l'invention de l'écri-

---

qu'il a laiffez par écrit? Certes il n'étoit pas poffible qu'il jouât tout un grand Peuple. Mais quand il l'eût pu, il ne l'auroit pas fait. On le voit trèséloigné de tout ce qui peut porter un homme à la fourbe & à l'impofture. ADD. DU TRAD.

(7) *L'invention de l'Ecriture.*] Hérodote dans fa Terpfichore dit que ,, les Ioniens ayant apris des
,, Phé-

l'écriture. Et il est certain que le nom de leurs lettres, leur rang, & la figure qu'elles eurent dans les commencemens, ne sont autres que le nom, le rang, & la figure des lettres Syriaques & Hébraïques. (8) Les loix mêmes les plus anciennes des Athéniens, sur lesquelles celles des Romains furent ensuite formées, viennent manifestement des loix de Moyse.

XVI.

„ Phéniciens l'usage des lettres, l'avoient retenu,
„ quoi qu'avec quelques changemens; que c'est à
„ cause de cela que les lettres Gréques sont nom-
„ mées Phéniciennes. En éfet Timon & Plutarque
les apellent ainsi. Ce dernier dit aussi qu'*Alpha* signifie *un bœuf* dans la langue Phénicienne, ce qui est vrai. Eupoléme dans son livre des Rois de Judée, dit „ que Moyse a été le premier de tous les
„ Sages, & que ce fut lui qui enseigna aux Juifs
„ l'invention des lettres, laquelle passa ensuite de
„ ce peuple aux Phéniciens ; & il est vrai que le plus ancien Hébreu étoit le même ou presque le même que le Phénicien. *Il prononçoit*, dit Lucien, *certains mots inconnus, tels que seroient des mots Hebreux ou Phéniciens*. Chérilus dans les Vérs qu'il a fait des Solymes * dont il posoit la demeure auprès d'un lac, qui est à ce que je crois le lac Asphaltite ou la mer morte, dit qu'ils parloient Phénicien. Cela se recueille aussi de cette scéne de Plaute qui est en langue Punique. Non seulement la langue des anciens Israëlites étoit la même que celle des Phéniciens, mais ils se servoient aussi des mêmes lettres, comme l'ont prouvé Joseph Scaliger, & Gérard Vossius.

* [Bochart Liv. 1. *des Colonies des Phéniciens*, Ch. 5. fait voir que Josephe s'est trompé ; & que ces Solymes dont Chérilus parle ne sont pas un peu-

XVI. Outre cela, on trouve dans les Ecrits de plusieurs Auteurs Payens, beaucoup de choses conformes à celles que Moyse nous aprend, & qui ne pouvant être regardées que comme les restes d'une Tradition très-ancienne & très-universelle, sont fort propres à confirmer ce que cet Auteur a écrit. Ce qu'il nous dit de l'origine du Monde, se trouve en substance, quoi qu'un peu déguisé, (9) dans

3. Par les témoignages des Auteurs étrangers.

ple de Judée; mais de l'Asie Mineure dans le voisinage de la Lycie.]

(8) *Les loix mêmes les plus anciennes des Athéniens &c.*] Telle est la loi touchant *le voleur de nuit*, & celle qui ordonnoit qu'un homme venant à mourir sans enfans, son plus proche parent épouseroit sa veuve. Sopater, Térence, & Donat, font voir que c'étoit là une loi des Athéniens. Ces Peuples avoient aussi pris de la fête des Tabernacles la coutume de porter des rameaux dans une de leurs solemnitez. A l'imitation du souverain Sacrificateur des Juifs, leur Pontife étoit obligé par les loix d'épouser une fille vierge & citoyenne. Enfin la loi qui ordonnoit parmi eux que lorsque deux ou plusieurs sœurs viendroient à mourir sans enfans ou sans freres, les parens du côté du pére seroient héritiers, venoit aussi des Hebreux.

(9) *Dans les plus vieilles histoires des Phéniciens que Sanchoniaton avoit compilées & que Philon de Biblos a traduites.*] Voici un fragment de cet ancien Auteur, qu'Eusebe a garanti de l'oubli en le citant dans sa Préparation Evangelique liv. I. ch. 10. La Théo-
» logie des Phéniciens établit pour premier princi-
» pe du Monde *un air ténébreux & spiritueux ou un*
» *souffle, un vent d'un air ténébreux & un Chaos enve-*
» *lopé d'obscurité: Que ces deux principes ocu-*
poient

dans les plus vieilles histoires des Phéni-

» poient un espace infini, & que pendant un fort
» long tems, ils ne furent séparez par aucune bor-
» ne: mais qu'enfin *l'Esprit* étant devenu amou-
» reux de ces principes qui lui apartenoient, il s'é-
» toit mêlé avec eux: Que cette conjonction avoit
» été apellée *desir* ou *amour*: Que ce fut de là que
» nâquirent toutes choses: Que pour l'Esprit il
» étoit sans commencement, & n'avoit été pro-
» duit par aucune cause: Que la première chose
» qui provint de son union avec ces principes, fut
» *Mot*, par où quelques-uns entendent du limon,
» d'autres une putréfaction qui naît d'un mélange
» d'eau avec quelque autre substance: Que ce *Mot*
» avoit été la semence de toutes les Créatures, &
» la matiére dont elles ont été formées..... Que
» les Astres étoient dans ce limon comme dans un
» œuf; & que ce limon qui renfermoit le Soleil,
» la Lune, les Etoiles, & * les grans Astres, fut
» ensuite illuminé.

{ * Après avoir nommé le Soleil, la Lune & les Etoiles, qu'entend-il par les grans Astres? Peut-être les Etoiles de la première grandeur.}

Tout le Monde voit le raport qu'a cette doctrine avec celle de Moyse. Dans l'une & dans l'autre on voit, I. une matiére informe & ténébreuse que Moyse appelle תהום *Tehom*, *abîme* & בהו ותהו *Tohou* & *Bohou*, *terre sans forme & vuide; eaux* & que Sanchoniaton nomme *Chaos*, avant qu'elle ait reçu du mouvement, & *Mot*, après qu'elle en eut reçu. On y voit, II. l'Esprit, auteur du mouvement, & qui tire de cette matiére tous les Etres qui devoient composer l'Univers. III. On y voit même son action représentée par une même image, qui est celle d'une colombe qui couve un œuf: car c'est là la force du mot מרחפת *Merachépheth*, que nous avons traduit, *se mouvoit*, comme l'a remarqué le Rabbin Salomon Jarchi. Or Sanchoniaton dit que les Astres étoient dans le limon comme dans un œuf. C'est à cela que se raportent les passages suivans. Macrobe Saturnal. liv. 7. ch. 16. dit qu'un œuf est un bel emblême du Monde. Les Vers Or-

niciens, que (a) Sanchoniaton avoit com-

phiques enseignent que le principe de la génération de toutes choses a été *un œuf*, & dans Arnobe les Dieux Syriens, qui ne sont autre chose que les Astres, sont dits *être nez d'œufs*. IV. Enfin on voit dans l'Auteur Phénicien aussi bien que dans Moyse, que la lumière a précédé le Soleil. Dans la suite de ce fragment, il est parlé de βαυ *Bâun* & de κολπια *Kolpia*. Le premier est le בהו *Bohou*, que nous avons traduit, *vuide*; le second, par lequel Sanchoniaton entend le vent, est visiblement יהוה קל פי יה *Kol pi-jah, la voix de la bouche de Dieu*.

Zénon qui étoit de Cittium, ville de Cypre & Colonie des Phéniciens, disoit, au raport du Scholiaste d'Apollonius, ,, que ce Chaos dont a parlé ,, Hésiode, étoit de l'eau; & que cette eau venant ,, à s'abaisser, il s'étoit produit une espéce de li- ,, mon lequel s'épaississant devint ce que nous apel- ,, lons la terre. Numénius, allégué par Porphyre, cite expressément Moyse, dans ces paroles, *le Prophète a dit que l'Esprit de Dieu* ἐπεφέρετο, *étoit porté sur les eaux*.

La séparation de la terre & des eaux se trouve aussi dans Phérécydes, qui l'avoit apris des Syriens, & dans Anaximander, qui dit que *la Mer est un reste de l'humidité originelle de l'Univers*. Linus & Anaxagore ont enseigné *qu'au commencement tout étoit mêlé & confus, mais que l'Esprit a tout arrangé*. Ce qu'ils tiroient des Phéniciens, qui dès la premiére Antiquité ont eu commerce avec les Grecs. Linus même étoit Phénicien d'origine. Orphée, qui a puisé des mêmes sources, dit dans un passage cité par Athénagore, que *le limon a été fait d'eau*. Outre cela, il a parlé du Chaos comme *d'un grand œuf, qui venant à se crever, s'est partagé en deux parties qui sont le ciel & la terre*. On trouve aussi dans un passage de cet ancien Auteur, cité par Timothée le Chronologue, *& les premiéres ténébres, & la premiére illumination de l'Univers*.

(a) Sanchoniaton de Beryte est le plus ancien & le plus fameux des Historiens Phéniciens. Suidas assure qu'il a vécu quelque tems après la guerre de Troye,

compilées, & que (*a*) Philon de Biblos a traduites. (10) On en voyoit aussi quelques traces parmi les Indiens,

Troye: & s'il est vrai que son ouvrage ait été adressé à Abibal Roi de Phenicie, pere d'Hiram, allié de Salomon, il faut qu'il ait vécu du tems de David.

M. de Saint Jore (Richard Simon) *Bibliot. Crit. t. 1.* dit qu'il paroît que l'histoire attribuée à Sanchoniaton a été supposée, vers le tems de Porphyre, en faveur du Paganisme. Voyez ce qu'il dit p. 131. *& suiv.* TRAD. DE PAR.

(*a*) Philon *de Biblos*, qui avoit traduit son ouvrage de Phenicien en Hebreu, étoit un Grammairien qui vivoit, dit-on, sous l'Empereur Adrien; nous n'avons plus l'original ni la traduction. Voyez-en des fragmens dans Euseb. *Prep. Ev.* Le même.

(10) *On en voyoit quelques traces parmi les Indiens, au raport de Mégasthénes.*] Voici le passage, tiré du liv. 15. de Strabon. ,, Les Indiens ont en beaucoup ,, de choses les mêmes opinions que les Grecs. Ils ,, croyent, par ex. que le Monde a eu un com- ,, mencement, & qu'il doit finir un jour: que ,, Dieu qui en est l'auteur, & qui le gouverne, se ,, trouve dans toutes ses parties: que toutes choses ,, ont chacune en particulier des principes diférens; ,, mais que le principe général dont tout le Mon- ,, de a été formé, c'est l'eau. On voit aussi dans Clément Alexandrin, liv. 1. des Stromates un passage de Mégasthénes, qui témoigne que les Brachmanes, Philosophes Indiens, ont cru ce que les plus anciennes traditions enseignent touchant la Nature.

(11) *Et parmi les Egyptiens.*] Laërce dans sa préface; ils tiennent (*ce sont les Egyptiens*) que le ,, Monde dans sa naissance a été * une masse con- ,, fuse: que les Élémens ont été tirés de cette masse ,, par voye de séparation: que les animaux en ont ,, été formez.... que le Monde périra, de même ,, qu'il a commencé d'être.

* [Voici comme Diodore de Sicile explique leur opi-

diens, au raport de Mégasthénes &
de Strabon; (11) & parmi les Egyptiens, selon le témoignage de Laërce
&

opinion. ,, Ils disent que lors que l'Univers com-
,, mença d'exister, le Ciel & la Terre n'avoient
,, qu'une même face, & étoient mêlez l'un avec
,, l'autre: Qu'ensuite l'air ayant reçu un mouve-
,, ment perpétuel, ce qu'il y avoit de parties de
,, feu s'élévérent au-dessus des autres, pour com-
,, poser les Astres: & les parties bourbeuses &
,, épaisses s'affaissérent & s'amassérent dans un mê-
,, me lieu, avec les parties humides: Que les unes
,, & les autres ayant aussi reçu un mouvement con-
,, tinuel, les plus humides s'étoient séparées des
,, plus grossiéres & des plus solides; celles-là pour
,, composer la Mer, & celles-ci, la Terre: Que la
,, Terre qui étoit d'abord fort molle, s'épaissit peu
,, à peu par la chaleur du Soleil: Que sa surface
,, ayant commencé à fermenter par cette chaleur,
,, il s'y étoit formé de petites élevures qui conte-
,, noient une certaine pourriture, environnée d'u-
,, ne espéce de membrane ou de peau fort déliée;
,, ce qui arrive encore aujourd'hui dans des lieux
,, humides & marécageux, lors que le Soleil vient
,, à les échaufer tout d'un coup: Que cette petite
,, pourriture étant devenue un Fétus, ou une ébau-
,, che d'animal, tous ces Fétus tirérent leur nour-
,, riture d'un brouillard qui de nuit se répandoit
,, autour d'eux, & que de jour la chaleur du Soleil
,, leur donnoit une juste consistence: Qu'ayant a-
,, quis toutes leurs parties dans une forme conve-
,, nable, & le Soleil ayant brulé & dissipé ces
,, peaux où ils étoient enfermez, toutes les espé-
,, ces d'animaux vinrent enfin à paroitre: Que
,, ceux qui avoient eu en partage plus de degrez
,, de chaleur, s'élévérent dans l'air, les plus ter-
,, restres demeurérent sur la Terre, & les plus hu-
,, mides eurent l'eau pour leur demeure: Que la
,, Terre se durcissant tous les jours de plus en plus
,, par la chaleur & par les vents, étoit devenue
,, incapable de produire les animaux de la manié-

,, re

& de Diodore de Sicile. Entre les Grecs, (*a*) Linus, (12) Héfiode (*b*), & beaucoup d'autres, ont parlé du Chaos, que quelques-uns ont répréfenté comme un grand œuf *. Ils n'ont pas ignoré non plus, ni

„ re qui vient d'être décrite ; & qu'à cette voye de
„ génération fuccéda celle que nous voyons aujour-
„ d'hui.... Qu'il ne faut pas être furpris de cet-
„ te force que la Terre a eu de produire les ani-
„ maux: Qu'on en voit un exemple dans la * Thé-
„ baïde, où dans le tems que le Nil eft le plus
„ débordé, le Soleil échaufant tout d'un coup la
„ terre qui a été humectée & détrempée par ce
„ débordement, il s'engendre fur sa furface une
„ pourriture, de laquelle naît une multitude in-
„ croyable de rats & de fouris : Qu'à plus forte
„ raifon cela a pu arriver dans le commencement,
„ puis qu'alors la Terre, qui étoit plus molle, &
„ l'air qui avoit une autre température, étoient
„ dans une difpofition plus prochaine à produire
„ des animaux". Macrobe, Saturnal. liv. VII. raporte en abrégé cet article de la Théol. Egyptienne touchant la genération des animaux.]

* C'eft une province d'Egypte.

Tout cela, fi vous y joignez l'*Efprit*, reffemble affez à la doctrine de Moyfe, & à la Tradition des Phéniciens. La plûpart des Philofophes Grecs ne regardant qu'à la matière, n'ont point parlé de la caufe qui lui a donné le mouvement & la forme. Ariftote, qui a fenti ce défaut l'a prétendu éviter en difant qu'il faloit, outre la matière, concevoir une caufe qui ait agi fur elle, & que cette caufe eft la *Nature*. Mais Thalès, Anaxagore, & Platon ont mieux rencontré lors qu'ils ont dit que cette caufe eft Νῦς, c'eft-à-dire une *Intelligence*, un *Efprit*.

(*a*) Linus étoit un Poëte Grec qui vivoit avant Homere, felon quelques-uns : on le fait inventeur des rithmes & des airs ; il ne nous refte rien de lui. TRAD. DE PAR.

(12) *Héfiode & beaucoup d'autres.*] Ces autres font, l'An-

ni la création des animaux, ni celle de l'Homme; ils ont sû qu'il a été formé à l'image de Dieu, & qu'il reçut de son Créateur l'empire sur les animaux. (13) Ovide, qui avoit pris tout cela des Grecs, l'énonce dans

l'Auteur de certains Hymnes, & du Poëme des Argonautes, que l'on a cru être Orphée; Epicharme, le plus ancien des Poëtes Comiques, & Aristophane, dans la Comédie qui a pour titre, *les oiseaux*, & dont Lucien & Suidas nous ont conservé le passage qui fait à ce sujet. Dans tous ces Auteurs on voit un *Chaos*, matiére informe, & principe de toutes choses: une cause qui agit sur ce Chaos, qu'ils apellent *Amour*, & qui séparant toutes les diférentes parties du Chaos, a produit le Ciel, la Terre, la Mer, les Hommes &c. Sur quoi il faut remarquer I. qu'Hésiode étant né proche de Thébes, ville qui a été bâtie par Cadmus Phénicien, il en a pu tirer ce qu'il dit là-dessus, & qui est si conforme à ce que nous venons de voir de la tradition des Phéniciens. II. Que les Phéniciens ayant eu de tout tems commerce avec les Ioniens, qui ont été les premiers habitans de l'Atrique, ont pu leur porter la connoissance de leurs dogmes, aussi bien que leurs marchandises.

(*b*) Hésiode autre Poëte, né à Ascre en Beocie, que quelques-uns mettent avant Homere, & d'autres plus probablement un siécle après ou environ. Les ouvrages qui nous restent de lui sont simples pour le stile, mais grands pour les pensées morales. Sa Theogonie ou Generation des Dieux est la Theologie des Païens. Son ouvrage intitulé les Oeuvres & les Jours, est plein de belles pensées. TRAD. DE PAR.

* Aparemment à cause de la métaphore que Moyse employe pour représenter l'action de l'esprit de Dieu, & qu'il tire de l'action d'une poule qui fait éclorre ses œufs en les couvant. ADD. DU TRAD.

(13) *Ovide.... l'énonce dans ses Metamorphoses &c.*] (Le passage est très-beau, Grotius l'a raporté tout entier.

dans ses Métamorphoses d'une manière fort aprochante des expressions de Moyse. (14) Epicharme (c) & les Platoniciens ont dit, que toutes choses

entier. Comme il est un peu long, je n'en donnerai qu'un abrégé. Ovide, après avoir décrit le Chaos d'une manière fort ingénieuse, représente le partage que Dieu fait de toutes ses parties confuses & mêlées. Il dit qu'il en tira les Elémens, à chacun desquels il marqua sa place : Qu'il arrondit la Terre, l'environna de Mers, & qu'il la coupa de riviéres, & de lacs : Qu'il étendit les campagnes, abaissa les valons, éleva les montagnes, & orna les bois de feuillage. Il parle ensuite des cinq Zones & célestes & terrestres, des brouillards, des nues, des orages, dont il dit que Dieu établit le siège dans les airs, où il assigna de même à chacun des vents leur quartier. Plus haut il nous fait voir l'Æther, ou l'air pur, & dégagé de parties terrestres ; & plus haut encore le Ciel & les Astres, qu'il représente, aussi bien que les Dieux, comme les habitans du Ciel. Il parle en général des diférentes espéces d'animaux, & de leurs demeures. ,, Il leur manquoit un Maître, ajoûte-t-il ; l'Hom-,, me nâquit pour posséder ce beau rang. Japétus ,, mêlant avec de l'eau le limon tout nouvelle-,, ment séparé de l'Æther, le forma à l'image des ,, Dieux maîtres & directeurs de tout l'Univers. Et ,, au lieu que les autres animaux sont panchez vers ,, la terre, il donna à l'Homme une tête droite, ,, élevée, & capable de porter les yeux vers le Ciel. Eurysus Pythagoricien dit ,, que celui qui a for-,, mé l'Homme étant souverainement bon & bien ,, faisant, a bien voulu se prendre lui-même pour ,, patron de cet ouvrage. Horace, Virgile, & Juvénal ont représenté nôtre ame comme descendue du Ciel, & faisant même partie des Etres célestes. Cicéron, & Hipparchus cité par Pline liv. 11. ont donné à l'ame une espéce de parentage avec les Etoiles.

(14) *Epicharme &c.*] *La Raison des hommes*, dit ce
Poëte

ſes avoient été faites par la parole de Dieu. C'eſt ce qu'on voit auſſi dans l'ancien Auteur des (15) Vers auſquels on a donné le nom d'Orphiques non

Poëte, *eſt née de la Raiſon de Dieu.* Amélius Platonicien cité par Euſébe Prépar. lib. XI. ,, Cette Rai-
,, ſon par qui ſubſiſtent toutes les choſes qui ont
,, été faites, eſt aſſurément cette *Parole* dont un
,, certain Auteur Barbare dit, qu'elle étoit avec Dieu
,, quand il créoit le Monde, & même avant qu'il
,, le créât: que tout a été fait par elle: & que
,, tout Etre vivant & animé, vit & ſubſiſte par
,, elle. Cet Auteur Barbare eſt S. Jean, qui vivoit un peu avant ce Philoſophe. Chalcidius, dans ſon commentaire ſur le Timée de Platon, parlant de Moyſe : ,, Il eſt clair, *dit-il*, qu'il jugeoit bien
,, que la Sageſſe divine avoit préſidé à la creation
,, du Ciel & de la Terre, & qu'en un mot elle eſt
,, le premier Principe de tout l'Univers. Zénon & ſes Sectateurs ont auſſi le même dogme. *Tertull.* contre les Gent.

(c) Epicharme de Sicile, Poëte comique & Philoſophe, que quelques-uns font inventeur de la Comedie : il avoit écrit ſur la Nature & ſur la Medecine, ces ouvrages ſont perdus. TRAD. DE PAR.

(15) *Les vers Orphiques.*] ,, J'en prens à temoin
,, cette premiére parole que le Pére de l'Univers
,, prononça lors que par ſes ordres il fonda le
,, Monde entier. Et ailleurs, ,, Tourne tous tes
,, regards, & dirige tous les mouvemens de ton
,, cœur vers la Raiſon divine. Jette les yeux ſur
,, le Créateur du Monde. Lui ſeul eſt éternel,
,, lui ſeul a créé toutes choſes; lui ſeul préſent à
,, toutes les parties de la vaſte machine du Mon-
,, de, les agite & les remue. Aucun homme ne
,, le voit, & il voit ſeul tous les hommes''. Ces deux paſſages ſe trouvent dans Juſtin Martyr, liv. de la Monarchie, dans Clément Alexandrin, Stromat. liv. v. & dans Euſébe, Prépar. Evang. liv. XIII.

D

non qu'ils fussent d'Orphée, mais parce qu'ils en contenoient les leçons & la doctrine. La lumiére du Soleil, (16) selon Empédocle (*a*), ne vient pas originairement de lui : il n'en est que le dépositaire, ou, comme a parlé un des Docteurs de l'ancienne Eglise, le *réceptacle* & le *véhicule*. (*b*) Aratus & Catulle (*c*) ont placé au-dessus des Astres le séjour de la Divinité. (*d*) Homére y a conçu une lumiére éternelle. Thalés (*e*), instruit dans la discipline des Phéniciens,

δόχημα.
καὶ ὄχημα

(16) *Selon Empédocle.*] Ce Philosophe disoit „ que la premiére chose qui fut séparée du Chaos, „ fut l'Æther : Qu'ensuite le Feu en fut tiré, & „ enfin la Terre : Que la Terre étant venue à se „ resserrer par l'impétuosité même du mouvement „ de ses parties, l'Eau en étoit sortie, comme par „ bouillons : Que l'Air s'étoit dégagé de dedans „ l'eau à-peu-près comme les exhalaisons sortent „ de la terre : Que pour ce qui est de l'Æther, „ & du Feu, le premier avoit produit le Ciel, & le „ second, le Soleil. Plut. liv. 2. ch. 6. — Il disoit aussi qu'il y avoit deux Soleils, l'un, *original*, & *l'autre qui a été formé sur le premier*, & c'est celui que nous voyons.

(*a*) Empédocle d'Agrigente, disciple de Pythagore & de Parménide, avoit écrit sur la Physique, & une Relation de l'expédition de Xerxès. TRAD. DE PAR.

(*b*) Aratus, c'est ce Poëte Grec dont Cicéron encore jeune, avoit traduit les Phénomenes. TRAD. DE PAR.

(*c*) Catulle Poëte Latin, de Veronne, mort à Rome à l'âge de 30. ans, 44. ans avant J. C. *Le même.*

(*d*)

ciens, de qui il étoit descendu, a enseigné que Dieu est le plus ancien de tous les Etres comme n'ayant été produit par aucun autre, que le Monde n'est si beau que parce qu'il est l'ouvrage de Dieu, & que les ténèbres ont précédé la lumière. Ce dernier point, qui se trouve aussi (17) dans les vers Orphiques, & dans Hésiode, nous aprend pourquoi (18) plusieurs Nations, qui retenoient inviolablement les vieilles coutumes, mesuroient plutôt le tems par les nuits

que

(d) Homere le meilleur des Poëtes Grecs, & le desespoir de tous ceux qui voudroient l'imiter, vivoit, à ce que l'on croit, plus de 900. ans avant J. C. Il y en a qui le font contemporain de Salomon. *Le même.*

(e) C'est le premier de ceux qu'on nomma les sept Sages de la Grèce. Il nâquit vers l'an 115. de Rome, & mourut vers l'an 209. âgé de 91. ans; étant jeune sa mére, dit-on, le pressa de se marier: il répondit, *il n'est pas encore tems;* sollicité de nouveau dans un âge avancé, il dit, *il n'est plus temps.* Le même.

(17) *Dans les vers Orphiques &c.*] Je chanterai la Nuit, Mere des Dieux & des hommes.

(18) *Plusieurs Nations qui retenoient &c.*] Nicolas de Damas le dit des * Numides : Tacite, des Anciens Allemans : César, des Gaulois : & Pline, des † Druides, en particulier: Aulu-Gelle des Athéniens. Les Bohémiens & les Polonois ont encore aujourd'hui cette coutume.

[* Anciens peuples d'Afrique.]
[† Prêtres & Philosophes des Gaules.]

D 2

que par les jours. Anaxagore a reconnu que toutes les parties du Monde ont été arrangées par une Intelligence suprême. (19) Aratus dit que les Étoiles ont été créées de Dieu. (20) Virgile marchant sur les traces des Philosophes Grecs, parle d'un Esprit universel répandu dans tout l'Univers, & qui est

(19) *Aratus dit que les Etoiles &c.*] ,, Commençons par Jupiter, & ne nous lassons jamais de parler de lui. Toutes les parties du Monde ressentent les éfets de sa présence. Nous jouissons même de lui, *& c'est de lui que nous tirons nôtre origine.* C'est aussi lui qui a ataché les Astres au Ciel dans l'ordre où nous les y voyons, afin qu'ils nous montrassent en quelle saison chaque chose se doit faire, & que tout naquît selon de certaines loix. Ces mots, *& c'est de lui que nous tirons nôtre origine*, ont été citez par St. Paul Act. XVII. 28. Chalcidius, dans son Comment. sur le Timée de Platon. ,, L'opinion des Hébreux s'acorde avec ce que je viens de dire. Ils enseignent que Dieu qui a arrangé & orné l'Univers, a donné charge au Soleil de dominer sur le jour, & à la Lune, d'avoir soin de la nuit : qu'il a établi les Étoiles pour déterminer les tems, pour marquer les années, & pour faire connoître d'avance la fertilité ou la stérilité de la terre.

(20). *Virgile parle d'un Esprit &c.*] Georgiques liv. IV. ,, Quelques-uns faisant réflexion sur cette adresse & sur cette prudence qui paroissent par tant de marques dans les mouches à miel, ont dit qu'il y avoit en elles une portion de l'Intelligence divine : qu'en éfet Dieu est comme répandu dans toutes les parties de la Terre & de la Mer, aussi bien que dans les Cieux ; & que c'est de lui que l'homme & tous les animaux puisent en naissant cet Esprit subtil & délié qui les anime.

est le Principe de la vie & du mouvement (21). Hésiode, Homére, (22) & Callimaque, ont assuré que l'Homme avoit été formé de boue. (23) Maxime de Tyr avance que toutes les Nations s'accordent à reconnoître un seul Dieu auteur & maître du Monde. On peut dire aussi qu'elles ne

(21) *Hésiode.*] *Il commanda à Vulcain*, dit ce Poëte, *de mêler de l'eau avec de la terre, & de donner à ce composé une voix humaine.* Euripide. „ Souffrez que les morts rentrent dans le sein de la „ Terre. Chaque chose retourne à la source dont „ elle est sortie. L'Esprit retourne au Ciel, & „ le corps rentre dans la Terre. Ce dernier ne „ nous est pas donné en possession perpétuelle: „ il ne nous est que prêté. Et si, peu après, la „ Terre le reprend, elle ne reprend que ce qui lui „ apartient, puis que c'est elle qui l'a nourri. Tout cela a un raport évident avec Gen. III. 9. & Eccles. XII. 7.

(22) *Et Callimaque.*] Il apelle l'Homme, la boue de Prométhée. Démocrite, Epicure, Juvénal, & Martial, ont aussi parlé de cette boue dont l'homme a été formé.

(23) *Maxime de Tyr. &c.*] Dissertat. 1. „ Au mi„ lieu de tant d'opinions diférentes, qui se comba„ tent les unes les autres, on en voit une cons„ tante & universelle; que Dieu est & le Roi „ & le Pére de toutes choses; qu'il y a plusieurs „ Dieux, qui sont fils du Dieu souverain, & qui „ ont part à la conduite de l'Univers. Le Grec, „ le Barbare; ceux qui habitent près de la mer, „ & ceux qui en sont éloignez, le Sage & l'Idiot, „ parlent tous là-dessus le même langage. Antisthéne, Sophocle, & Varron, reconnoissent aussi un seul Dieu souverain.

ne se sont pas moins rencontrées, à reconnoître dans un septiéme jour quelque chose de plus que dans les autres : ce qui est un monument très-sensible de la création du Monde en six jours. Pour les Hébreux, cela est clair. A l'égard des Grecs, & des Latins, (24) nous l'aprenons de Joseph, de Philon, de Tibulle, de Clément Alexandrin, & de Lucien. Selon le raport de Philostrate de (25) Dion Cassius, & de Justin Martyr, les Indiens & les Celtes, anciens Peuples

(24) *Nous l'aprenons de Joséphe, de Philon &c.*] Jos. Rép. à Appion, liv. II. dit qu'il n'y a aucune ville, soit Gréque soit Barbare, où ne soit parvenue la coutume de célébrer le septiéme jour, de même que le font les Juifs. Philon. *Le septiéme jour est un jour de fête, non pour une seule ville, ou pour un seul païs, mais pour tous les peuples du monde.* Clément Alexandrin cite là-dessus Hésiode, Homére, & Callimaque.

(25) *Dion Cassius.*] Il témoigne ,, que la coutu- ,, me de compter le tems par une révolution de ,, sept jours est venue des Egyptiens, & que d'eux ,, elle s'est répandue parmi tous les autres Peu- ,, ples.

(26) *Et que l'usage des vêtemens &c.*] Diodore de Sic. raportant l'opinion des Egyptiens sur cela, dit * ,, que les premiers hommes menoient une ,, vie.

[* Ce témoignage joint à celui qui suit forme une description assez bizarre des premiers hommes, l'un les représente menans une vie fort misérable, & l'autre, fort sainte. Ainsi il pourroit sembler qu'ils ne sont pas au but de l'Auteur. Ils y sont pourtant,

ples de l'Allemagne, de la Bretagne, & de la Gaule, ont divisé le tems en semaines : ce qui prouve qu'ils conservoient la mémoire du repos qui suivit la Création. Et cela paroît aussi par les noms que ces Peuples donnoient aux jours de la semaine.

Les Egyptiens tenoient que la vie des premiers hommes avoit été d'une grande simplicité, (26) & que l'usage des vêtemens leur étoit inconnu. L'âge d'or si vanté par les Poëtes, & que Strabon témoigne (27) avoir été con-

„ vie fort incommode & fort dure, parce qu'on
„ n'avoit encore inventé aucune des choses utiles
„ à la vie : qu'ils n'avoient ni habits, ni mai-
„ sons, ni feu, & que leur manger étoit très-
„ grossier. Dicéarque, Philosophe Péripatéticien,
cité par Varron & par Porphyre, dit „ que les
„ premiers hommes étant bien plus près des Dieux
„ que nous étoient d'un très-bon naturel, & vi-
„ voient dans l'innocence; & que de là est venu le
„ nom d'âge d'or, qu'on a donné aux premiers
siécles.

(27) *Avoir été connu des Indiens.*] Strabon, liv. XV. fait dire à Calanus Indien, „ qu'autrefois la „ farine étoit aussi commune que la poussière l'est autant, le premier, pour ce qui est de la simplicité de la vie de nos premiers Pères, l'autre, pour l'innocence de leurs mœurs. Le 3. passage qui est directement contraire au 1. peut néanmoins avoir lieu ici, en ce qu'il représente assez bien cette vie toute simple, & toute naturelle de l'homme avant qu'il tombât dans la révolte.]

connu des Indiens, n'eſt autre choſe que cet heureux tems qui a précédé la chûte du premier homme. (*a*) Maimonides remarque que (28) l'hiſtoire d'Adam, d'Eve, de l'Arbre, & du Serpent, faiſoit de ſon tems un des articles de la Tradition des Indiens Idolatres, des habitans du Pegu, & des Calaminſames. Ferdinand de Mendès, & quelques autres de ce ſiécle, raportent que le nom d'Adam n'eſt pas inconnu aux Brachmanes : & que les

„ aujourd'hui; que le lait, le vin & le miel couloient
„ de ſource de même que l'eau : mais que cette
„ délicieuſe abondance ayant rendu les hommes
„ fiers & inſolens, Dieu qui ne le put ſouffrir
„ leur ôta tous ces biens, & établit un autre gen-
„ re de vie, pénible & laborieux.

(*a*) Le Rabin Maimonides étoit très ſavant, quelques Juifs l'appellent la lumiere d'Iſrael, à cauſe de ſa ſcience; il étoit né à Cordoue en Eſpagne l'an de J. C. 1135. & mourut âgé de plus de 70 ans. TRAD. DE PAR.

(28) *L'Hiſtoire d'Adam, d'Eve, du Serpent, &c.*] Chalcidius ſur le Timée de Platon : *ſelon Moyſe Dieu défendit aux premiers hommes de manger de certains fruits, qui leur pouvoient donner la Connoiſſance du bien & du mal.* Et ailleurs ; „ C'eſt à cela que ſe ra-
„ porte ce que les Hébreux diſent; que Dieu avoit
„ donné à l'Homme une ame raiſonnable, par une
„ inſpiration céleſte, & aux bêtes, une ame deſ-
„ tituée de raiſon, ſe contentant de commander
„ à la Terre de les produire de ſon ſein; que de
„ ce nombre fut ce ſerpent, qui par ſes ſuggeſtions
„ engagea dans le crime ces prémices de tous les
„ hommes. Dans les plus anciennes cérémonies des Grecs on crioit *Eva*, & en même tems on montroit un ſerpent.

les Siamois comptent aujourd'hui (29) six mille ans, depuis la création du Monde. La longue vie des Patriarches se trouve dans l'histoire que (*b*) Bérose (30) a faite de la Chaldée, dans celle d'Egypte par Manéthon (*c*), dans celle des Phéniciens composée par Hirom (*d*), & enfin dans l'Histoire Grecque d'Hestiæus, d'Hécatée, d'Hellanicus, & dans les Poësies d'Hesiode. Ce qui peut rendre cette vérité

(29) *Six mille ans depuis la création.*] Selon le raport de Simplicius, Callisthéne envoya à Aristote des Observations Astronomiques qu'il avoit recueillies à Babylone, & qui remontoient jusqu'à 1903 ans, ce qui est à-peu-pres le tems qui pouvoit s'être écoulé depuis le Deluge jusqu'à Callisthéne.

(*b*) Berose est le premier Ecrivain de l'histoire des Chaldéens; il fleurissoit sous Ptolemée Philadelphe, Roi d'Egypte. Nous n'avons plus son Histoire, car celle d'Annius de Viterbe est supposée. Joseph, *dans ses l. contre Appion*, nous a conservé des Fragmens considerables du veritable Berose. TRAD. DE PAR.

(30) *Berose, Manéthon, Hirom, Hestiæus, Hécatée, Hellanicus.*] Josephe Antiq. Jud. liv. 1. ch. 4. cite tous cet Auteurs dont on avoit encore de son tems les livres. Servius sur Virgile, dit que les Arcadiens vivoient jusqu'à 300 ans.

(*c*) Manéthon, Grand Prêtre d'Egypte, Secretaire ou Bibliothecaire des Archives sacrées de l'Egypte, sous Ptolem. Philad. Joseph *contre Appion,* Eusebe *dans sa Chron,* Jules Africain, ont conservé plusieurs Fragmens de l'Hist. d'Egypte de Manethon. TRAD. DE PAR.

(*d*) Il étoit Egyptien & Gouverneur de Syrie sous Antigonus ou sous Antiochus. *Le même.*

vérité moins incroyable, c'est que des Auteurs de plusieurs païs, entre autres (*a*) Pausanias (31) Philostrate (*b*), & Pline raportent qu'en quelques sé-

(*a*) Pausanias étoit de Césarée en Cappadoce, il vivoit sous l'Empereur Antonin le Philosophe, & fleurissoit vers l'an de J. C. 139. sa description de la Grece est un bon ouvrage. TRAD. DE PAR.

(31) *Pausanias...... des corps d'une grandeur au dessus de l'ordinaire.*] Dans ses Laconiques il dit qu'on montroit dans le Temple d'Esculape, auprès de la ville d'*Asopus*, des os d'homme d'une grandeur extraordinaire. Et dans le 1. liv. de ses Eliaques, qu'on avoit tiré de la mer un os qui avoit été ensuite gardé à * Pise, & que l'on croyoit être de Pélops.

Philostrate.] Au commencement de ses Héroïques il dit *que dans * la Palléne, les inondations & les tremblemens de terre découvroient beaucoup de corps de taille démesurée.*

Pline.] Dans le liv. VII. ch. 16. ,, Dans l'Ile de ,, Créte un tremblement de terre ayant rompu une ,, montagne, on y trouva un corps qui étoit sur ,, ses piez, & que les uns disoient être celui d'O- ,, rion, & les autres, d'Eétion. L'Histoire nous ,, aprend que le corps d'Oreste ayant été déterré ,, par le commandement de l'Oracle, on trouva ,, qu'il étoit grand de sept coudées. Il y a plus ,, de mille ans qu'Homére s'est plaint que les ,, hommes de son tems n'étoient plus si grans que ,, leurs Ancêtres.

,, Solin dit ,, que pendant la guerre de Crete, après ,, une inondation extraordinairement grande, les ,, eaux s'étant retirées, on avoit trouvé sur la ,, terre un corps de 33. coudées, qui fut vu de ,, Métellus & de son Lieutenant Flaccus.

,, Joséphe, Antiq. Jud. liv. V. ch. 2. ,, On voyoit ,, encore alors des Géans, dont la grandeur énor-
,, me

[* Ville du Peloponnése.]
[* Presqu'ile de Macedoine.]

sépulcres on a trouvé des corps *
d'une grandeur beaucoup au dessus de
l'ordinaire. (32) Catulle, & avant lui
plusieurs Auteurs Grecs, disent qu'a-
vant

„ me & la figure extraordinaire ofroit un spectacle
„ capable d'éfrayer, & étonnoit ceux mêmes qui
„ ne les connoissoient que par le récit des autres.
„ Aujourd'hui même on montre encore de leurs
„ os qui surpassent toute créance. Gabinius dans
la description de la Mauritanie disoit que Sertorius
avoit trouvé les os d'Antéus, qui étant rejoints faisoient
un corps de 60 coudées. Phlégon, Histoire des choses merveilleuses ch. 9. parle d'une tête qu'on dé-
terra à Ida, & qui étoit trois fois plus grosse
qu'une tête ordinaire. Il raporte aussi qu'on avoit
trouvé en Dalmatie beaucoup de corps qui d'une
main à l'autre avoient plus de seize aunes; & dans
* le Bosphore Cimmérien, un squéléte de 24 coudées de hauteur.
 (b) Philostrate étoit un Courtisan de l'Empereur
Severe, & de l'Imperatrice Julie son épouse. Ce
fut à la priere de cette Princesse & pour lui plaire,
qu'il composa la fabuleuse histoire d'Apollonius
de Tyane. Il fleurissoit vers l'an 204. de J. C.
Trad. de Par.
 * Je ne vois pas quel raport la taille démesurée
des Géans peut avoir avec la longue vie des premiers hommes. Trad.
 (32) Catulle...... qu'avant que la corruption.]
C'est dans l'Epithalame de Pélée & de Thétis.
„ Mais après que la Terre eut été souillée par les
„ crimes des hommes, & que leur cœur trans-
„ porté par la passion eut renoncé à la justice, les
„ fréres trempérent leurs mains dans le sang de
„ leurs fréres ...... & une fureur criminelle ayant
„ rompu les bornes qui séparoient la justice d'avec
„ l'injustice, obligea les Dieux à se retirer d'avec
„ les hommes, & à les abondonner à eux mêmes.

 [* Aujour d'hui détroit de Caffa ou de Kerci, dans
la petite Tartarie.]

vant que la corruption du genre humain fût montée à l'excès, Dieu (33) & les Intelligences par lesquelles il exécute ses ordres, n'ayant pas encore rompu tout commerce avec les hommes, communiquoient quelquefois avec eux par des aparitions. La vie brutale des Géans raportée par Moyse se lit aussi (34) dans presque tous les Auteurs Grecs, & dans quelques Auteurs Latins.

Pour

(33) *Et les Intelligences par qui &c.*] Voyez Plutarque dans son Traité d'Isis, & Maxime de Tyr, Dissertat. I. & XVI. Le nom d'Anges se trouve en ce sens non seulement dans la Bible des LXX; mais aussi dans Labéon, Aristide, Porphyre, Jamblique & Chalcidius, Auteurs Payens, & dans Hostanès, qui est plus ancien que tous ceux-là. Héraclite, selon le témoignage de Chalcidius, assure que *les puissances divines donnent des avis & des instructions aux hommes qui en sont dignes.*

(34) *Dans presque tous les Auteurs Grecs &c.*] Homére Iliad. X. Hésiode, Platon, Ovide Métamorph. l. I. Lucain, liv. IV. Sénéque, 30. Quest. Natur.

(35) *C'est ce qui a obligé Varron &c.*] Censorin ; ,, Varron divisoit le tems en trois grans espaces, ,, savoir, le tems *Inconnu*, le tems *Fabuleux*, & le ,, tems *Historique*. Le premier, depuis le com- ,, mencement du Monde jusqu'au * premier Délu-

[* Les anciennes histoires ont parlé de deux Deluges. Celui qui arriva dans l'Attique du tems d'Ogygès, environ 532 ans après le Deluge de Noé. L'autre qui arriva dans la Thessalie sous le Regne de Deucalion 248 ans après celui d'Ogygès & du tems de Moyse.]

Pour ce qui est du Déluge, il est remarquable que de toutes les Histoires, sans en excepter celles des Peuples du nouveau Monde, aucune ne remonte plus haut. (34) C'est ce qui a obligé Varron (*a*) de nommer le temps qui l'a précédé, *un tems inconnu*. La licence des Poëtes a fort obscurci la mémoire de ce grand évenement. Mais les Ecrivains de la premiére Antiquité, comme (36) Bé-

„ luge : le second, depuis le premier Déluge jus-
„ qu'à la premiere Olympiade : le troisieme, de-
„ puis la premiere Olympiade, jusqu'à nous. Les
Rabbins appellent le premier de ces trois périodes,
le tems vuide.

(36) *Bérose Chaldéen.*] Josèphe Répd à Appion l. 1. † „ Berose raporte conformément aux plus
„ anciennes histoires & à ce que Moyse en a dit,
„ la destruction du genre humain par le Déluge,
„ à la reserve de Noé Auteur de nôtre race, qui
„ par le moyen de l'Arche se sauva sur le sommet
„ des montagnes d'Arménie. Antiq. Jud. liv. 1.
ch. 3. il raporte ces paroles de Bérose; „ On dit
„ que l'on voit encore des restes de l'Arche sur la
„ montagne des Cordiées en Arménie, que quel-
„ ques uns raportent de ce lieu des morceaux du
„ bitume dont elle étoit enduite, & s'en servent
„ comme d'un preservatif.

(*a*) Varron, le plus savant des Romains, étoit Poëte & Philosophe : il avoit composé 24. livres de la langue Latine qu'il dédia à Ciceron. Il mourut 26. ans avant J. C. TRAD. DE PAR.

[† Je suis dans ce passage & dans tous ceux qui seront citez de Josèphe, la Traduction de M. Arnaud d'Andilly, excepté 2 ou 3 endroits où il me semble qu'il s'est trompé : je les marquerai.]

Bérose Chaldéen, & (37) Abydène d'Assyrie, l'ont rapporté d'une maniére très-conforme à ce qu'en dit dit Moyse; jusques-là qu' Abydène, (38) & Plutarque même parlent du pigeon qui fut lâché hors de l'Arche. (39) Lucien dit que dans une ville de

(37) *Abydène d'Assyrie.*] Voici le passage, cité par Eusebe, Prépar. liv. ix. & par Cyrille contre Julien, liv. 11. ,, Entre ceux qui leur succéderent ,, fut Sisithrus. Saturne lui ayant prédit que le ,, 15. du mois de Désius, il y auroit une pluye ,, extrémement grande & forte, & donné ordre ,, de cacher à Héliopolis (*) ville de Sippares, ,, tout ce qu'il pourroit ramasser d'écrits, il obéit ,, à ce commandement, s'embarqua pour l'Armé- ,, nie, & incontinent après il vit l'efet de cette ,, prédiction. Le troisième jour la tempête ayant ,, cessé, il lâcha des oiseaux, pour voir s'ils pour- ,, roient découvrir quelque endroit de la Terre qui ,, ne fût pas couvert d'eau. Mais ces oiseaux ne ,, trouvant par tout qu'une vaste mer, & ne voyant ,, pas où se reposer, retournérent à Sisithrus. Il ,, en laissa encore sortir d'autres, mais avec aussi ,, peu de succès, si ce n'est qu'ils revinrent les ai- ,, les pleines de boue. A peine en eut il lâché ,, d'autres pour la troisième fois, que les Dieux ,, le retirérent du Monde. Le vaisseau aborda en ,, Arménie; & les habitans du païs se servirent ,, du bois dont il étoit bâti comme d'un préserva- ,, tif". Alexandre Polyhistor cité par Cyrille dit ,, qu'après la mort d'Otyarte, son fils Xisuthrus ,, lui succéda & regna 18 ans; que de son tems il ,, il y eut un grand déluge, dont ce Roi s'étoit ,, sauvé en obeïssant à l'ordre que Saturne lui don- ,, na de faire une Arche, & d'y entrer avec des ani-

[(*) Dans Ptolomée Sippare est une ville de Mesopotamie. Selon le texte d'Abydène, ce doit être un Peuple.]

de Syrie, nommée Hiérapolis, on conservoit une vieille tradition, qui portoit, qu'autrefois un Déluge universel ayant couvert la Terre, un petit nombre de personnes illustres par leur piété, & quelques animaux de toute espéce, avoient été conservez par le moyen

,, animaux de toute espéce. Il faut remarquer ici que le nom de *Sisithrus*, aussi bien que celui d'*Ogygès*, & de *Deucalion*, signifie en d'autres langues ce que le mot de Noé signifie en Hébreu, c'est à dire, *repos*. Eusébe nous aprend qu'Alexandre Polyhistor, qui écrivoit en Grec, appelle Isaac, γέλως, *gelôs* c'est à dire *ris*, ce qui est le sens du mot *Isaac*. Les Histoires sont pleines d'exemples de ces sortes de changemens. A l'égard du nom de *Saturne*, il est donné à Dieu dans ces passages, ou parce que les Assyriens nommoient le Dieu souverain, du nom de la plus haute des 7. Planétes, ou parce que le mot Syriaque אל *El*, signifiant & Dieu & Saturne, les Grecs n'ont pris que la derniére de ces deux significations. Jusques-là tout se raporte assez bien à l'Histoire sainte. Mais il faut de plus savoir, que dans la Tradition des Egyptiens, ce Déluge de Deucalion a été universel, Diodore liv. 1. & que Pline liv. III. ch. 14. dit que l'Italie même n'en avoit pas été exemte.

(38) *Et Plutarque même &c.*] Voici ses paroles. *On dit que Deucalion lâcha hors de l'Arche un pigeon, qui, tant qu'il revint lui fit connoître par là que la tempête duroit encore, & lors qu'il ne revint plus, lui fit juger qu'elle étoit passée.*

(39) *Lucien dit que dans une ville &c.*] C'est dans la Déesse de Syrie.* ,, La plus commune opinion, ,, dit-il, est que Deucalion est le fondateur du ,, Temple de cette ville. Car les Grecs disent que ,, les premiers Hommes étant cruels & insolens,
sans

[* Je donne ce passage selon la Traduction de Mr. d'Ablancourt ; elle est fort libre, & fort belle.]

moyen d'une grande Arche. La même histoire se lit aussi (40) dans Molon, (41) dans Nicolas de Damas, & dans Apollodore (*a*); & ces deux derniers font particuliérement mention de l'Arche. Plusieurs Auteurs Espagnols † assurent que dans quelques endroits de l'Amérique, comme dans les païs de Cuba, de Méchoachan, & de Nicaragua, la mémoire du Déluge, & des animaux conservez, & celle du corbeau & de la colombe, sub-

† *Joseph d'Acosta & Ant. Herrera.*

„ sans foi, sans hospitalité, sans humanité, péri-
„ rent tous par le Deluge; la Terre ayant poussé
„ hors de son sein quantité d'eaux qui grossirent
„ les fleuves, & firent déborder la mer à l'aide
„ des pluyes, de sorte que tout fut inondé. Il
„ ne demeura que Deucalion, qui s'étoit sauvé
„ dans une Arche avec sa famille, & une couple
„ de bêtes de chaque espéce qui le suivirent vo-
„ lontairement, tant sauvages que domestiques,
„ sans s'entremanger, ni lui faire mal. Il vogua
„ ainsi jusqu'à ce que les eaux fussent retirées. Il
„ fut le pére d'une seconde race d'hommes, qui
„ remplit la place de celle que le Déluge avoit
„ detruite &c.

(40) *Dans Molon.* Le passage est dans Eusébe Préparat. liv. IX. ch. 19. „ Immédiatement après
„ le Deluge, cet Homme qui s'étoit sauvé en Ar-
„ ménie avec sa famille, en fut chassé par les ha-
„ bitans du lieu. De là il vint en cette partie de
„ la Syrie qui est fort montagneuse, & qui alors
„ n'étoit pas habitée.

(41) *Dans Nicolas de Damas.*] Voici ses paroles, qui se trouvent dans Joséphe liv. XCVI. „ Il y a en
„ Ar-

subsiste encore aujourd'hui ; & que les habitans de la Castille d'Or font aussi l'histoire d'un grand Déluge. Il semble même que les Payens n'ayent pas ignoré en quels endroits de la terre les hommes demeuroient avant ce tems là ; puis que Pline dit que la ville de Joppe a été bâtie avant le Déluge. (41) On a montré de tout tems, & on montre encore à present (42) sur les montagnes Gordiées en Arménie, l'endroit où s'arrêta l'Arche.
Pour

„ Arménie, dans la province de Myniade une
„ haute montagne nommée Baris, où l'on dit que
„ plusieurs se sauvérent durant le Déluge. On dit
„ aussi qu'une Arche, dont les restes se sont con-
„ servez pendant plusieurs années, & dans laquel-
„ le un Homme s'étoit enfermé, s'arrêta sur le
„ sommet de cette montagne. Il y a de l'aparen-
„ ce que cet Homme est celui dont parle Moyse
„ Législateur des Juifs. Jérôme d'Egypte, & Mnaseas, citez par Josephe, ont aussi parlé du Déluge & de l'Arche.

(a) Apollodore étoit Grammairien d'Athenes, il vivoit sous le regne de Ptolomée Evergetes. Nous avons l'abregé de sa Bibliotheque, ou histoire fabuleuse des Grecs, en 3. liv. TRAD. DE PAR.

(41) *On a montré &c.*] C'est ce que témoignent Théophile d'Antioche liv. III. St. Epiphane contre les Nazaréens, St. Chrysostome dans son Sermon sur la charité parfaite, Isidore liv. XIV. des origines ch. 8. le Géographe de Nubie, & l'Itinéraire de Benjamin.

(42) *Sur les montagnes Gordiées.*] Les Interpretes Chaldaïques ont rendu l'*Ararath* de Moyse par
Car-

Pour achever de parcourir l'histoire de Moyſe, (43) Japétus, pére des Européens, Jon, ou comme on l'écrivoit autrefois, Javon, le pére des Grecs, & (44) Hammon qui peupla le premier l'Afrique, ſont viſiblement le Japhet, le Javan, & le Cham de la Geneſe. * Joſéphe (45) & beaucoup

Cardu ; Joſéphe par *Cordiées* ; Q. Curce les apelle *Cordées* ; Strabon, Pline, & Ptolomée, *Gordiées*.

(43) *Japétus eſt le Japhet* &c.] La Lettre ט ſe prononçoit tantôt comme un π, *p*, tantôt comme un φ, *ph*.

(44) *Hammon qui peupla le premier l'Afrique eſt le Cham* &c.] On eſt une terminaiſon que les Grecs ont ajoûtée au mot de *Cham*. Ils rendent auſſi la lettre ח *ch.* par un ſimple *h* ; quelquefois même ils l'omettent. St. Jérôme dit que les Egyptiens apelloient encore de ſon tems l'Egypte *Cham*.

* Bochart l'a fait d'une manière à laquelle on ne peut rien ajoûter ; mais ſon livre n'avoit pas encore paru lors que Grotius fit celui-ci. TRAD.

(45) *Joſéphe a découvert dans les noms* &c.] Selon lui, de *Gomer* eſt la Galatie, où Pline met une ville nommée *Comara*. De *Magog*, ſont les Scythes, qui ont bâti dans la Sytie la ville de Scythopolis, & de plus une autre ville que Pline liv. V ch. 25. appelle *Magog*, d'autres *Hiérapolis*, & *Bambyce*. Il eſt viſible que de *Medai* ſont venus les *Médes*, de *Javan*, les anciens Grecs, qui s'appelloient *Ioniens* ou *Iaoniens* comme on le lit dans les anciens Auteurs. De *Chábal* ſont venus les *Ibériens* peuples d'Aſie dans le voiſinage deſquels Ptolomée met la ville de *Thábilaca*. De *Méſec*, vint la ville de *Mazaca*, dont parlent Strabon liv. XII. & Pline liv. VI. ch. 3. Et de plus les *Moſches*. De *Thiras* vient le nom & le peuple de *Thrace*.

(L'Au-

coup d'autres ont découvert dans les noms de quantité de Peuples & de Païs, des traces de ceux qui se trouvent dans ce même livre. (46) L'entreprise téméraire des Géans & leurs guerres contre les Dieux, si fameuses chez les Poëtes, n'est qu'un déguisement de l'histoire de la tour de

[L'Auteur ajoute à cela plus de 50 noms, sur lesquels il fait les mêmes remarques. Ceux qui sont curieux de ces recherches ont déja lu cet article. C'est pourquoi je ne le traduirai pas, d'autant plus qu'il est chargé d'une critique qui a meilleure grace en Latin qu'en François.]

(46) *L'entreprise téméraire des Géans* &c.] Homére Iliad. l. xi. Virgile Géorg. l. 1. Lucain, Pharsale l. vii. Ovide Métamorph. liv. 1. ont dit que les Géans ont tâché de se rendre maîtres du Ciel. Cette fable est fondée sur la vérité. Le raport de cet atentat des Géans contre le Ciel est fondé sur le langage courant de toutes les Nations, selon lequel, tout ce qui est d'une hauteur extraordinaire, telle que celle de cette tour, est dit aller, s'élever jusqu'au Ciel. Joséphe cite ce passage d'une certaine Sibylle. ,, Tous les Hommes n'ayant alors ,, qu'une même langue ils batirent une tour si hau- ,, te, qu'il sembloit qu'elle dût s'élever jusques ,, dans le Ciel. Mais les Dieux excitérent con- ,, tre elle une si violente tempête qu'elle en fut ,, renversée, & firent que ceux qui la bâtissoient ,, parlérent en un moment diverses langues ; ce qui ,, fut cause qu'on donna le nom de Babylone à ,, la ville, qui a été depuis bâtie en ce même lieu. Eusébe Prépar. liv. ix. ch. 4. cite un passage d'Abydéne qui porte la même chose. Bérose nous aprend aussi que les Grecs se sont trompez, lorsqu'ils ont dit que c'étoit Sémiramis qui avoit bâti Babylone.

E 2

de Babel (*a*). (47) Diodore de Sicile, (48) Strabon, (49) Tacite (*b*), Pline

(*a*) Diodore de Sicile, Historien Grec, vivoit sous Jules Cesar & Auguste 60 ans. avant J. C. TRAD. DE PAR.

(47) *Diodore de Sicile*, &c.] Liv. XIX. après avoir décrit le Lac Asphaltite, ou la mer morte; ,, parce que les lieux d'alentour, *dit-il*, sont ,, pleins d'un feu caché, & jettent une odeur fort ,, mauvaise, ceux qui habitent près de là sont fort ,, sujets à des maladies & ne vivent pas long ,, tems.

(48) *Strabon*] liv. XVI, après avoir parlé de ce même Lac, ajoûte ,, Pour prouver qu'il y a dans ,, ces endroits des feux qui minent la terre, ils ,, montrent auprès de Moasas des pierres âpres, ,, raboteuses, & brûlées. Ils font remarquer que ,, la terre est en plusieurs lieux coupée de caver- ,, nes, & toute cendreuse; que les pierres y distil- ,, lent la poix; qu'il y a quelques riviéres qui ,, bouillent, & qui rendent une odeur puante. Ce- ,, la prouve assez bien la vérité d'une certaine tra- ,, dition que ces Peuples ont. Ils disent qu'autre- ,, fois il y avoit dans cette contrée treize villes; ,, que Sodome dont on voit encore aujourd'hui ,, l'enceinte, grande de soixante stades, en étoit ,, la Capitale. Mais que le feu & les eaux bitu- ,, mineuses qui sortirent de terre par un grand ,, tremblement, firent paroître ce Lac que nous ,, nommons Asphaltite, embrasèrent les pierres, ,, engloutirent une partie de ces treize villes, & ,, rendirent les autres desertes en contraignant les ,, habitans de fuir.

(49) *Tacite* Hist. liv. v.] ,, Près de là il y a une ,, vaste campagne qui, à ce qu'on dit, étoit au- ,, trefois fort fertile, & où il y avoit des villes ,, grandes & bien peuplées, mais qui furent em- ,, brasées par la foudre. On ajoûte qu'il y reste ,, encore quelques marques de cet embrasement, ,, en ce que la terre paroît toute brûlée, & qu'elle

Pline (c) & Solin, font mention de l'embrasement de Sodome. (50) Hérodote

„ a perdu la force de produire des fruits : car
„ tout ce qui y naît est d'une couleur noire, n'a
„ aucune substance capable de nourrir, & se réduit
„ en cendre.

(b) Tacite Historien Romain, fleurissoit sous l'Empereur Trajan, vers l'an 100. de J. C. TRAD. DE PAR.

(c) C'est Pline l'ancien, ou le Naturaliste: il vivoit sous les Empereurs Vespasien & Tite 70. ou 75. ans après J. C. TRAD. DE PAR.

(50) *Hérodote.*] C'est dans l'Euterpe. „ Les Colches,
„ les Egyptiens, & les Ethiopiens sont les pre-
„ miers qui ont pratiqué la circoncision. Les Phé-
„ niciens & les Syriens de la Palestine avouent
„ qu'ils l'ont reçue des Egyptiens. Les Syriens
„ qui demeurent auprès du fleuve de Thermodon,
„ & de Parthenius, & les Macrons leurs voisins
„ disent qu'ils l'ont aprise des Colches. Pour ce
„ qui est des Ethiopiens je ne puis dire avec cer-
„ titude s'ils l'ont reçue des Egyptiens, ou si ce
„ sont eux qui la leur ont aprise. Je remarque
sur ce passage I. qu'il n'y avoit dans la Palestine
que les Juifs qui fussent circoncis : c'est ce que
témoigne * Josephe Antiquit. Liv. VIII. Chap. 4.
II. que bien loin que ceux ci avouent qu'ils l'ont
„ reçue des Egyptiens, ils disent au contraire que
ce fut Joseph qui la porta en Egypte. III. que ceux
qu'Herodote apelle Phéniciens, sont les Iduméens,
lesquels les Grecs ont cru faussement être descendus des Phéniciens. IV que ceux d'entre les
Ethio-

[* Josephe 3 ou 4 lignes plus haut atribue à Herodote d'avoir dit que les Ethiopiens ont apris des Egyptiens à se faire circoncire. Mais comme dans le passage qui vient d'être raporté, Herodote dit qu'il ne sait lequel de ces deux peuples l'a apris de l'autre, il faut ou que dans quelque autre endroit il ait parlé aussi afirmativement que Josephe dit qu'il a fait, ou que celui-ci se soit trompé.]

E 3

dote (*a*), (51) Diodore, (52) Strabon, Philon (*b*), & avec eux, (53) des Nations entiéres issuës d'Abraham, les Hébreux, (54) les Iduméens, (55) & les Ismaëlites, confirment ce que Moyse nous aprend de

Ethiopiens qui se circoncisoient étoient issus d'Abraham & de Chettura. V. que les Colches & leurs voisins qui pratiquoient cette cérémonie étoient des dix Tribus que Salmanasar avoit emmenées captives, & dont quelques personnes vinrent jusqu'en Thrace.

(*a*) Herodote est le plus ancien Historien Grec, dont les ouvrages soient venus jusqu'à nous; il vivoit 440. ans avant J. C. TRAD. DE PAR.

(*b*) Philon étoit Juifs, mais né à Alexandrie. L'an 40. de J. C. les Juifs le députerent à l'Empereur Caligula, pour lui demander justice des insultes des Païens ; mais Caligula ne le voulut point écouter. *Le même.*

(51) *Diodore.* Liv. I.] *Une preuve que les Colches sont descendus des Egyptiens, c'est qu'ils se circoncisent de même que ceux-ci.* Cela ne prouve pas davantage que les Egyptiens sont ou les auteurs de la Circoncison; ou les peres de ce Peuple que cela le prouve des Juifs.

(52) *Strabon.* Liv. XVI.] *Quelques uns d'entre les * Troglodites sont circoncis de même que les Egyptiens.*

* Peuples d'Ethiopie.

(53) *Des nations entieres issues d'Abraham.*] Théodore cité par Eusébe parlant d'Abraham dit *que celui qui l'avoit tiré de son païs lui commanda de se circoncire lui & toute sa maison, & qu'il obéit.*

(54) *Les Iduméens.*] Ils sont ainsi apellez d'Edom le Pére de ce peuple, & qui est le même qu'Esaü. Je dirai en passant que la posterité d'Edom s'étant multipliée & répandue jusques vers la Mer qui sépare l'Egypte de l'Arabie, donnérent leur nom

de la circoncision. L'histoire qu'il fait d'Abraham, d'Isaac, de Jacob, & de Joseph, se trouvoit autrefois, non seulement dans ce que Philon avoit traduit de Sanchoniaton, mais aussi dans les ouvrages (56) de Bérose,

nom à cette Mer, & que les Grecs sachant qu'Edom signifie *roux* ou *rouge*, la nommerent, *Mer Erythrée*, c'est-à-dire, *rouge*. Ammonius, Justin Martyr, & Epiphane, témoignent que ces Peuples se circoncisoient.

(55) *Et les Ismaëlites.*] De tout tems ils ont circoncis leurs enfans, mais au même âge qu'Ismaël avoit été circoncis, c'est-à-dire à l'age de treize ans, comme le témoignent Joséphe & Origéne. Epiphane entend par ces Ismaëlites, les Sarrazins, & il a raison; car les Sarrazins ont toujours suivi cette coutume religieuse; & c'est de ceux-ci que les Turcs l'ont tirée.

Alexandre Polyhistor, cité par Joséphe & par Eusébe, parle ainsi des enfans de Chettura. „ Le „ Prophéte Cleodeme surnommé Malchas dit dans „ son Histoire des Juifs, aussi bien que Moyse, „ Legislateur de ce Peuple, qu'Abraham eut de „ Chettura, entr'autres enfans, Afer, Assur, & „ Afra; qu'Assur donna le nom à l'Assyrie, Afra „ & Afer, à la Ville d'Afra & à l'Afrique. On voit par là d'où les Ethiopiens, Peuples d'Afrique, ont pris la circoncision. Ils la retiennent encore aujourd'hui, quoi que Chrétiens, mais c'est simplement par respect pour une coutume si ancienne, & non par principe de Religion.

(56) *De Bérose.*] *En l'âge dixiéme après le déluge il y avoit parmi les Chaldéens un Homme fort juste & fort intelligent dans la science de l'Astrologie.* Il est évident par le tems qui est marqué là, que c'est d'Abraham qu'il y est parlé. Ce passage est dans Joséphe Antiquit. Liv. I.

se, (57) d'Hécatée, (58) de Nicolas de Damas, d'Artapan, d'Eupoléme, de Démétrius, & dans (59) les Vers Orphiques. On en voit encore aujourd'hui une partie, (60) dans l'abrégé que Justin a fait des livres de Trogue Pompée. (61) Presque tous ces Auteurs ont aussi parlé de Moyse & de ses actions. Les Vers Orphiques disent expressément qu'il fut tiré des eaux, & qu'il reçut de Dieu

---

(57) *Hécatée.*] Il avoit écrit l'histoire d'Abraham, mais ce livre qui étoit encore du tems de Joséphe, ne se trouve plus.

(58) *Nicolas de Damas.*] C'étoit un Homme fort illustre & par lui-même & par l'honneur qu'il avoit d'être aimé d'Auguste & d'Hérode. Voici ce qu'il dit d'Abraham. ,, Abraham sortit avec une ,, grande troupe du païs des Chaldéens qui est au ,, dessus de Babylone, régna en Damas, en partit ,, quelque tems après avec tout son peuple, & ,, s'établit dans la Terre de Canaan qui se nomme ,, maintenant Judée, où sa postérité se multiplia ,, d'une maniére incroyable, ainsi que je le dirai ,, plus particuliérement dans un autre lieu. Le nom ,, d'Abraham est encore aujourd'hui fort célébre & ,, en grande vénération dans le Païs de Damas. ,, On y voit un bourg qui porte son nom, & où ,, l'on dit qu'il demeuroit.

(59) *Les vers Orphiques.*] ,, Personne n'a connu le ,, Maitre & le Roi de tous les hommes, que ce ,, seul Chaldéen, qui a si bien su le cours du So- ,, leil & le mouvement des Cieux.

(60) *Dans l'Abrégé que Justin* &c.] Liv. XXXVI. Ch. 2. ,, Les Juifs sont originaires de Damas, la

plus

Dieu deux tables. On voit dans Eusébe un Fragment (62) de Polémon, qui raporte en peu de mots la sortie des Israëlites hors de l'Egypte; & ce même événement se trouve dans (63) Manéthon, dans Lysimaque, & dans Chérémon, Auteurs Egyptiens citez par Joséphe.

Faisons, en passant, une réflexion sur tout cela. C'est qu'il ne tombera jamais dans l'esprit d'un homme sensé

„ plus célébre Ville de Syrie. Après Damascus,
„ Azélus, & Adorés, ils eurent pour Rois Abra-
„ ham & Israël. Le titre de Roi que Nicolas de
Damas & Justin donnent à ces Patriarches, vient
de ce qu'ils avoient sur leurs familles une autorité
royale. De là vient qu'ils sont apellez *Oints*. Ps.
CVI. 15.

(61) *Presque tous ces Auteurs* &c.] Justin Liv.
„ XXXVI. Moyse ayant été fait le Chef de cette
„ Nation que les Egyptiens avoient banni, déroba
„ de nuit tout ce qu'ils avoient de plus sacré. Ceux-
„ ci étant venus les armes à la main pour repren-
„ dre ce qu'on leur avoit emporté, furent con-
„ traints par de grans orages de s'en retourner.
„ Moyse étant rentré dans son ancienne patrie
„ s'empara du mont Sina.

(62) *De Polémon.*] „ Sous le régne d'Apis fils de
„ Phoronée, une partie de l'armée des Egyptiens
„ sortit d'Egypte, & s'alla habituer dans cette
„ partie de la Syrie qu'on apelle Palestine. Ce
passage se lit dans la Chronique d'Eusébe. Polémon vivoit, à ce qu'on croit, dans le tems d'Antiochus Epiphanès ou l'Illustre.

(63) *Manéthon, Lysimaque & Chérémon.*] Ce que

E 5

sensé, que Moyse, étant environné (64) d'Egyptiens, (65) d'Iduméens, (66) d'Arabes, & (67) de Phéniciens, tous ennemis des Israëlites, eût jamais osé écrire sur la naissance du Monde & sur tout ce qui s'étoit passé jusques à son tems, des choses qu'on eût pu refuter par d'autres livres plus anciens, ou qui eussent choqué la créance

ces Auteurs ont écrit là-dessus est rempli de fables, & il ne s'en faut pas étonner, puis que les Egyptiens ont toujours été ennemis jurez des Juifs. Ce que l'on peut recueillir de plus raisonnable de ce qu'il nous reste d'eux, c'est que les Hébreux, issus des Chaldéens, étant maîtres d'une partie de l'Egypte, y avoient fait le métier de Berger : mais que les Egyptiens les ayant traitez en esclaves & acablez de travail, ils sortirent de ce Païs acompagnez de quelques Egyptiens & sous la conduite de Moyse : qu'ayant passé les deserts de l'Arabie, ils étoient enfin arrivez dans la Palestine, & s'étoient fait une Religion toute diférente de celle des Egyptiens.

(64) *D'Egyptiens ennemis des Israëlites.*] 1. parce que ceux-ci les avoient quitez malgré eux. 2. parce qu'ils avoient renoncé à leurs cérémonies sacrées.

(65) *D'Iduméens*] A cause de la haine que les deux Chefs de ces Nations s'étoient portée l'un à l'autre, & qui vivoit encore dans leurs descendans : de là vient que les Iduméens refusérent le passage aux Israëlites, Nomb. xx. 14.

(66) *D'Arabes.*] C'étoient ceux qui étoient issus d'Ismaël.

(67) *De Phéniciens.*] Ce sont les Cananéens &c. avec qui les Hébreux ont eu une guerre éternelle.

(68) *Diodore de Sicile.*] Moyse a dit qu'il avoit reçu ses loix du Dieu que les Juifs apellent *Jao*. Ce *Jao* n'est autre que *Jehova*. Philon Juif nous aprend que

créance reçue & univerſelle; ni qu'il
eût été aſſez hardi, pour avancer des
Faits comme arrivez de ſon tems, ſi
ces Faits euſſent pû être démentis par
des Nations entiéres.

A ces Auteurs déja allêguez, qui
ont fait mention de Moyſe, il faut
joindre (68) Diodore de Sicile, (69)
Strabon, (70) Pline, (71) Tacite,
&

que les Tyriens rendoient ce nom par celui de *Je-
vo.* Clément Alexandrin dit que d'autres Peuples
l'exprimoient par celui de *Jaou,* & l'on voit dans
Théodoret que les Samaritains l'écrivoient ainſi,
Jabah. Cette diverſité vient de ce que les Orientaux exprimoient les mêmes mots, les uns avec
de certaines voyelles, les autres avec d'autres; &
c'eſt de là que vient cette grande diverſité que l'on
voit dans les noms propres du vieux Teſtament.
Philon a fort bien remarqué que ce mot de *Jeho-
vah,* marquoit l'exiſtence de Dieu. L'exhortation
aux Grecs attribuée à Juſtin Martyr, nomme encore beaucoup d'autres Auteurs Payens qui ont
parlé de Moyſe.

(69) *Strabon.*] Dans ſon liv. xvi. Il donne cet
abregé de la doctrine de Moyſe, dans lequel le
vrai eſt mêlé avec le faux. ,, Il enſeignoit que les
,, Egyptiens avoient tort de repréſenter la divinité
,, par des Images d'animaux; que les Grecs & les
,, Africains n'avoient pas plus de raiſon de lui atti-
,, buer une forme humaine: que Dieu n'eſt autre
,, choſe que ce que nous apellons le Ciel, le Mon-
,, de & la Nature. Peut-on donc, diſoit-il, le
,, repréſenter par les Images des choſes que nous
,, voyons autour de nous? Ne vaut-il pas mieux
,, le ſervir ſans le peindre, ſe contenter de lui bâ-
,, tir un Temple, & dans ce Temple un Sanctuai-
,, re magnifique, & l'adorer là ſans y faire inter-
,, venir aucune figure? Il ajoute que c'eſt là le
ſen-

& (72) Longin (*a*) dans son Traité du Sublime. On voit non seulement dans les Auteurs du Talmud, mais aussi dans Pline & dans Apulée (*b*), (73) le nom de ces deux Magiciens qui résistèrent à Moyse. (74) Plusieurs Auteurs ont parlé de la Loi, & en

sentiment de tous les gens de bien: que Moyse institua des cérémonies qui n'engageoient pas à trop de dépenses & où rien ne ressentoit un emportement de fureur religieuse. Il parle ensuite de la circoncision, des viandes défendues, &c. & après avoir montré que naturellement l'homme aime la société, il dit que les loix divines sont les plus propres à établir cette société.

(70) *Pline,* liv. xxx. ch. 1.] *Il y a encore une autre Secte de Magiciens. C'est celle que Moyse a fondée.*

(71) *Tacite.*] Hist. l. v. Là Moyse est nommé l'un des bannis, c'est-à-dire, l'un des Israëlites qui furent chassez par les Egyptiens. Ce qui est opposé aux fables des Egyptiens qui le font passer pour un de leurs propres Sacrificateurs.

(72) *Longin,*] dans son Traité du Sublime. ,, Moyse Homme d'un esprit peu commun a conçu ,, & exprimé la puissance de Dieu d'une manière ,, fort sublime au commencement de son livre, où ,, il s'exprime ainsi; *Dieu dit,* & que dit-il? *Que ,, la lumière soit, & elle fut; que la Terre soit, & ,, elle fut.* Chalcidius apelle Moyse un Homme sage, & reconnoît qu'il passoit pour un Homme inspiré.

(*a*) Longin fut Maître du Philosophe Porphyre, ce grand ennemi des Chrétiens : Zenobie, Reine des Palmyriens, peuples de l'Arabie deserte, le prit pour son Conseiller. Ce fut lui qui s'oposa à ce que la Reine se rendît aux Romains : il lui en coûta la vie. L'Empereur Aurelien aiant défait l'armée de Zenobie, fit servir cette Reine à son triomphe, & fit tuer Longin. Cela arriva vers le milieu du troisième siécle de l'Eglise. Trad. de Par.

en particulier, des Ordonnances cérémonielles, que ce Législateur a établies : & Pythagore même, au raport d'Hermippus, en a tiré beaucoup de choses lesquelles il a adoptées. Enfin (75) Strabon & (76) Justin ren-

(*b*) Apulée, Philosophe Platonicien, fleurissoit au milieu du 2. siècle. *Le même.*

(73) *Le nom de ces deux Magiciens.*] Numenius dans Eusébe, ,, Jannés & Jambrés, Prêtres Egyp-
,, tiens, passoient pour grands Magiciens dans le
,, tems que les Juifs furent chassez d'Egypte. Ils
,, furent choisis pour résister à Musée Homme très-
,, puissant auprès de Dieu par ses priéres, & fu-
,, rent seuls capables de détourner de dessus les
,, Egyptiens les maux que Musée atiroit sur cette
,, Nation. Là, Moyse est apellé *Musée*, pour doner à ce nom un air de nom Grec.

(74) *Plusieurs Auteurs ont parlé de la Loi.*] Strabon, Tacite, Théophraste, Hécatée. La défense de se joindre avec les étrangers se trouve dans Justin, & dans Tacite ; celle de manger du porc se lit dans Tacite, Juvénal, & Plutarque. Ce dernier parle aussi des Lévites & de la fête des Tabernacles. Pythagore en a même tiré beaucoup de choses ; par exemple, la défense de manger de la chair de bêtes mortes d'elles-mêmes ; de représenter Dieu par des Images corporelles ; de gâter les arbres fruitiers &c. Porphyre réconnoissoit aussi que Platon avoit emprunté beaucoup de choses des Juifs, comme le remarque Théodoret.

(75) *Strabon liv. XVI.*] *Les successeurs de Moyse gardèrent pendant quelque tems ses loix & furent justes & pieux.* Un peu plus bas il dit, *que ceux qui crurent à Moyse étoient justes & craignans Dieu.*

(76) *Justin liv. XXXVI. Ch. 2.*] *Il est incroyable combien la pieté & la justice de ces Rois & de ces Sacrificateurs firent fleurir cette nation.* Aristote parlant d'un Juif qu'il avoit connu, dit qu'il étoit très-sage &
Justin

rendent à la piété & à la justice des premiers Juifs, de magnifiques témoignages.

C'est assez d'avoir trouvé dans les Auteurs étrangers des choses conformes avec ce que les livres de Moyse enseignent. Je ne m'arrêterai pas à chercher de pareilles conformitez, entre ces Auteurs, & ce que Josué & ses successeurs ont fait & laissé par écrit. Je crois avoir assez solidement établi ce que je prétendois, qui est, que l'autorité des livres de Moyse étant apuyée sur des fondemens si fermes que l'impudence même les doit respecter, les miracles que ces livres nous raportent ne peuvent plus être revoquez en doute. Pour les autres, que l'Histoire des siécles suivans contient, comme (77) ceux

& très-savant. Jos. Rép. à App. liv. 1. Tacite dit que les Juifs adorent l'Etre souverain, éternel, & immuable.

(77) *Ceux d'Elie &c.*] Eusébe Préparation liv. xx. Ch. 3. dit qu'Eupoléme a fait un livre touchant les Prophéties d'Elie, & Ch. 39. il raporte un passage de cet Auteur sur celles de Jérémie.

* Il est aisé de tromper des gens qui n'ont aucun intérêt à se défendre de l'illusion, sur tout si l'on a la prudence de ne pas choquer grossiérement la déposition des sens & de l'expérience, & qu'on n'entreprenne pas de leur persuader qu'ils ont vu,
&c.

ceux d'Elie, d'Elisée &c. ils doivent être d'autant moins suspects, que le Peuple Juif étant alors beaucoup plus connu, & l'oposition de sa Religion avec celle de ses voisins, le rendant l'objet de leur haine & de leur contradiction, ils n'eussent pas manqué de se récrier d'abord sur ses fourberies & sur ses impostures, si les miracles dont ce Peuple se vantoit, n'eussent pas été véritables *.

Je n'alleguerai que deux exemples des témoignages que les Payens ont rendu aux miracles de l'Ecriture. L'histoire du séjour que Jonas fit dans le ventre d'un grand poisson. (78) se trouve dans Lycophron, & dans Enéas de Gaza. Il est vrai qu'ils atribuent cela à Hercule. Mais Tacite

&

---

ce qu'éfectivement ils n'ont ni vu ni pu voir. ADD. DU TRAD.

(78) *Se trouve dans Lycophron.*] Ce Poëte représente Hercule tout vif dans le ventre d'un poisson qu'il apelle le cruel chien de Triton, ayant la tête tout en sueur, & remuant le foye de ce poisson dans son vaste corps, comme dans une chaudiére, & sur un foyer sans feu. Sur quoi le Commentateur Tzetzès dit, *Il parle ainsi parce qu'il fut trois jours dans le ventre d'une Baleine, ou d'un grand poisson.* Æneas * Gazæus, *Hercule fut sauvé d'un naufrage par le moyen d'un monstre marin qui l'engloutit.*

[* Le texte du Traité portoit Hazoüs au lieu de Gazæus]

& plusieurs autres ont remarqué, que c'étoit assez la coutume des Anciens de faire honneur à ce Héros, de tout ce qu'ils savoient de grand & de merveilleux. La force de la vérité a fait avouer à l'Empereur Julien, ennemi juré des Juifs aussi bien que des Chretiens, (79) que ce Peuple avoit eu des Hommes divinement inspirez, & que les sacrifices de Moyse & d'Elie avoient été consumez par un feu descendu du ciel.

Je finirai toutes ces considérations par deux remarques; l'une, sur les Prophétes; l'autre, sur l'Oracle du Pectoral que portoit le souverain Pontife. Le soin que le Législateur des Juifs avoit pris d'empêcher, qu'il n'y eût des gens assez téméraires pour s'arroger faussement le titre & la charge

Deut. XIII. 5.

---

(79) *Que ce peuple avoit eu des Hommes divinement inspirez, & que les sacrifices &c.*] Ce double aveu de Julien se trouve dans S. Cyrille; le premier, liv. III. le second, l. X. ,, Vous ne voulez pas sacri-,, fier, *dit Julien aux Chrétiens*. C'est, sans doute, ,, parce que le feu ne descend plus du ciel pour ,, consumer les victimes, comme du tems de Moy-,, se: mais ne voyez-vous pas que cela n'est arrivé ,, que deux fois, l'une sous Moyse, l'autre, du ,, tems d'Elie le Thisbite?

Mé-

charge de Prophéte, & les peines qu'il avoit décernées contre cet atentat, font bien voir qu'il y avoit quelque chose de réel, de grand, & d'extraordinaire, dans ceux que ce Peuple regardoit comme de véritables Prophétes. S'il eût été facile de passer pour tel, il seroit étrange qu'entre tant de Rois dont cette charge eût extrèmement rehauffé la dignité, & tant de personnes habiles à la science de qui elle eût donné un fort grand lustre, il n'y en eût eu aucun qui s'en fût mis en possession. C'est pourtant ce qu'aucun Roi après David, ce que les Savans d'entre ce Peuple sans excepter même (80) Esdras, ce que personne enfin depuis lui jusques à Jésus-Christ, n'a jamais osé entrepren-

[Ménandre dans l'Histoire des Phéniciens parloit de cette grande sécheresse qui arriva pendant qu'Elie fleurissoit, & la raportoit au tems d'Ithobal, Roi de Tyr.]

(80) *Esdras* &c.] Les Historiens Juifs marquent son tems par ces paroles: *les finissent les Prophétes & commencent les Sages*. Cette cessation de Prophétes paroît encore 1. Macchab. IX. 27. *Il y eut une grande affliction en Israël, telle qu'il n'y en avoit pas eu de semblable depuis qu'il n'y paroissoit plus de Prophétes parmi ce peuple.*

F

prendre. (81) A l'égard de l'Oracle de l'Urim & du Thummim, qui se rendoit par une lumiére extraordinaire des pierres du Pectoral, le moyen de s'imaginer que l'on pût faire illusion à tout un grand Peuple, sur un Fait si public & si souvent réitéré? Si donc les Juifs ont constamment cru sur la déposition de ceux de leurs Ancêtres qui en ont du être les temoins, que cet Oracle avoit duré jusqu'à la ruine du premier Temple; cette persuasion ne peut être que très-légitime, puis qu'elle roule sur une déposition si certaine, & si peu sujette à l'erreur.

4. Preuve de la Providence, savoir, les prédictions.

XVII. J'AI joint les prédictions aux miracles, comme des preuves qui ne sont pas moins concluantes en faveur d'une Providence. Les Ecrits des Juifs en contiennent un très-grand nom-

(81) *A l'égard de l'Oracle* &c.] Les LXX. Interprétes ont traduit le mot d'URIM, *choses claires & évidentes*; & celui de THUMMIM, *vérité*. Les Egyptiens ont en cela copié les Juifs, mais en enfans. Diodore de Sicile liv. 1 *Leur souverain Juge avoit la Vérité pendue à son cou.* Et ailleurs. „Une petite „image faite de pierres précieuses, & nommée „*Vérité*, pendoit à son cou par une chaîne, & il „commençoit les fonctions de sa charge après „s'être ataché cette image au cou. Voici en passant

nombre, dont la plûpart sont extrémement claires & formelles. Je n'en toucherai que quelques-unes.

Josué prédit en forme d'imprécation, que celui qui rétabliroit Jérico, se verroit privé d'enfans, Jos. VI. 26: l'accomplissement se trouve 1 Rois VI. 34. Un Prophéte déclare, plus de trois cens ans avant que la chose arrivât, qu'un Roi nommé Josias détruiroit le Temple de Béthel. (82) Esaïe dans le chap. XXXVII & XXXVIII. de ses Révélations, prophétize tout ce que Cyrus devoit faire de plus mémorable, & marque jusqu'à son nom. On voit dans Jérémie la prédiction de la prise de Jérusalem par les Chaldéens. Daniel décrit la Révolution qui devoit transporter aux Médes & aux Perses l'Empire des Assyriens ; celle qui devoit assujettir cette seconde Monarchie *

Ch. II.
32. 39. VII.
5. VIII. 3.
20. X.
20. XI. 2.

sant ce que la Gemara de Babylone ch. 1. dit qu'il y avoit dans le premier Temple, & qui manquoit au second : *L'Arche, avec le Propitiatoire, & les Chérubins ; le feu tombé du Ciel ; la Schekina, ou, l'habitation de Dieu dans le Temple ; le Saint Esprit ; Urim & Thummim.*

(82) *Esaïe.... prophétise ce que Cyrus,* &c.] Voyez l'acomplissement au ch. XXXIX. & LII. Eupoléme a fait mention de cette prophétie & de son acomplissement, Eus. liv. IX. ch. 39.

chie * à Alexandre Roi de Macédoine; les principaux Successeurs de ce Prince, qui sont les Lagides † & les Séleucides; les maux que la Nation Juive auroit à soufrir de la part de ces Rois, & sur tout d'Antiochus (*a*) l'Illustre: & il décrit tout cela avec tant de clarté, (83) que Porphyre, ayant conféré ces Oracles avec les histoires Greques qui étoient encore de son tems, n'a pu se tirer de ce pas qu'en disant, que ce qu'on atribuoit à Daniel n'étoit pas de lui, & n'avoit été écrit qu'aprés l'événement. Avec une pareille défaite on pourroit, si l'on en avoit besoin, nier que les Ouvrages qui portent le nom de Virgile, & qu'on a toûjours cru être de ce Poëte, soient véritablement de lui, & qu'ils ayent été écrits dans le siécle d'Auguste. Le contraire a toûjours passé pour constant parmi les Romains; les Juifs n'ont pas varié non plus dans la persuasion qu'ils avoient que les Oracles atribuez à Daniel sont éfectivement de lui : cette persuasion

cons-

* *Dan.* II. 32. 39. VII. 6. VIII. 5. 6. 7. 8. 21. X. 20. XI. 34.
† *Dan.* II. 33. 40. VII. 7. 19. 23. 24. X. 5 — 20.
* *Dan.* VIII. 9-14 & 32-45.

───

(*a*) Des douze Antiochus Rois de Syrie, le plus célèbre & celui qui a le plus signalé ses exploits, est le quatriéme surnommé *Epiphanes* ou *l'Illustre*. Trad. de Par.

DE LA REL. CHRET. LIV. I. 85

constante & universelle fait une preuve pour la premiére de ces deux choses : elle doit donc en faire une pour la seconde.

Les Juifs ne sont pas les seuls qui se vantent d'avoir des prédictions certaines. Les habitans du Mexique & du Pérou en ont eu beaucoup, & de fort claires, qui marquoient l'arrivée des Espagnols dans leurs païs, & les malheurs dont ces nouveaux hôtes les devoient acabler.

On peut raporter à cela plusieurs songes qui ont été vérifiez par l'événement, & qui marquoient certaines choses, qui, soit qu'on les considere en elles-mêmes, soit qu'on regarde les causes qui devoient concourir à leur production, étoient si cachées & si impénétrables qu'on ne peut sans témerité les atribuer ou au hazard, ou à des causes naturelles. Je n'aporterai ici aucun exemple de ces songes. On en peut voir beaucoup de fort singuliers, tirez des meilleurs Auteurs, & ramassez dans (84) le livre

Quelques confirmations de cette même vérité.

(83) *Que Porphyre. &c.*] Voyez St. Jérôme sur Daniel.
(84) *Le livre que Tertullien &c.*] Ch. XLVI. Voyez aussi

F 3

vre que Tertullien a écrit *de l'ame*.

On peut aussi tirer un grand avantage de l'aparition (85) des Spectres, lesquels on a même quelquefois entendu parler*.

Pour ne rien négliger de ce qui peut servir à confirmer l'opinion d'une Providence, je finirai toutes ces considérations par celle d'une certaine coutume que quantité d'histoires d'Allemagne certifient, & dont quelques loix même font mention. Cette coutume est une maniére d'éprouver l'innocence d'une personne acusée,

en

---

aussi Valére Maxime, liv. 1. ch. 7. & Cic. de l'art de deviner.

(85) *Des spectres.*] Voyez Plutarque, dans la Vie de Dion & de Brutus ; Tacite Annal. XI. & ce qu'il dit de Curtius Rufus. Valére Max. liv. 1. ch. 8. où il parle de Cassius, qui, tout Epicurien qu'il étoit, fut extrêmement éfrayé à la vûe d'un fantôme, qui représentoit César, dont ce Romain avoit été le meurtrier.

* Il est vrai que nos esprits forts, voyant bien qu'on ne les peut convaincre par l'expérience, se munissent ordinairement de quelques exemples qui se sont trouvez faux dans la suite, & que là dessus ils nient tout ce que l'on en dit. J'avoue que la crédulité du peuple va trop loin sur ce sujet. J'avoüerai même, si on le veut, que la créance commune & perpétuelle n'est pas toûjours une preuve convainquante, dans des choses que l'on ne peut connoître que par la voye du raisonnement.

Quand

(86) en lui faisant toucher un fer rouge, qui, si elle est coupable, la brûle, & si elle ne l'est pas, ne lui cause aucune douleur.

XVIII. Si l'on objecte qu'on n'entend plus aujourd'hui parler ni de miracles, ni de prédictions; je répons qu'il sufit, pour établir la vérité d'une Providence, qu'il s'en soit fait autrefois. Et cette Vérité, qu'il y a une Providence, étant une fois posée, elle diminue la surprise que pourroit causer la cessation de ces choses extraordinaires. Car s'il y a un

I. Objection, qu'on ne voit plus de miracles.

Quand on auroit cru jusqu'à la fin du Monde, que la Terre est immobile, que les Comètes sont les avantcoureurs ordinaires des calamitez publiques &c. il n'en seroit pas moins vrai que ce sont, ou que ce peuvent être des erreurs. Mais pour les choses qui frapent les sens, & que les Hommes auroient même interêt à ne pas croire; dès qu'une fois elles sont atestées par les Auteurs les moins crédules, & reçûes dans toutes les parties de l'un & de l'autre hémisphère, il me semble que ce concours général de tous les siécles & de tous les Peuples, forme une preuve à l'évidence de laquelle il n'est pas possible de résister. ADD. DU TRAD.

(86) *En lui faisant toucher un fer rouge, &c.*] Il semble que cette coutume ait eu lieu parmi les Grecs; Sophocle dans la Tragédie d'Antigone, „ Nous sommes prêts à vous prouver que nous ne „ sommes ni coupables ni complices de ce crime, „ ou par des sermens, ou en touchant des masses „ de fer toutes rouges, ou en marchant sur du feu.

un Dieu qui gouverne l'Univers, il faut croire qu'il a d'aussi fortes raisons de ne plus employer aujourd'hui ces voyes surnaturelles, qu'il en a eu autrefois de les mettre en usage. Ces raisons ne sont pas bien dificiles à deviner. Il n'est pas de la sagesse divine de violer perpétuellement ou pour de légéres causes, les Loix selon lesquelles elle conduit le Monde, & cache à l'Homme l'avenir qui dépend de causes libres & contingentes. Elle n'a du le faire que dans des ocasions importantes, & où les voyes naturelles auroient été foibles, & sans éfet. Lors que le véritable culte de la Divinité, ignoré de tous les hommes, étoit renfermé dans un petit coin de la Terre, ou lors que la Religion Chrétienne a dû, conformément aux desseins de Dieu, se répandre par tout l'Univers, rien n'étoit plus à propos que de l'afermir puissamment par des coups d'éclat, qui arrêtassent les débordemens de l'impiété & de l'idolatrie.

XIX.

* Il est visible que la nature des obstacles qu'elle avoit à vaincre, demandoit quelque chose de plus fort que la simple prédication. ADD. DU TRAD.

XIX. Il est tems de répondre à la grande objection que l'on fait contre la Providence & qu'on tire des crimes qui couvrent la face de la Terre. Si, dit-on, un Dieu tout-bon & tout-puissant gouvernoit le Monde, à quoi devroit-il principalement s'ocuper, qu'à reprimer l'insolence des hommes, & à empêcher les tristes éfets de leur corruption? Je répons que Dieu, qui se vouloit réserver le glorieux privilége d'une bonté nécessaire & immuable, ayant donné à l'Homme la liberté de faire le bien & le mal, (87) ne pouvoit empêcher éficacément le mauvais usage de cette liberté, sans la détruire absolument. C'étoit assez pour mettre sa bonté à couvert de tout reproche, qu'il employât tous les moyens, qui, sans violer cette liberté, pouvoient porter l'Homme à se déterminer au bien. Ce fut dans ce dessein qu'il lui donna une loi munie de promesses & de menaces, & lui fournit

II. Objection, que s'il y avoit une Providence, il n'y auroit pas tant de crimes.

(87) *Ne pourroit empêcher éficacément &c.*] Orig. contre Celsus, ch. IV. *Si vous ôtez à la vertu le caractère de libre & de volontaire; vous la détruisez.*

nit plusieurs secours tant intérieurs qu'extérieurs, pour le rendre capable d'obéir à cette loi. J'ajoûte, qu'il ne faut pas croire que Dieu regarde d'un œil indiférent, le penchant qui entraîne l'Homme au mal. Il sait y mettre des barriéres, lors qu'il le trouve à propos. Sans cela, on verroit un bouleversement général dans toutes les afaires du Monde, & un entier oubli des Loix divines. S'il permet le crime, il le destine à des fins très-dignes de sa sagesse infinie. Il se sert de l'ambition & de la cruauté des uns, pour en punir d'autres qui ne sont pas moins coupables. Il s'en sert pour redresser ceux qui étant tombez dans le relâchement, ont besoin d'une correction vive & forte. Il s'en sert enfin à faire éclater la patience & la fermeté de ceux dont il veut rendre la vertu plus accomplie. Mais il n'en demeure pas là. Il aflige à leur tour ceux qui lui ont rendu ces services criminels : & dans le tems qu'une suite continuelle de succès semble les mettre en repos du côté de la Justice divine, cette Justice vient tout d'un coup troubler leur

tran-

tranquillité, & leur faire rendre de leurs crimes & de leurs succès mêmes, un compte d'autant plus févére, qu'il a été diféré. C'est alors que par une juste rétribution, Dieu traite ces malheureux avec autant de rigueur, qu'ils l'avoient traité avec insolence & avec mépris.

XX. Il faut avouer pourtant que cela n'arrive pas toûjours; & que quelquefois, pendant que les méchans jouïssent d'une prospérité sans interruption, les gens de bien traînent une vie languissante, qu'ils finissent même souvent par une mort honteuse. C'est ce qui a de tout tems surpris & scandalisé les infirmes. Mais bien loin que cela nous doive faire douter de la Providence, qui, comme nous l'avons vû, se prouve par des raisons invincibles; nous devons au contraire conclurre de là, avec tout ce qu'il y a jamais eu de véritables Sages, que puisque, d'un côté, Dieu est souverainement juste, & qu'il veille sur les actions des hommes; & que, de l'autre, on voit parmi eux tant de déréglemens impunis, il faut nécessairement atendre après cette vie

Que cette II. Objection nous conduit à reconnoître un dernier Jugement.

un Jugement solemnel, qui unisse la peine avec le crime, le bonheur avec l'innocence; & qui condamnant les auteurs de ces actions énormes aux supplices qu'ils ont méritez, assigne aux grandes vertus de grandes récompenses, & un repos assuré.

Et par cela même, l'immortalité de l'ame.

XXI. MAIS comme ce Jugement supose l'immortalité de l'ame, je vais tâcher de la prouver. Je me servirai pour cela de la méthode que j'ai employée pour démontrer l'existence de Dieu. J'établirai donc cette Vérité, & par le raisonnement, & par la Tradition, ou, le consentement de tous les Peuples qui ont eu quelque degré de lumiére & d'humanité : Tradition dont on ne peut rencontrer l'ori-

---

(88) *Les Druides &c.*] César nous l'aprend liv. VI. de la Guerre des Gaules.

(89) *Et les Brachmanes,*] Strabon liv. XV. „Il faut „ regarder l'état de l'Homme dans cette vie, *disoient ces Philosophes*, comme l'état où il est dans „ le moment de sa conception; & la mort, com„ me un enfantement qui le méne à une vie, seu„ le digne de ce nom, souverainement heureuse, „ & destinée aux seuls Sages.

(90) *Les Egyptiens.... l'ont tenuë pour certaine.*] Hérod. dans son Euterpe. Tacite Hist. liv. V. parlant des Juifs. „Ils ne brûlent pas leurs morts, mais „ ils les enterrent, à l'exemple des Egyptiens. „ Cette coutume vient de la persuasion que les uns „ & les autres ont, qu'il y a un enfer. Ce mot d'en-

l'origine, que dans l'origine même du Genre humain, c'est-à-dire, dans les premiers hommes. Je commence par cette derniere preuve.

XXII. L'OPINION de l'immortalité de l'ame se trouve dans Homére. Les Philosophes Grecs, (88) les Druïdes, qui étoient les Sages de l'ancienne Gaule, (89) & les Brachmanes, Docteurs des Indiens, l'ont tous unanimement enseignée. (90) Les Egyptiens, (91) les Thraces, & les anciens peuples de l'Allemagne l'ont tenue pour certaine, selon le témoignage de plusieurs Auteurs. Les Grecs, les Egyptiens, & les Indiens ont connu un Jugement après cette vie, si nous en croyons Strabon, Laërce,

I. Preuve de l'immortalité de l'ame, savoir, une Tradition ancienne & universelle.

d'enfer doit être ici entendu à la Payenne, c'est-à-dire, pour le séjour des bienheureux aussi bien que des damnez.]

(91) *Les Thraces &c.*] Méla liv. II. parlant des Thraces. ,,Les uns croyent, *dit-il*, que les ames ,, retourneront un jour; les autres, qu'elles ne re- ,, tourneront pas ; que cependant elles ne péris- ,, sent pas avec le corps, mais passent dans un état ,, plus heureux. Solin témoigne la même chose. De là venoient ces marques d'allégresse qu'ils donnoient dans leurs enterremens, & dont ces mêmes Auteurs parlent. Cela pourroit rendre vrai-semblable ce que nous avons tantôt dit après le Scholiaste d'Aristophane, que dès les premiéres dispersions des Hébreux, quelques uns d'entr'eux étoient venus demeurer dans la Thrace.

Laërce, Dion, & Plutarque. L'embrasement futur de tout l'Univers se trouvoit (92) dans Hystaspe & dans les Sibylles. On le lit encore aujourd'hui dans les Ecrits (93) d'Ovide & dans Lucain. Les Siamois, au raport des Voyageurs, ne l'ont pas ignoré. (94) Quelques Astrologues ont remarqué que le Soleil s'aproche insensiblement de la Terre, & ont regardé ce Phénomene comme un acheminement à cette terrible destruction. Enfin, ceux qui abordérent les premiers dans les Canaries, dans l'Amérique & dans d'autres païs inconnus, y trouverent la créance de l'immortalité de l'ame & celle du Ju-

---

(92) *Dans Hystaspe.*] Nous l'aprenons de Justin dans sa seconde Apologie, & de Clément dans ses Stromates.

(93) *d'Ovide.*] Métam. liv. 1. Il se remet aussi devant les yeux l'arrêt que les Destins ont prononcé, qu'un jour la Mer, la Terre, & le Ciel périroient dans les flammes; période fatal à toute la machine du Monde. Lucain liv. 1. Lorsque la derniére heure du Monde sera venue, toutes choses retourneront dans l'ancien Chaos : les Etoiles se heurteront, elles descendront même dans la Mer &c. Séneque écrivant à Marcie. ,, Les Etoiles choqueront les unes contre les autres, & l'Univers ,, étant embrasé, toutes les parties que nous voyons ,, présentement briller par un bel arrangement, ne ,, tireront plus d'éclat que des feux qui les consumeront.

Jugement, établies dans l'esprit des habitans de ces terres.

XXIII. Je viens aux preuves que les lumiéres de la Raison nous fournissent. Toutes les choses que nous voyons périr, périssent par l'une de ces trois causes : ou *par l'oposition d'un contraire plus puissant*, c'est ainsi que la violence de la chaleur détruit le froid : *ou parce qu'elles se trouvent destituées du sujet qui les soutenoit*; la grandeur d'un carreau de vitre, par exemple, perit lors que le carreau vient à se casser : *ou enfin par l'éloignement de la cause éficiente*, dont la présence étoit nécessaire pour les conserver ; & c'est ainsi que la lumière disparoît par l'éloignement du Soleil. Or aucune de ces

II. Preuve, tirée de ce qu'aucune raison ne peut faire voir que l'ame soit mortelle.

(94) *Quelques Astrologues &c.*] Copernic liv. III. des Révolut. ch. 16., & d'autres. S. Cyprien écrivant à Démétrianus, dit * que l'Univers n'a plus la même vigueur qu'autrefois, & qu'il roule vers la décadence.

* [Je demande pardon à ce Pere, mais je ne saurois laisser passer cette pensée sans dire ce que j'en crois. Par où nous prouvera-t-il que le Monde vieillit & qu'il perd insensiblement de ses forces? La Terre en a-t-elle moins à produire des fruits, les Animaux à engendrer, & les Astres à faire leurs révolutions? Ces sortes de pensées ont je ne sai quel éclat qui pourroit surprendre ; mais pour de la solidité, elles n'en ont pas même assez à ce qu'il me semble, pour être souffertes dans la bouche des Orateurs.]

ces trois maniéres de destruction ne peut avoir lieu ici. Pour la premiére, l'ame n'a proprement rien qui lui soit oposé. Elle a même ce privilége, qui lui est particulier, de pouvoir assembler dans ses idées les choses les plus contraires. La seconde ne se peut dire. L'ame est une substance, c'est-à-dire, un Etre qui subsiste par soi-même & qui par conséquent n'a pas besoin de sujet qui le soûtienne. S'il y en avoit un, ce seroit le corps. Mais plusieurs raisons détruisent cette pensée. I. * La continuité du travail abat les forces du corps, celles de l'ame demeurent toûjours dans leur entier. II. (95) Les facultez corporelles ne peuvent admettre un objet trop vif & trop excellent : celles de l'ame se perfectionnent à proportion de la sublimité & de la grandeur des choses sur lesquelles elles déployent leur activité, tels que

* On pourroit ne pas convenir absolument de cette premiére raison, quoi que ce qu'elle supose soit vrai pour l'ordinaire. En tout cas les deux raisons suivantes pourroient sufire. TRAD.

(95) *Les facultez corporelles ne peuvent &c.*] Aristote en donne cette raison, que ce qui sent en nous, est

que sont les Universaux, & les figures considérées en elles-mêmes & séparément de la matiére. III. Le corps ne peut faire agir ses forces que sur des choses qui sont bornées comme lui par de certains tems & de certains lieux : l'ame agit & raisonne sur l'infini & sur l'éternité. Je conclus de tout cela que l'ame ne dépend pas du corps dans ses opérations. Or comme nous ne pouvons juger de la nature des choses invisibles, que par leurs opérations, il s'ensuit que l'ame agissant indépendamment du corps, existe aussi indépendamment de lui. Enfin, la troisiéme voye possible de destruction, savoir, la cessation de la cause éficiente ou la suspension de son eficace, n'a pas ici plus de lieu que les deux autres. L'ame n'a pas de cause éficiente dont elle doive émaner continuellement. Mais quand on en reconnoî-

---

est en partie corporel, & en partie spirituel; mais que l'ame est purement spirituelle. J'aurois pu remarquer aussi que l'ame a la force de vaincre les panchans purement corporels ; jusqu'à exposer quelquefois le corps aux tourmens & à la mort même : & que moins ses actions tiennent du corps, plus elles sont parfaites.

noîtroit une, ce ne peut être que la Cause premiére & universelle (car pour ce qui est des péres & des méres, on sait que leur mort n'entraîne pas celle de leurs enfans). Or rien ne nous oblige à croire que la Cause premiére cesse jamais de déployer cette éficace, qui conserve l'ame. Car elle le feroit, ou faute de puissance, ou faute de volonté. Le premier ne peut être, & l'on ne prouvera jamais le second.

Trois autres preuves de l'immortalité de l'ame.

XXIV. OUTRE ces raisons qui prouvent négativement l'immortalité de l'ame, il y en a d'autres assez fortes, qui la prouvent positivement. En voici trois que je ne ferai qu'indiquer; (92) le pouvoir que l'Homme a sur ses propres actions; le desir de l'immortalité, né, pour ainsi dire,

---

(92) *Le pouvoir que l'homme &c.*] On y peut ajoûter le pouvoir qu'il a sur tous les animaux, & la faculté qu'a nôtre ame de connoître Dieu: ce qui paroît si bien par la préférence qu'elle lui donne sur toutes les autres choses, & par le peu de cas qu'elle fait des plus fâcheuses, lors qu'il s'agit de lui plaire.

(93) *Les Tyrans &c.*] „ Enfin, dit Suetone, parlant de Tibére, il devint insuportable à lui-mê„ me, comme il paruît par cette Lettre qu'il écri„ vit

re, avec nous; & la force de la conscience, qui tantôt trouve dans les bonnes actions quelque pénibles qu'elles soient, un sujet de joye & de consolation, & tantôt sent des remords vifs & afligeans des crimes dont elle est chargée. Ces remords augmentant à l'heure de la mort par le pressentiment d'un Jugement inévitable & prochain, jettent l'ame dans la derniére désolation. Cette force, au reste, dépend si peu de la volonté, que (93) les Tyrans les plus endurcis au crime n'ont jamais pu s'y soustraire, quelques éforts qu'ils ayent fait pour cela. Les exemples en sont assez connus.

XXV. Or si nous ne pouvons rien apercevoir dans la nature de l'ame qui doive causer sa destruction; si

Que la derniére fin de l'Homme est un bonheur éternel.

„ vit au Sénat, & qui est une peinture si naïve
„ d'une conscience agitée. Que vous écrirai-je,
„ Messieurs? Comment vous écrirai-je, ou plutôt,
„ que dois-je ne vous pas écrire dans cette con-
„ jonćture? Que les Dieux me fassent périr d'une
„ manière encore plus afreuse que celle que j'é-
„ prouve tous les jours, si je sai que vous mander.
„ Tant il est vrai, *dit Tacite, après avoir raporté ce*
„ *commencement de Lettre*, tant il est vrai que ses cri-
„ mes & ses désordres étoient devenus alors la
„ matière de son suplice.

si Dieu par quantité de marques, qui ne sont point équivoques, nous aprend que son dessein est qu'elle survive au corps; si d'ailleurs il faut reconnoître que l'Homme, en qualité d'Etre intelligent & raisonnable, doit avoir une derniére fin : il ne s'agit plus que de chercher en quoi cette derniére fin peut consister. Or par cette seule raison, qu'elle doit avoir du raport à l'excellence de l'ame & à son-éternité, il est assez évident qu'elle ne peut être autre chose qu'une félicité éternelle. C'étoit la pensée de Platon & des Pythagoriciens, lors qu'ils ont enseigné que le souverain Bien de l'Homme, consiste à être élevé à la plus parfaite ressemblance qu'il puisse avoir avec Dieu.

Pour ce qui est de la nature de ce bonheur éternel, & des moyens de l'aquerir, c'est une matiére à conjectures, tant que Dieu n'en a rien révélé. Mais si l'on peut découvrir qu'il se soit expliqué là dessus, il ne faut plus balancer; l'on doit recévoir ce qu'il nous en dit, & le croire avec cette certitude que produisent les Veriritez les plus conſtantes & les plus autentiques.

Or comme la Religion Chrétienne nous promet ſur cet article quelque choſe de plus que toutes les autres Religions, il eſt bon d'examiner quelle opinion nous devons avoir de ces grandes promeſſes. C'eſt ce que nous allons faire dans le Livre ſuivant.

TRAITÉ
DE LA VERITÉ
DE LA
RELIGION
CHRETIENNE.

LIVRE SECOND.

DESSEIN DE CE II. LIVRE. Savoir de prouver que la Rel. Chr. eſt véritable.

I. ANS ce Livre, que nous ne commençons qu'après avoir adreſſé à Jeſus-Chriſt régnant glorieuſement dans le Ciel, de très-ar-

(1) *Suétone, Tacite, Pline le Jeune &c.*] Suétone dans la Vie de l'Empereur Claude: Tacite liv. xv. où parlant des ſuplices des Chrétiens, *l'Auteur du nom & de la Secte des Chrétiens,* dit-il, *a été Chriſt,*

qui

ardentes priéres, pour obtenir de lui le secours de son Esprit dans un degré qui réponde à l'importance de notre dessein, & qui nous rende capables de l'exécuter : nous déclarons dès l'entrée que notre but n'est pas de traiter tous les dogmes de la Religion Chrétienne, mais de montrer que cette Religion est très-véritable, & d'une certitude qui exclut jusqu'aux moindres doutes.

II. Qu'IL y ait eu autrefois en Judée, sous le régne de Tibére, un Jésus apellé le Nazarien, c'est ce dont on ne doutera pas, si l'on prend garde que les Chrétiens, en quelques endroits de la Terre qu'ils soient répandus, font & ont toûjours fait une profession invariable de le croire ; que tous les Juifs d'aujourd'hui s'acordent dans le même aveu, avec tous ceux d'entre eux qui ont vêcu & écrit depuis ce tems-là ; & que les Auteurs Payens mêmes, ennemis communs des uns & des autres, (1) Suetone

Que Jesus a été,

qui sous l'Empire de Tibére avoit soufert la mort par l'ordre de Ponce Pilate. Dans cet endroit il représente les Chrétiens comme des gens chargez de crimes, & comme l'horreur du genre humain. Mais ces cri-

tone, par exemple, Tacite, (2) Pline le Jeune, &c. déposent unanimement de ce même fait.

Qu'il a été crucifié.

III. QUE ce Jésus ait été crucifié sous Ponce Pilate Gouverneur de Judée, c'est aussi ce que tous les Chrétiens avouent constamment, malgré la honte qu'il pourroit y avoir à faire un tel aveu de celui qui est le grand objet de leur adoration. (3) Les Juifs ne l'avouent pas moins, eux qui ne peuvent ignorer que la part qu'ils ont eue à cette mort, par l'empressement avec lequel ils la demandérent à Ponce

crimes n'étoient autre chose que le mépris des faux Dieux. C'est par la même raison que cet Auteur & Pline ont parlé des Juifs avec ce même fiel. Il faut remarquer ici que cette haine ne venoit pas d'un atachement sincere à la Religion Payenne, entant que Religion. Les sages Romains ne l'envisageoient pas ordinairement de ce côté-là. Ils la regardoient comme une pratique autorisée par les loix; & croyant y satisfaire par l'observation exacte de toutes ses cérémonies, ils se réservoient la liberté d'en penser ce qu'ils vouloient. En un mot ils en usoient à cet égard en simples Politiques, qui ne considérent dans la Religion que ce qu'elle a de propre à afermir le Gouvernement, en rendant les hommes plus doux & plus souples. Sénéque, Varron, & Tacite, étoient dans ce sentiment, comme on le peut voir dans Saint Augustin, de la Cité de Dieu, liv. IV. ch. 33. & liv. VI. ch. 10. Au reste on voit par ce passage de Tacite, que du tems même de Néron il y avoit
deja

ce Pilate, leur atire la haine & l'indignation des Chrétiens, sous la domination de qui ils vivent en diférens endroits du Monde. Les Auteurs Payens que nous venons de citer, atestent ce même Fait dans leurs Ecrits. On a vu même, long tems après cet événement, les Actes de Pilate, preuve assez forte de cette Vérité; & on sait que les Chrétiens y ont quelquefois eu recours. Enfin, ni Julien, ni les autres ennemis du Christianisme, n'ont jamais chicané sur ce Fait, & l'ont reconnu pour sufisamment avéré.

déja beaucoup de Chrétiens à Rome.

(2) *Pline le Jeune.*] Voici ce qu'il dit des Chrétiens dans la 97. Lettre du 10 livre. ,, Ils ont coutume de chanter des hymnes à la louange de ,, Christ, qu'ils révèrent comme un Dieu ; & ils ,, s'obligent réciproquement, non à commettre ,, quelque crime, mais à ne point voler, à ne ,, point se souiller d'adultére, à être fidéles & ,, constans dans toute leur conduite, & à ne point ,, nier le dépôt". Il est vrai qu'il les acuse d'une opiniâtreté infléxible; mais c'est uniquement en ce qu'ils refusoient d'invoquer les Dieux, d'encenser leurs Statues, & de dire du mal de Jésus-Christ, & qu'on ne les y pouvoit contraindre par les suplices.

(3) *Les Juifs ne l'avouent pas moins.*] Ils apellent ordinairement Jésus-Christ d'un nom qui signifie ataché en croix, ou pendu. L'Itinéraire de Benjamin reconnoit que Jésus a soufert la mort à Jerusalem.

véré. De sorte qu'il est impossible d'en produire quelqu'un qui soit plus constant & plus assuré, puis qu'il est apuyé sur le témoignage d'un si grand nombre d'hommes, & de Peuples mêmes, d'ailleurs si oposez d'intérêts & de sentimens. C'est pourtant ce Jésus, traité avec tant d'ignominie, à qui les parties de l'Univers les plus éloignées les unes des autres, rendent d'un commun consentement les honneurs de l'adoration religieuse : & cela, non seulement dans ce siécle-ci, ou dans ceux qui l'ont immédiatement précédé, mais dans un grand nombre d'autres, & dans ceux même qui ont suivi de plus près cet événement. Car Tacite & d'autres témoignent que sous Néron la profession du Christianisme & la vénération que l'on avoit pour son Auteur, exposérent aux derniers suplices un grand nombre de personnes.

Que les premiers Adorateurs de J. C.

IV. Mais peut-être que ces premiers adorateurs de Jésus-Christ étoient

---

(4) *Polycarpe.*] Il a soufert le Martyre l'an 169.
(5) *Justin.*] Il a écrit des Apologies pour les Chrétiens l'an 142.
(6) *S. Irénée.*] Il fleurissoit à Lyon l'an 183.

toient de bonnes gens, ignorans & entêtez. Nullement, il y a eu parmi eux beaucoup de personnes sages, judicieuses, & savantes. Pour ne point parler de ceux qui étoient nez Juifs, on a vu entre eux un Sergius Gouverneur de Cypre, un Denis l'Aréopagite, (4) Polycarpe, (5) Justin, (6) Irénée, (7) Athénagore, (8) Origéne, (9) Tertullien, (10) Clement Alexandrin, & quantité d'autres. Or quelle raison peut-on rendre de l'atachement de ces gens, qui ne manquoient ni d'esprit ni de savoir, au culte d'un homme qui avoit soufert une mort ignominieuse ; eux qui pour la plûpart avoient été élevez dans d'autres Religions, & qui ne rencontroient en celle-ci aucun motif ni d'honneur, ni d'intérêt qui pût les y atirer ? Qu'on se tourne de quel côté on voudra, on n'en trouvera point d'autre raison que celle-ci : c'est qu'après une recherche aussi exacte & aussi diligente que la prudence le de-

n'étoient pas des personnes ignorantes & grossiéres.

Preuve de la vérité des miracles de l'Evangile.

___

(7) *Athénagore.*] Il étoit d'Athénes, & vivoit dans le même tems que S. Irénée.
(8) *Origéne.*] En 230.
(9) *Tertullien.*] En 208.
(10) *Clément Alexandrin.*] Dans le même tems.

mande dans une afaire d'une souveraine importance, ils avoient reconnu que rien n'étoit plus vrai ni mieux atesté, que le bruit qui s'étoit répandu par tout des miracles éclatans de Jésus-Christ; tels qu'étoient la guérison de plusieurs maladies dangereuses & invétérées, opérée en public sans autre moyen que celui de la parole : entr'autres la guérison d'un aveugle né; la multiplication réitérée de quelques pains pour sustenter plusieurs milliers de personnes, capables d'en rendre témoignage; la résurrection de quelques morts, & telles autres merveilles, également considérables par leur grandeur & par leur nombre.

Que ces miracles n'ont été ni naturels ni illusoires &c. mais produits par la puissance de Dieu.

V. LE bruit de ces miracles avoit un fondement si indubitable & si ferme, que (11) ni Celsus, (12) ni Julien écrivant contre les Chrétiens, n'ont osé nier que Jesus-Christ n'ait fait des actions surnaturelles & prodigieuses, & que les Juifs l'avouent hautement dans leur Talmud. On ne peut dire, ni que ces miracles ayent

(11) *Ni Celsus.*] Origéne. liv. II. *Vous avez cru qu'il étoit fils de Dieu, parce qu'il a guéri des boiteux & des aveugles.*

(12) *Ni Julien.*] S. Cyrille. liv. VI. raporte ces paro-

yent éte produits par des caufes naturelles, ni que ç'ayent été de pures illufions. Pour le 1. outre que le nom même de miracles & de prodiges que tout le monde leur donne, fait voir qu'on avoue tacitement qu'il n'y avoit rien de naturel, la force des caufes naturelles va-t-elle bien jufqu'à guérir en un inftant, par la parole feule & par le fimple atouchement, des maladies incurables? Et c'eft auffi ce que les ennemis déclarez de Jéfus-Chrift n'ont jamais prétendu, ni pendant qu'il étoit encore fur la Terre, ni depuis la publication de fon Evangile dans le Monde. On ne peut croire non plus qu'il n'y ait rien eu de réel dans ces miracles, & qu'ils n'ayent été que l'éfet d'une adreffe qui ait fu tromper les yeux. Ils ont été faits pour la plûpart en public, en la préfence d'un grand Peuple, & de plufieurs perfonnes éclairées, qui prévenues contre Jéfus-Chrift obfervoient toutes fes démarches. Mais d'ail-

paroles de Julien ; ,, A moins que l'on ne regarde ,, comme les plus grandes actions du monde, de ,, guérir des boiteux & des aveugles, & de fecou- ,, rir les démoniaques dans les Villages de Bethfaï- ,, da ou de Béthanie.

d'ailleurs, le nombre en a été trop grand, & les éfets trop réels & trop durables, pour donner lieu à une pareille défaite. Il faut donc nécessairement qu'ils ayent été produits par une cause plus qu'humaine, comme les Juifs l'ont reconnu. Or cette cause ne peut être qu'un Esprit ou bon ou mauvais. Ce n'est pas le dernier. La doctrine à laquelle ces miracles servoient de preuve, est à tous égards oposée aux intérêts des Démons. Elle condamne leur culte, & corrige l'impureté du cœur, qui leur est si agréable. L'événement a fait voir que par tout où on l'a reçûe, elle a renversé l'Idolatrie qui n'étoit autre chose que le service des Démons; qu'elle a inspiré une extrême horreur pour eux; décrédité les Arts magiques*; & établi le Culte d'un seul Dieu. Porphyre même a reconnu que ces Esprits n'avoient plus ni force ni puissance depuis que Jésus-Christ avoit paru dans le Monde. Or il n'est pas croyable que le Démon soit assez imprudent pour faire des choses, qui bien loin de lui être ou glorieuses ou utiles, vont à le couvrir de honte &

* Act. XIX. 19.

à

à ruïner ses intérêts. Mais, ce qui est encore plus fort, il n'étoit nullement ni de la sagesse ni de la bonté de Dieu, de souffrir que les malins Esprits fissent illusion à des hommes qui le craignoient, & qui étoient éloignez de tout ce qui lui pouvoit déplaire. C'est là le caractére des premiers Chrétiens. Leur vie irréprochable & les maux qu'ils ont endurez, plutôt que de rien faire contre leur conscience, le prouvent manifestement.

Si après cela, on avoue que les miracles de l'Evangile ne viennent ni d'une cause naturelle, ni de l'artifice des hommes, ni de celui des Esprits malins; il ne restera plus qu'un subterfuge, c'est de dire qu'ils ont été opérez par une Intelligence sainte & bonne, mais inférieure à Dieu. Mais que l'on prenne garde I. Qu'en cela on se raproche extrémement de nous, & qu'on nous donne lieu de conclurre, que puis qu'une Intelligence pure & sainte ne peut rien faire qu'en vûe de plaire à Dieu, & de le glorifier, ces miracles lui ont été par conséquent agréables & glorieux, & la
Doc-

Doctrine qu'ils ont séellée, une Doctrine véritable & divine. II. Que cela même ne peut pas être vrai à l'égard de tous les miracles de Jésus-Christ ; & qu'il y en a de si grands, qu'il ne paroît pas que d'autres forces que celle d'un Dieu les eussent pû produire : la résurrection du Lazare, par exemple, & de ce jeune homme de Naïn. Je conclus que c'est Dieu qui est l'auteur de ces miracles. Or on ne peut pas concevoir qu'il en fasse, ni par lui-même ni par le ministére d'un autre, sans en avoir de bonnes raisons. Un sage Légiflateur ne se départ jamais de ses Loix sans une nécessité très-urgente. Quelles seront donc les raisons qui l'auront mû à faire tant de prodiges par les mains de Jésus-Christ ? Certes on ne peut pas en donner d'autre, que celle que Jésus-Christ en donnoit lui-même ; c'est que Dieu vouloit par là rendre un illustre témoignage à sa Doctrine. Ceux

en

─────────────

(13) *Que ceux même d'entre les Juifs*, &c.] Act. xv. Rom. xiv. Saint Jérôme dans la Chronique d'Eusèbe, après avoir nommé quinze Evêques consécutifs de l'Eglise de Jérusalem, dit qu'ils ont tous été circoncis.

en présence de qui ils ont été faits n'en ont pu concevoir d'autre; & comme il y avoit parmi eux beaucoup de gens de probité & de Personnes pieuses, il y auroit de l'impiété à croire que Dieu eût voulu leur imposer, & les atirer invinciblement dans l'erreur, par des coups qui ne pouvoient partir que d'une main toute-puissante. Aussi voyons nous que l'impression de ces miracles a été si éficace, (13) que ceux mêmes d'entre les Juifs du tems de Jésus-Christ, qui étoient si inviolablement atachez à la Loi de Moyse, qu'ils en vouloient retenir jusqu'aux moindres articles, ont pourtant donné gloire à Dieu, & ont reconnu Jésus pour un Docteur envoyé du Ciel. Tels étoient ceux qu'on apelloit (14) Nazariens & Ebionites.

VI. LE grand miracle qui a été fait en la Personne de Jésus Christ, vérifie admirablement ceux qu'il a faits sur les autres. J'entens sa Résurrection,

Preuves de la Résurrection de J. C.

———

(14) *Nazariens.*] Ce mot ne signifie pas les Chrétiens de Nazaret, mais tous ceux qui demeuroient dans la Palestine, & ils étoient apellez ainsi parce que Jésus-Christ étoit aussi apellé *Nazarien.*

H

tion, qui suivit sa crucifixion, sa mort & sa sépulture. Les Chrétiens de tous les tems & de tous les lieux la croyent, & ils la proposent, comme la principale preuve de leur Religion, & comme le fondement de leur Foi. Cette créance si générale ne peut venir que de ce que les premiers Docteurs du Christianisme ont persuadé ce Fait à leurs Disciples. Or ils n'eussent jamais pu le persuader à ces Disciples, qui ne manquoient ni d'esprit ni de jugement, s'ils ne leur eussent assuré positivement qu'ils en avoient été des témoins oculaires. Sans cela on ne les eût jamais crûs, pour peu que l'on eût eu de sens commun ; puisqu'on ne les pouvoit croire sans s'engager dans des dangers & dans des malheurs également grands & inévitables. Il est donc sûr qu'ils se sont portez avec une grande fermeté pour témoins oculaires de cet événement. Outre cette raison, cela paroît par leurs Livres & par ceux mêmes de leurs Ennemis. Il faut voir à présent de quel poids a pu être leur témoignage.

1. Ils fortifient ce témoignage de ce-

celui de cinq cens Personnes, qu'ils disent avoir vu Jésus ressuscité. Ce n'est guére la coutume des Imposteurs, d'en apeller à un si grand nombre de témoins. D'ailleurs, il n'est pas possible que tant de personnes s'acordent à déposer d'une fausseté; particuliérement si cette déposition les met en risque de perdre le repos & la vie.

2. Quand il n'y auroit pas eu d'autres témoins oculaires de ce Fait, que ces douze fameux Fondateurs du Christianisme, c'en seroit assez. On n'est pas scélérat pour avoir simplement le plaisir de l'être, & l'Imposture se propose toûjours pour but, ou l'honneur, ou les richesses, ou la réputation, ou enfin quelque avantage, quel qu'il soit. C'est ce qu'on ne peut dire des Apôtres. S'ils avoient pu se flater qu'un pareil mensonge les avanceroit dans le monde, & leur ouvriroit un chemin à la gloire & aux dignitez, ils ont dû être bien-tôt détrompez par la honte & l'ignominie dont les Payens & les Juifs, qui étoient les seuls dispensateurs des Charges & de la réputation, les couvrirent dès le

com-

commencement. Ils n'auroient pas eu plus de raison d'espérer qu'ils feroient servir le mensonge à amasser du bien, puisque leur Doctrine leur coutoit souvent le peu qu'ils en pouvoient avoir, & que les soins de la Prédication ne leur donnoient pas le tems de travailler à en aquerir d'autre. De plus, ils ne pouvoient mentir en vûe d'aucune des commoditez de cette vie, puisque cette Prédication les exposoit sans cesse à mille fatigues, à la faim, à la soif, aux coups & à l'emprisonnement. Enfin, le peu de réputation qu'ils pouvoient aquerir parmi leurs Concitoyens, n'étoit pas assez considérable pour balancer dans l'esprit de ces Personnes simples, & qui par une suite de leur créance étoient ennemies de tout faste, ce nombre éfroyable de maux qu'atiroit sur eux leur Apostolat. Car d'espérer que leurs Dogmes dûssent faire en si peu de tems de si grands progrès, c'est ce que ne leur permettoit pas l'oposition
qu'ils

―――――――――――――

(15.) *Qu'ils atendoient à tous momens* &c.] 1. Thess. IV. 15. 16. 1. Cor. XV. 52. Tertullien, ... *puis qua*

qu'ils rencontroient & dans l'autorité des Magistrats, & dans le cœur de l'Homme, naturellement ennemi de tout ce qui l'incommode. Il faut donc convenir qu'ils n'eussent jamais osé porter leurs espérances si loin, si elles n'eussent été fondées sur les promesses que leur fit leur divin Maître après sa résurrection. Ajoûtez à cela, qu'ils avoient une raison particuliére à ces tems-là, pour ne se pas promettre une réputation de fort longue durée. On voit par leurs Ecrits & par ceux des Docteurs qui leur succédérent, (15) qu'ils atendoient presque à tous momens la destruction totale du Monde; Dieu qui leur avoit révélé tant de choses, leur ayant voulu cacher ses desseins sur celle-là.

Mais le dessein de défendre leur Religion, n'auroit-il pas été sufisant pour les porter à mentir sur l'article de la Résurrection de Jésus Christ ? On ne le dira pas, si l'on examine un peu la chose de près. Car, ou ils ont cru

très-

que le tems est plus court que jamais. Saint Jérôme écrivant à Gérontia, que cela nous touche-t-il, nous qui sommes à la fin des siècles ?

très-sincérement & de tout leur cœur que cette Religion étoit véritable, ou ils ne l'ont pas cru : s'ils ne l'ont pas cru, jamais ils ne l'eussent choisie entre tant d'autres plus respectées dans le Monde, & moins contraires à la tranquillité de la vie. Ils n'en auroient pas même voulu faire profession, toute véritable qu'elle leur eût paru, s'ils n'eussent cru y être indispensablement obligez, puis qu'il leur étoit aisé de prévoir ce que l'expérience leur aprit d'abord; c'est que cette profession causeroit la mort de quantité de personnes; & qu'ainsi, ils ne pouvoient se regarder que comme de vrais meurtriers, s'ils les y eussent exposées sans de légitimes raisons. Si après même que Jésus-Christ fut mort, ils continuérent à croire que sa Religion étoit véritable & excellente, & qu'ils ne pouvoient se dispenser d'en faire profession, il faut nécessairement qu'ils l'ayent vu après sa mort : car il étoit impossible qu'ils persévérassent dans ces sentimens, s'il n'eût véritablement acompli la promesse qu'il leur avoit faite de ressusciter. Un manquement de parole eût,

en

en ce cas là, fait rebrousser chemin à tout homme de bon sens, & banni de son esprit tous les préjugez favorables qu'il auroit pu avoir jusques-là, pour celui qui lui eût fait une promesse si vaine. II. Toutes les Religions du Monde, & sur tout la Religion Chrétienne, défendent sévérement le mensonge & le faux témoignage, particuliérement dans des matiéres de Foi. Comment donc auroient-ils pu mentir en faveur d'une Religion si ennemie du mensonge? III. Leur vie pure, & à couvert des reproches de leurs ennemis mêmes, ne s'acorde guére avec un pareil dessein; encore moins leur simplicité, qui est la seule chose que leurs Ennemis leur ayent objectée. IV. Ils ont tous soufert les derniéres indignitez, & plusieurs même une mort très-cruelle, à cause de la profession qu'ils faisoient de croire que Jésus étoit ressuscité. Or il n'est pas impossible qu'un homme de bon sens soutienne jusqu'à de telles extrémitez, une opinion où il est entré sincérement. Mais il est tout-à-fait incroyable qu'une personne, & à plus forte raison plusieurs, puissent se résoudre à tant souffrir pour une fausseté qu'ils reconnoissent telle, & à l'établissement de laquelle ils n'ont aucun intérêt. Ce seroit là l'éfet d'une extravagance qui n'a point d'exemple, & dont la vie de nos premiers Docteurs, aussi bien que leurs Ecrits, prouvent qu'ils étoient incapables.

Ce que nous venons de dire des Apôtres se peut apliquer à St. Paul. Il a prêché publiquement qu'il avoit vu Jésus-Christ dans sa gloire. Tout l'engageoit à rester dans le Judaïsme. (16) Il étoit savant, & il avoit par là un chemin ouvert aux Charges & aux Dignitez. On le voit cependant renoncer à toutes ses espérances pour la profession de cette Vérité ; encourir

VO-

─────────

(16) *Il étoit savant.*] Il avoit été disciple de Gamaliel, & sous cet illustre Maître il étoit devenu habile dans la Loi & dans la Tradition. S. Epiphane.

(17) *Mais je soutiens* &c.] Justin Martyr, Réponse septiéme aux Objections contre la Résurrection: ,, Autre chose est d'être impossible absolument & en ,, soi-même, & d'être impossible à quelqu'un. Par ,, exemple, il est tout-à-fait impossible qu'une figure ,, qui sert de mesure à une autre, soit égale à un des ,, côtez de cette autre. Il est impossible, non ab-,, solument, mais à la Nature, de produire sans

,, se-

volontairement la haine de sa Nation; porter par tout le Monde la connoissance de cette Vérité malgré les dificultez, les périls, & les travaux qu'il rencontroit par-tout; & finir une vie si pleine de traverses, par une mort pleine d'infamie.

VII. JE ne sache qu'une chose qui pourroit renverser tous ces témoignages, quelque forts qu'ils paroissent: ce seroit l'impossibilité de la chose même à laquelle ils servent d'apui, & la contradiction qu'elle renfermeroit. (17) Mais je soutiens qu'il n'y a ici, ni impossibilité ni contradiction. C'en seroit une de dire, qu'une personne a été vivante & morte dans le même tems. Mais que celui qui a produit la vie la puisse aussi reproduire, cela n'est

Objection: que la Résurrection est une chose impossible. Réponse.

„ semence, des Etres animez. Si ceux qui disent
„ que la Résurrection est impossible, l'entendent
„ dans le premier sens, il n'est rien de plus faux.
„ La Résurrection est une nouvelle Création. Or
„ une nouvelle Création n'est pas impossible en el-
„ le-même, puis qu'elle ne fait rien de contra-
„ dictoire, comme seroit l'égalité d'une figure me-
„ surante, à l'un des côtez de celle qu'elle mesu-
„ re: donc la Résurrection n'est pas impossible en
„ elle-même. Que s'ils entendent une impossibi-
„ lité dans le second sens, ne voyent-ils pas que
„ tout ce qui n'est impossible qu'à la Créature,
„ est très-possible au Créateur!

n'est ni impossible ni contradictoire. Les Sages Payens l'ont bien senti. On voit même dans leurs Livres quelques exemples de résurrection ; comme celle d'un certain Eris d'Arménie, dans Platon ; celle d'une femme, dans Héraclide de Pont ; d'Aristée, dans Hérodote ; & de Thespésius, dans Plutarque. Je ne veux pas garantir ces Faits. Le seul avantage que j'en tire, c'est de faire voir que les plus habiles gens d'entre les Payens, ont mis cette merveille au rang des choses possibles.

Que la Résurrection de J. Ch. prouve invinciblement la R. Ch.

Le Rabbin Béchaï

Si donc il n'implique pas que Jésus-Christ soit retourné en vie ; si les preuves de cette Histoire sont si fortes, qu'elles ont même pu convaincre un célèbre Rabbin, & lui arracher l'aveu de sa conviction ; si enfin Jésus-Christ a prétendu avoir une Mission divine, pour aporter aux hommes une nouvelle Religion, comme toute sorte de gens, amis & ennemis, en conviennent : il s'ensuit que cette Mission est divine, & cette Religion véritable. La force de cette conséquence vient 1°. de ce qu'il répugne à la Sagesse & à la Justice de Dieu,

d'élever

d'élever à un si haut degré de gloire un homme qui auroit joué tout le genre humain, dans la chose du monde la plus importante. 2. Elle vient aussi de ce que Jésus-Christ avant que de mourir avoit prédit sa mort, le genre de sa mort, & sa résurrection; & avoit déclaré que le but de tous ces événemens, étoit de confirmer la Doctrine qu'il avoit prêchée.

Jean XVII. Luc XXIV 46. 47.

Nous n'avons vu jusqu'ici que les dehors de la Religion, & nous ne l'avons prouvée que par des circonstances qui lui sont en quelque façon extérieures. Entrons présentement dans les preuves qui se tirent du fonds même & de l'essence du Christianisme.

VIII. CERTES si l'on considère que de toutes les Religions qui ont jamais été, & qui sont encore dans toute l'étendue de la Terre, il n'y en a point qui l'emporte sur la Chrétienne; soit pour la perfection des Loix, soit pour la grandeur des récompenses, soit pour la manière dont elles se sont établies; je soutiens qu'on sera forcé, ou de convenir qu'elle est véritable, ou de rejetter toute Religion, excès où ne tombera jamais un homme qui reconnoît

Que la R. Chr. est plus excellente que toutes les autres.

noit qu'il y a un Dieu; que ce Dieu gouverne toutes les choses créées; que l'Homme a un esprit capable de le connoître, de discerner le bien & le mal, de se porter vers l'un ou vers l'autre, & par conséquent de donner matiére aux peines ou aux récompenses.

I. Avantage de la R. Chr. sur les autres, savoir les récompenses qu'elle promet.

IX. EXAMINONS par ordre les trois prérogatives que nous venons de donner à la Religion Chrétienne sur toutes les autres; ses récompenses, ses loix, & la maniére de son établissement.

Pour commencer par ses récompenses, si nous considérons atentivement les Clauses expresses que Moyse * a aposées à l'Alliance légale, nous verrons qu'il n'y a promis que des biens temporels, & dont la jouissance ne passe pas les bornes de cette vie. C'est une terre fertile, une mai-

* Deut. XI. Hebr. VIII. 6.

___

(18) *Les Sadduciens.*] Josephe. *Le sentiment des Sadduciens est, que l'ame périt avec le corps: & ailleurs, Ils nient la subsistence de l'ame après la mort, & les peines de l'enfer.*

(19) *Par les Discours de Socrate.*] *Vous savez*, disoit ce Philosophe, *que j'espere de me trouver bien tost dans l'assemblée des hommes vertueux: quoiqu'à dire le vrai, je ne voudrois pas trop l'afirmer: & en suite, ,, Si ce que je dis est vrai, il n'est rien de plus* ,, beau

son bien fournie, des victoires, une vie longue & pleine de vigueur, une Postérité nombreuse, héritiére de tous ces avantages. S'il y a quelque chose de plus il est caché sous des ombres; & on ne peut l'en tirer que par la force du raisonnement. Cette obscurité fut cause que (18) les Sadduciens, qui recevoient les Livres de Moyse, n'espéroient rien après cette vie.

Les Grecs, dont la Science est émanée des Chaldéens & des Egyptiens, ont encore moins connu que les Juifs, ces biens qui regardent une autre vie. Ceux d'entr'eux qui portoient leurs espérances jusqu'au delà de la mort, se sont expliquez là-dessus avec une très-grande incertitude; comme il il paroît (19) par les Discours de Socrate, & (20) par les Ecrits de Cicéron, de Sénéque & de tous les autres.

„ beau que de le croire. Mais si après ma mort
„ il ne reste rien de moi-même, cette erreur aura
„ toûjours ceci de bon, c'est que dans le tems qui
„ précéde la mort, elle me rendra moins sensible
„ au mal présent: & d'ailleurs elle ne durera pas
„ toûjours, car en ce cas ce seroit un véritable
„ malheur, mais elle périra avec moi. Platon dans
„ le Phédon.

(20) *Par les Ecrits de Cicéron, de Sénéque, & de tous les*

tres. Les Argumens sur quoi ils apuyoient l'espérance d'une autre vie, étoient foibles, (21.) & concluoient presque tous autant pour la Bête que pour l'Homme. Ce fut sans doute en vertu de ces sortes d'argumens, que (22) quelques Philosophes s'imaginérent que les Ames passoient tantôt des hommes aux bêtes, & tantôt des bêtes aux hommes. D'autres voyant que cette opinion n'avoit aucun fondement légitime, ni dans l'expérience ni dans le raisonnement, & ne pouvant néanmoins s'empêcher de reconnoître que l'Homme avoit une derniére fin, crurent & enseignérent

―――――――――――――――――――

les autres.] Cic. Quest. Tuscul. 10. *Faites moi voir premiérement que l'ame demeure après la mort: & ensuite, si vous pouvez y réüssir (car cela est fort dificile) vous me montrerez que la mort n'est pas un véritable mal.* Et peu après ; *Ils s'imaginent qu'ils ont beaucoup gagné, lors qu'ils ont apris que la mort les détruira tout entiers. Quand cela seroit vrai (car je ne veux pas m'y oposer) qu'y a-t-il en cela d'agréable ou de glorieux?* Sénèque Lettre LXIV. ,, S'il est vrai (comme cela pourroit bien être) ce que les Sages ont cru, qu'il y
,, a dans le Monde un certain lieu, où nous serons
,, reçus après nôtre mort, celui que nous estimons
,, être péri, ne l'est pas, mais a été envoyé dans
,, ce lieu avant nous.

(21.) *Et concluoient presque tous &c.*] Tel est cet argument de Socrate, ou de Platon, *ce qui se meut est éternel.*

(22) *Quelques Philosophes.*] Les Brachmanes anciens

gnérent qu'il n'y avoit pas d'autre récompense de la vertu que la vertu même; & que le Sage étoit toûjours heureux, fût-il dans le taureau de Phalaris. Cela parut trop outré à quelques autres, qui jugérent, avec raison, (23) qu'un souverain bonheur joint à des maux très-réels, à des dangers, des incommoditez, des tourmens, & à la mort même, n'étoit qu'un mot vuide de sens. Cela les oblige de le faire consister dans ce qui cause du plaisir à l'Homme par l'entremise des sens, en un mot, dans la volupté. Cette opinion fut rejettée par le plus grand nombre, & réfutée

ciens & modernes, & les Pythagoriciens, qui étoient à cet égard disciples de ceux-là.

(23) *Qu'un souverain bonheur*, &c.] Lactance, liv. III. ch. 12. *Puisque toute la force & tout l'usage de la vertu consiste à bien souffrir les maux, il est évident qu'elle n'est pas heureuse par elle-même.* Dans la suite, ,, les Stoïciens, que Sénéque a suivis, disent ,, que l'Homme ne peut pas être rendu heureux ,, sans la vertu. Si la vertu rend l'Homme heu- ,, reux, donc le bonheur est la récompense de la ,, vertu; donc la vertu n'est pas desirable sim- ,, plement à cause d'elle-même, comme ils le ,, prétendent, mais à cause du bonheur qu'elle ,, procure & qui la suit ordinairement. Cet ar- ,, gument devoit leur faire comprendre quel est le ,, souverain bien. J'en conclus encore, que puis ,, que cette vie est sujette à tant de maux, elle ne ,, peut pas arriver à ce souverain bonheur dans ,, toute sa plénitude.

futée solidement. En éfet, elle étoufe tous les sentimens d'honnêteté morale, que la Nature a imprimez dans le cœur; elle abaisse l'Homme, né pour des choses élevées & sublimes, à la condition des bêtes, que la figure même de leur corps, toujours panché vers terre, ne porte qu'à des choses basses & terrestres.

Dans le tems donc que les hommes alloient errans sur ce sujet, d'incertitude en incertitude, & se partageoient en mille opinions diférentes, Jésus-Christ vint donner aux hommes la véritable connoissance de leur derniére fin. Il promet à ceux qui le suivront, qu'après leur mort ils posséderont une vie, qui non seulement ne sera ni troublée par la douleur & par les aflictions, ni interrompue par la mort, mais qui sera acompagnée d'une souveraine joye : & il leur promet aussi que le corps partagera ce bonheur avec l'ame.

On avoit bien eu jusques-là, soit par tradition, soit par conjecture, quelque espérance que l'ame seroit heureuse après cette vie; mais à peine pensoit-on que le corps dût avoir
part

part à ce bonheur. N'est-il pas juste, cependant, qu'il ne soit pas privé de la récompense, puisqu'il entre avec l'ame en société de peines, de traverses & de tourmens ? Ces joyes au reste, qui sont communes à l'une & à l'autre des deux parties qui composent l'Homme, ne sont pas de la nature de celles où quelques Juifs grossiers, & les Mahométans, tournent toutes leurs espérances. Les festins que les premiers atendent, & les plaisirs charnels dont ceux-ci se flatent, ne sont que des choses à tems, des remédes à la foiblesse de l'Homme; l'un pour la conservation de la vie; l'autre pour la conservation de l'Espéce. Le bonheur que l'Evangile promet est une vigueur éternelle, & une beauté plus brillante que celle des Astres; une connoissance claire & sure de toutes choses, mais particuliérement de Dieu, de ses Vertus, de ses desseins, & de tout ce qu'il a voulu nous cacher, ou ne nous révéler qu'en partie; une ame tranquille, & toute ocupée de la contemplation, de l'admiration, & des louanges de Dieu. En un mot, ce bonheur renferme des choses & si grandes & si excellentes,

I que

que toutes les grandeurs & tous les plaisirs que nous connoissons, ne peuvent nous aider à les concevoir, que d'une manière très-imparfaite.

Que la Resurrection des corps dissous & reduits en poudre n'est pas impossible.

X. Nous avons déja repondu à l'objection qu'on tire de la prétendue impossibilité de la Résurrection, lors que nous avons prouvé la vérité de celle de Jésus-Christ. On la fait encore ici revenir sur les rangs, & même beaucoup plus plausible, puis qu'il s'agit de la résurrection des corps dissous, & réduits en une forme toute diferente de celle qu'ils avoient. Mais cette dificulté n'est appuyeé sur aucune raison. Presque tous les Philosophes tombent d'acord que quelques changemens qui arrivent aux choses matérielles, leur matiére demeure toûjours, & demeure capable de recevoir diverses formes. Il faut donc, ou convenir que la Résurrection n'est pas une chose impossible, ou dire que Dieu ignore en quels endroits du Monde, proches ou éloignez, sont les

---

* Tout ce raisonnement, jusqu'à la fin de l'Article, paroît assez foible. I. Il supose un miracle dans le cours ordinaire des choses. Car cette Providence particulière dont l'Auteur parle, ne peut être

les parties de cette matiére dont le corps humain a été composé; ou dire qu'il n'est pas assez puissant pour les rassembler, les rajuster, & leur redonner leur premiére constitution. Mais comment ne pourroit-il pas faire dans ce grand Univers, dont il est le maître absolu, ce que nous voyons faire aux Chymistes dans leurs fourneaux, & dans les instrumens de leur Art, où après avoir comme détruit une chose en la dissolvant, ils la reproduisent en réünissant ses parties? La Nature ne nous présente-t-elle pas aussi dans les semences des plantes & des animaux, des exemples du retour d'une chose à sa premiére forme, après en avoir reçû d'extrêmement diférentes?

Il n'est pas impossible de se tirer de l'embarras où plusieurs tâchent de nous jetter, sur ce qu'il arrive quelquefois, que des bêtes, après s'être nourries de chair humaine, servent elles-mêmes d'alimens à l'Homme. * Il faut considérer que la plus grande par-

être autre chose ici, qu'un véritable miracle, puisqu'elle empêcheroit que ce qu'un homme auroit mangé de chair humaine, ne passât, selon le cours ordinaire, en sa propre substance; & qu'elle travail-

partie de ce que nous mangeons ne se convertit pas en nôtre substance, mais se change en excrémens, ou en quelques humeurs qui ne constituent pas proprement le corps & qui n'en font que des accessoires; telles que sont la pituite & la bile : & que de cela même qui nourrit véritablement le corps, il s'en consume beaucoup par les maladies, par la chaleur interne, & par l'air qui nous environne. Cela étant, Dieu qui a tant de soin de toutes les especes d'animaux brutes, qu'il ne permet pas qu'aucune périsse, ne peut-il pas, par l'éfet d'une Providence encore plus particuliére, empêcher que lors qu'un homme a vêcu de quelques animaux nourris de chair humaine, ce qu'il en mange ne passe en sa substance? Ne peut-il pas faire que cette sorte d'alimens ne servent pas plus à le nourrir que

vailleroit à l'exhaler en sueurs, &c. II. On peut assurer que l'expérience détruit cette suposition, & que ceux d'entre les Amériquains qui font des repas de la chair de leurs Ennemis vaincus, en sont aussi parfaitement nourris que de quelque autre aliment que ce soit. On pourroit donc se passer de cette premiére réflexion de l'Auteur, d'autant plus que celle de l'Article suivant est bonne & satisfaisante. TRAD.

que les médicamens ou les poisons? Cela est d'autant plus vrai-semblable, que la Nature même nous dicte, en quelque façon, qu'elle n'a pas mis la chair humaine au rang des choses propres à nous nourrir.

Mais quand cela ne seroit pas, quand un corps devroit perdre pour toûjours cette portion qui a passé en la substance d'un autre, il ne s'ensuivroit pas de là que ce ne fût pas le même corps. (24) La transpiration continuelle des particules qui composent le corps, & ausquelles d'autres particules succédent aussi continuellement, le change pour le moins autant, que cet accident dont nous parlons, obligeroit Dieu à le changer en le ressuscitant. Cependant elle n'empêche pas que ce ne soit toûjours le même corps. (25) Par quelles formes diférentes ne passe pas le ver à soye,

_____

(24) *La transpiration &c.*] Senéque Epît. LVIII. „ Le tems entraîne nos corps avec une rapidité „ semblable à celle d'un fleuve. Rien de ce que „ nous voyons n'est stable & perpétuel: dans le „ moment même que je parle de cette vicissitude, „ je sai que je l'éprouve.

(25) *Par quelles formes diférentes &c.*] Je passe à dessein, comme peu nécessaires, quelques citations de Pline, où cet Auteur raporte de pareils changemens

soye, avant que de devenir un papillon, & les semences des plantes, avant qu'elles arrivent à leur juste grandeur? Cependant le papillon est dans le ver, & les plantes sont dans leur semence *. Avec ces remarques & plusieurs autres que l'on pourroit faire, on comprendra aisément que le rétablissement d'un corps après tous les changemens qu'il a souferts, & les pertes mêmes qu'il a pu faire, n'a rien que de très-possible. Le bon sens seul l'a persuadé à Zoroastre Philosophe Chaldéen, (26) à presque tous les Stoïciens, (27) & à Théopompe, fameux Péripatéticien. Ils ont même été plus loin, & ont cru que ce rétablissement arriveroit un jour.

XI.

mens dans les grenouilles, dans les coucous, dans les cigales, & dans une certaine chenille qu'il apelle Chrysalis.

* Et ce sont toujours les mêmes plantes, parce que les parties qu'elles aquiérent, deviennent leurs parties en s'ajustant avec le peu qu'elles en ont eu d'abord. Un corps humain sera donc toujours le même, quand Dieu devroit y ajoûter une portion d'autre matiére qui le surpasseroit autant en quantité, que, ce qu'une semence ou une plante naissante aquiert, surpasse ce qu'elle a d'elle-même. ADD. DU TRAD.

(26) *A presque tous les Stoïciens.*] Clément Stromat. l. v. ,, Héraclite, instruit dans les sentimens ,, de la Philosophie Barbare (c'est-à-dire étrangé-
,, re, par raport à la Gréce) n'ignoroit pas qu'un
,, jour

XI. Le second avantage que la Religion Chrétienne a sur toutes les Religions qui ont jamais été, ou que l'on pourroit imaginer, consiste dans la souveraine sainteté de ses Préceptes, tant de ceux qui constituent le Culte de Dieu, que de ceux qui règlent les devoirs d'homme à homme. Presque dans tous les lieux où le Paganisme a fleuri, ses Cérémonies sacrées ne respiroient que fureur & que cruauté. Porphyre nous en instruit amplement, & les Rélations de nos Voyageurs nous l'aprennent aussi. Non seulement les Nations barbares apaisoient leurs Dieux avec du sang humain: mais les Grecs mêmes, avec toutes leurs lumiéres & toute leur éru-

II. Avantage de la R. Chr. savoir la sainteté de la Morale, dans ce qui concerne le service de Dieu.

„ jour le Monde sera nettoyé de méchans Hom-
„ mes par un grand embrasement. C'est ce que
„ les Stoïciens, qui sont venus depuis, ont en-
„ tendu par le mot ἐκπύρωσις ecpurôsis, c'est à-dire,
„ embrasement. Ils ont aussi cru que par là tous
„ les morts revivroient, & redeviendroient tels
„ qu'ils avoient été en cette vie. Qui ne recon-
„ noit au travers de ces envelopes la résurrection
„ des morts?

(27) *Et à Théopompe.*] Diogéne de Laërce: „ Théo-
„ pompe enseigne dans le 8. liv. de ses Philipiques,
„ que les Hommes revivront, comme l'ont aussi
„ enseigné les Philosophes Orientaux; que cette
„ nouvelle vie sera immortelle; & que chaque
„ chose rétiendra les mêmes noms qu'elle a dans
„ cette vie.

érudition, & les Romains qui se conduisoient par des Loix si sages, ont suivi là-dessus le penchant général du Paganisme. (28) Les Grecs sacrifioient des Victimes humaines à Bacchus Omestes. Et (29) l'Histoire Romaine nous aprend que l'on avoit immolé à Jupiter, quelques Gaulois & quelques Grecs de l'un & de l'autre sexe. Les mysteres de Cérès & de Bacchus, si saints & si révérez, ont long tems caché sous le voile sacré du silence, les plus honteuses saletez; comme il parut, lorsque ce silence religieux ayant été rompu, le Public fut témoin des excès abominables que ces mystéres renfermoient. Clément d'Alexandrie, & quelques autres, ont traité ce sujet fort au long. Pour ce qui est des jours consacrez aux Dieux du Paganisme, on les solemnisoit avec des Spectacles qui blessoient

---

(28) *Les Grecs sacrifioient &c.*] Plutarque & Pausanias en font mention. Clément dans son Exhortation nomme tous les Peuples qui faisoient la même chose.

(29) *L'Histoire Romaine nous aprend &c.*] Denys d'Halicarnasse liv. 1. dit *que la coutume de sacrifier des hommes étoit fort ancienne en Italie.* Elle est demeurée jusqu'au tems de Justin Martyr & de Tatien. Justin 1. Apolog. parlant aux Romains, *Vous faites*

soient si grossiérement la pudeur, que Caton, au raport de l'Histoire †, n'osoit pas y assister.

† *Val. Max. Liv. II. c. 10.*

La Religion Judaïque n'avoit à la vérité rien de tel. Rien n'y choquoit les Loix naturelles, & en particulier celles de l'honnêteté. Cependant le penchant qu'il avoit à l'Idolatrie, fut cause que Dieu le chargea de beaucoup de Préceptes sur des choses, qui n'étoient moralement ni bonnes ni mauvaises. J'entens par là les Sacrifices, la Circoncision, l'observation exacte du jour du repos, & la défense de quantité de viandes. La plûpart de ces choses se trouvent aussi dans le Mahométisme, qui y a ajoûté la défense de boire du vin.

La seule Religion Chrétienne nous enseigne un Culte proportionné à la nature de Dieu. Elle nous aprend que Dieu étant Esprit, nous lui devons

---

faites à votre Idole, leur dit-il, *des aspersions, non seulement de sang de bêtes, mais aussi de sang humain.*

Tatien, *J'ai connu avec certitude que le Jupiter Latialis des Romains aime le sang des hommes, & qu'il prend plaisir aux victimes humaines qu'on égorge en son honneur.* Cicéron dit la même chose des Gaulois; Pline, des habitans de la grande Brétagne; Helmoldus, des Sclavons. Porphyre dit que cette coutume étoit encore de son tems, & dans l'Arcadie, & à Carthage, & à Rome.

vons une adoration spirituelle & pure. Si elle nous prescrit outre-cela quelques Actes extérieurs & visibles, ils sont par eux-mêmes justes & saints, & n'obligent pas seulement en vertu de l'ordre exprès qui les exige de nous. Selon cette Religion, ce n'est plus la chair qu'il faut circoncire, c'est le cœur. Elle ne nous ordonne plus l'abstinence de tout travail, mais l'abstinence de toute action mauvaise & illicite. Elle ne nous demande plus le sang ou la graisse de nos bêtes: elle nous demande de plus nobles Victimes, & veut que nous sacrifiions nos biens aux nécessitez des Pauvres, & nôtre sang à ses Véritez lors qu'il peut servir à les confirmer. Au commandement de s'abstenir de certaines viandes & de certains bruvages, elle substitue celui d'user de tout, & d'en user avec cette modération qui est propre à conserver & à afermir la santé. Si elle commande le jeûne, c'est afin d'élever l'esprit, en abatant un peu le corps. Mais d'ailleurs, tous ses Préceptes tendent à exciter dans l'homme une confiance tendre & respectueuse, qui le disposant à une obeïssance exacte te, lui faſſe trouver tout ſon repos en Dieu, & le porte à croire invariablement ſes promeſſes. Par ces Principes, l'Evangile produit une ferme eſpérance & un véritable amour pour Dieu, & pour le Prochain. Lors qu'il a rempli le cœur du Fidéle de ces ſentimens, il le tourne ſans peine vers Dieu comme vers ſon Pére, ſon bienfaiteur & ſon rémunérateur; & l'anime à une obéïſſance, dont le motif n'eſt plus la crainte ſervile des châtimens & des peines, mais la crainte de lui déplaire. La priére, qui eſt l'acte le plus eſſentiel du Service divin, trouve auſſi ſes régles dans l'Evangile. Selon ces régles, nous ne devons demander ni les richeſſes, ni les honneurs, ni en un mot tout ce qui pourroit être pernicieux auſſi bien qu'utile. Mais 1. toutes les choſes qui font à la gloire de Dieu: 2. entre les choſes caduques & paſſagéres, celles dont la Nature ne ſe peut paſſer; laiſſant le reſte à la Providence, & nous tenant préparez à tout événement. 3. Nous ſommes obligez de demander de tout nôtre cœur & avec toute l'ardeur dont nous ſommes capables, les cho-

choses qui ménent à l'Eternité, le pardon de nos péchez, & le secours du saint Esprit, qui nous rendant inébranlables aux menaces des hommes, & invincibles aux atraits de la chair, nous fasse persévérer jusqu'à la fin dans nôtre course spirituelle. Se peut-il rien imaginer de plus digne de Dieu, qu'un Culte de cette nature?

Avantage de la R. Ch. sur les autres dans les devoirs qui regardent le Prochain.

XII. Les devoirs des hommes les uns envers les autres, ne sont pas réglez dans l'Evangile d'une maniére moins raisonnable & moins spirituelle. Le Mahométisme ne respire que la guerre. Et cela n'est pas surprenant, puisque c'est à la guerre qu'il doit & sa naissance & ses progrès. Les Loix des Lacédémoniens, ausquelles l'Oracle même d'Apollon donna le premier rang entre celles de tous les autres peuples de la Gréce, tendent généralement à rendre cette Nation belliqueuse. (30) Aristote l'a remarqué, & l'a remarqué comme un grand defaut. Mais s'il paroît raisonnable en cela,

---

(30) *Aristote &c.*] Euripide l'avoit remarqué avant lui, dans la Tragédie d'Andromaque. *Si l'on vous ôtoit*, dit-il aux Lacédémoniens, *la gloire qui naît des armes, vous n'auriez plus rien qui vous distinguât.* (31)

cela, il ne l'est pas lors qu'il dit que la guerre est naturellement permise contre les Nations barbares; puisqu'au contraire il est certain que la Nature a établi entre les hommes les devoirs de l'amitié, & les douceurs de la Société. On a bien compris qu'elle défendoit & punissoit sévérement le meurtre commis d'homme à homme. Si cela est juste, il est donc très-injuste de regarder la destruction de Nations entiéres par les voyes cruelles de la guerre, comme une chose glorieuse, & comme une matiére de triomphes. C'est pourtant par ces voyes-là, que la fameuse République de Rome est montée à ce comble de gloire & de grandeur, que nous admirons encore dans les Histoires. Ses Ecrivains ont même été d'assez bonne foi, (31) pour avouer que la plûpart de ces guerres étoient injustes. C'est ce qu'ils disent en particulier de celles qui lui ont assujetti la Sardaigne (32) & l'Isle de Cypre. Il paroît

(31) *Pour avouer &c.*] Pétrone. *S'il y avoit quelque terre qui fût riche en mines d'or, il n'en faloit pas davantage pour la faire déclarer ennemie du Peuple Romain.*

(32) *Et l'Isle de Cypre.*] Florus liv. III. ch. 9.

roît par les Historiens les plus célèbres, (33) que la plûpart des Peuples ne se faisoient pas un scrupule ni une honte de piller leurs Voisins, & qu'ils comptoient de bonne prise tout ce qu'ils pouvoient leur enlever. (34) Aristote & Cicéron mettent la vangeance au rang des actions vertueuses. Les combats sanglans des Gladiateurs à outrance, entroient dans les réjouissances publiques. Enfin, rien n'étoit plus ordinaire que la cruelle coutume d'exposer les Enfans nouvellement nez.

Les

„ Le bruit des richesses de cette Isle étoit si grand
„ & si bien fondé, que le Peuple Romain qui éga-
„ loit en grandeur toutes les autres Nations de la
„ Terre, & dont la libéralité n'alloit pas moins
„ qu'à donner des Royaumes, ne pouvant résister
„ à l'impression que ces richesses firent sur lui, dé-
„ clara le Roi de cette Isle, tout Allié qu'il étoit,
„ déchu de sa Royauté, réduisit l'Isle en Province,
„ & en enleva * des sommes prodigieuses.

[* Plutarque les fait monter à 7000 talens, qui font environ douze millions six cens mille livres.]

(33) *Que la plûpart des Peuples ne se faisoient pas un scrupule &c.*] Thucydide, Liv. I. „ Autrefois les Grecs,
„ aussi bien que les Barbares de Terre ferme & des
„ Isles, ayant trouvé la commodité d'aller les uns
„ chez les autres par le moyen de la Navigation,
„ s'en servirent pour exercer des brigandages ; pre-
„ nant pour Chefs de ces sortes d'expéditions, des
„ Personnes illustres, qui s'y laissoient aller, tant
„ pour l'espérance de s'enrichir, que dans le des-
„ sein de faire du bien à ceux qui étoient dans l'in-
„ digence. Ils avoient d'autant moins de peine à
„ réüssir dans ces entreprises, qu'ils ne s'ataquoient
„ qu'à des Villes ouvertes, & à des villages. Ils
„ les

Les Loix des Hébreux étoient à tous égards plus justes, & leurs Réglemens plus saints. Mais comme ce Peuple étoit naturellement violent, & sujet aux emportemens de la colére, elles passoient légérement sur certaines choses, & lui en permettoient même d'autres qu'autrement elles lui auroient défendues. C'est à cela qu'on doit atribuer la permission qui fut donnée aux Israëlites, de traiter avec la derniére cruauté les sept Nations qu'ils depossédérent. En quoi pourtant

„ les pilloient, ils vivoient de leur butin ; tout
„ cela, sans encourir d'infamie, car bien loin qu'il
„ y en eût à ce métier, il y avoit même de la
„ gloire..... Les habitans de Terre ferme se pil-
„ loient aussi les uns les autres : & les * Locres
„ Ozoles, les Etoliens, les Acarnaniens & les
„ Nations voisines, le font encore aujourd'hui.
„ Justin témoigne la même chose des Phocenses ;
„ Plutarque des anciens Espagnols ; Diodore, des
„ anciens Toscans ; César & Tacite, des Peuples
„ d'Alemagne.
[* Locres Ozoles, ainsi apellez pour les distinguer de 3. autres sortes de Locres ; Etoliens, Acarnaniens, Phocenses, Peuples de Grèce.]
(34) *Aristote & Cicéron mettent la vangeance &c.*] Arist. à Nicomachus IV. 11. *C'est la marque d'un cœur bas & servile, que de souffrir patiemment un affront.* Cic. liv. 11. de l'Invention, met au nombre des choses qui sont fondées sur le Droit naturel, les actes de vangeance par lesquels nous repoussons la violence ou les injures, en nous défendant, ou en rendant la pareille. Dans une Lettre à Atticus ; *Je hai cet homme, dit-il, & je le haïrai toûjours: & plût aux Dieux que je me pusse venger de lui.*

tant on peut remarquer, qu'ils ne faiſoient qu'exécuter les Arrêts de la Juſtice divine. C'eſt par une ſuite, ou plutôt par un abus de cette condeſcendance de leurs Loix, (35) qu'ils ont toûjours porté une haine mortelle à ceux qui ſuivoient d'autres Loix que les leurs, & qui ne s'acordoient pas de créance avec eux: & aujourd'hui encore leurs priéres ſont pleines d'imprécations & d'amertume contre les Chrétiens. La Loi* les autoriſoit auſſi à ſe venger par une exacte rétribution des outrages qu'ils avoient reçus, & à tuer de leur propre autorité le Meurtrier de leur Prochain.

La Loi de Jéſus-Chriſt défend de rendre injures pour injures, de quelque nature qu'elles ſoient. Elle ne veut pas que nous aprouvions par l'imitation, ce que nous regardons comme

---

(35) *Qu'ils ont toûjours porté une haine mortelle à ceux* &c.] Les Rabbins enſeignent qu'il faut faire tout le mal qu'on peut, à ceux de contraire Religion, & qu'on ne doit pas leur rendre ce qu'on leur a dérobé: qu'il faut exterminer tous ceux qui ne ſont pas Juifs. Les Juifs ont ordinairement cette imprécation à la bouche, *Que tous les Sectaires périſſent ſubitement.*

[* Levit. XXIV. 20.] L'Auteur entend ce paſſage, de la vengeance entre Particuliers. Mais on l'expliquo

me criminel dans les autres. Elle nous ordonne de faire du bien généralement à tous, & si elle donne aux personnes vertueuses le premier rang entre les objets de nôtre amour & de nos bontez, elle ne manque pas de donner le second à ceux dont la malice sembleroit les en exclurre. Pour nous y engager plus fortement, elle nous met devant les yeux l'exemple de Dieu, qui fait servir toutes ses créatures aux nécessitez de tous les hommes indiféremment.

XIII. LA maniére dont Dieu a voulu que le Genre humain se multipliât, est une chose très-digne des sages Réglemens d'un Législateur. Cependant à peine la Religion Payenne y a-t-elle touché. Et certes elle auroit eu mauvaise grace à être sévére là-dessus, (36) puis qu'elle faisoit mille

Dans le devoir de la chasteté, & dans ce qui regarde le mariage

que ordinairement de la maniere dont les Juges devoient punir les violences & les outrages.]

(36) *Puis qu'elle faisoit mille contes des débauches &c.*] Les Péres ont souvent fait ce reproche aux Payens : Mais il y a du plaisir à voir la leçon qu'Euripide même fait là-dessus aux Dieux du Paganisme. ,,Il faut, *dit-il*, que je donne ici un pe-
,, tit avis à Apollon. Ce Dieu ne se contente pas
,, de ravir par force l'honneur à des filles chastes,
,, il soufre patiemment qu'elles se défassent des

le contes infames des débauches & des adultéres de ses Dieux. Ce péché même qui outrage la Nature, trouvoit sa protection dans l'exemple des Dieux. Ce fut par là que Ganyméde & Antinoüs méritérent les honneurs divins. Ce crime monstrueux est assez commun parmi les Mahométans, & il est permis dans la Chine, & en d'autres endroits. Les Philosophes Grecs semblent avoir travaillé (37) à en diminuer l'horreur en le voilant de termes honnêtes. Ceux d'entr'eux qui ont eu le plus de réputation, ont fort aprouvé que les femmes fussent communes. Par là ils ouvroient la porte à une licence & à une impureté gé-

„ enfans qui naissent de ses débauches. Ah! pour
„ vous qui possédez le titre & l'autorité de Roi,
„ gardez-vous bien de suivre un exemple si perni-
„ cieux. Suivez constamment la vertu. Si quelqu'un
„ tombe dans le crime, les Dieux ne manquent pas
„ de le punir sévérement. Mais vous, Dieux, si
„ j'ose m'adresser à vous, n'est-il pas bien injuste,
„ que vous qui prescrivez des Loix aux hommes,
„ vous viviez vous-mêmes sans Loix. Permettez
„ moi de vous dire une chose, qui assûrément
„ n'arrivera jamais: C'est que si vos impudicitez
„ étoient punies aussi sévérement que vous punis-
„ sez celles des Hommes, bientôt & vous Apol-
„ lon, & vous Neptune, vous-même grand Jupi-
„ ter, qui régnez sur les Cieux, vous vous verriez
„ & sans Temples & sans Autels.

(37) *A en diminuer l'horreur &c.*] Philon liv. De
la

générale, & mettoient les hommes au-dessous des bêtes; (38) puis qu'il y en a qui se gardent entr'elles une espéce de fidélité conjugale. Une pareille licence auroit ces deux mauvais éfets; qu'elle déroberoit aux Enfans la connoissance de leurs véritables Péres; & qu'elle ne laisseroit aucun lieu à l'afection réciproque des uns & des autres.

Les Loix des Hébreux défendent toutes sortes d'impuretez. (39) Mais elles ne condamnent ni la Polygamie, †ni le Divorce même, pour quelques raisons que ce soit. Les Mahométans usent de ces mêmes droits. Les Grecs

† Deut. XXIV. 1-4.

&

la Comtemplation. „Tous les discours du Festin „de Platon roulent non sur l'amour des hommes „pour les femmes ou des femmes pour les hom„mes; cela ne seroit pas si honteux, puis que cet „amour ne passe point les bornes de la Nature: „mais sur l'amour des hommes pour les garçons. „Car tout ce qu'on y dit de Vénus & de l'amour „céleste, ne se dit que pour sauver un peu les apa„rences par des mots qui n'ont rien de choquant.

(38) *Puis qu'il y en a qui se gardent &c.*] Pline le dit des colombes, & Porphyre des pigeons ramiers.

(39) *Mais elles ne condamnent ni la Polygamie &c.*] Deuter. XXI. 15. II. Samuel. XII. 8. Josèphe Antiq. Jud. liv. XVI. *La coûtume de notre Nation permet d'avoir plusieurs femmes.* Les Docteurs Juifs & les Péres ont aussi entendu dans ce sens, les passages que je viens de raporter.

& les Romains répudioient leurs femmes pour des sujets assez légers. Les *Lacédémoniens alloient même jusques à se les prêter les uns aux autres. Et Caton, le sage Caton, s'en est aussi mêlé.

<small>* Herodot. L. VI. Plut. Vie de Lycurg. & de Caton d'Utique.</small>

La Loi très-parfaite de Jésus-Christ ne régle pas seulement l'extérieur : elle va jusqu'à la racine du déréglement ; elle retranche la cupidité, & ne lui permet pas les moindres mouvemens, ni les moindres atentats à la chasteté des femmes. Tout, jusqu'aux regards mêmes, devient criminel par ces Loix sévéres qui font craindre à l'Homme un Dieu scrutateur des cœurs, juge & vangeur non seulement du crime, mais aussi du dessein de le commettre. Elles défendent le Divorce. Et n'est-il pas juste, en éfet, que puisque toute véritable amitié doit être perpétuelle & indissoluble, celle qui unit & les cœurs & les personnes entiéres, dure tout autant que la vie ? Joignez à cela qu'il n'est pas possible que l'éducation des Enfans ne reçoive quelque pré-

---

(40) *Posséde aussi sans partage* &c.] Saluste, Guer-

préjudice de cette séparation. Pour ce qui est du nombre des femmes, ces mêmes Loix n'en permettent qu'une. Les raisons en sont claires, & n'ont pas été ignorées, ni des Romains, ni des anciens Peuples de l'Allemagne, qui condamnoient la Polygamie. Il y en a trois principales raisons. I. Il est juste que la Femme qui s'engage à donner son cœur tout entier & sans réserve, (40) possède aussi sans partage celui de son Mari. II. Les afaires domestiques sont mieux conduites, lors qu'elles sont sous la direction d'une seule tête. III. Enfin, cette pluralité de Méres de Famille ne peut causer parmi les Enfans, que du désordre & de la désunion.

XIV. Venons aux devoirs de l'Homme par raport aux richesses, & aux commoditez de la vie. Les Egyptiens & les Lacédémoniens,* permettoient le vol. Les Romains, qui le défendoient entre Particuliers, le savoient très-bien pratiquer de Nation à Nation. La plûpart de leurs Guerres

Dans la manière d'acquérir & de conserver les richesses.

* *Diod. Sic. L. I. Plut. Vie de Lycurgue.*

re de Jugurtha, *Ceux qui ont plusieurs femmes, ont le cœur tellement partagé, qu'ils n'en ont proprement aucune.*

res étoient d'honnêtes Brigandages; & Cicéron a reconnu que s'ils eussent été obligez de faire restitution, ils en auroient été bientôt réduits à leurs anciennes Cabanes.

† Deut. XXIV. 20.
La Loi défendoit le vol aux Juifs; mais elle leur permettoit † de donner leur argent à usure aux Etrangers: s'acommodant en cela à leur naturel assez avide de biens, & au génie des promesses qu'elle faisoit à ses observateurs.

L'Evangile ne condamne pas seulement toutes sortes d'injustices, sans distinction de ceux à qui on en pourroit faire: il travaille aussi à tarir la source ordinaire de toutes nos injustices, en nous défendant d'atacher nôtre cœur aux richesses. Il nous en fait voir le néant. Il nous tourne entiérement vers les biens du ciel. Il nous représente que nôtre ame est trop petite, pour pouvoir donner une égale aplication à deux choses, dont chacune demande l'Homme entier, &

(41) *Et qu'à l'exemple de quelques Philosophes.*] Ces Philosophes sont Aristippe & Cratès.

(*a.*) Ainsi Democrite, au rapport de Seneque & de Ciceron, laissa ses Terres incultes, négligea son
Patri-

& qui sont assez oposées, pour nous obliger souvent à des résolutions & à des démarches toutes contraires; que l'aquisition, & la conservation des richesses coute mille inquiétudes, qui rongent le cœur, qui l'asservissent, & qui empoisonnent le plaisir qu'il s'en promettoit: au lieu que les choses dont la Nature se contente, sont & en petit nombre, & très-faciles à aquerir. S'il arrive que Dieu nous donne quelque chose de plus que ce qui est uniquement nécessaire, l'Evangile ne veut pas que nous nous en défassions, (41) & qu'à l'exemple de quelques Philosophes (*a*) peu sages, nous le jettions dans la Mer. Il ne veut pas aussi, ni que ce surplus demeure inutile entre nos mains, ni que nous le prodiguions: mais il nous ordonne que gardant un raisonnable milieu, nous employions ce bien à réparer l'indigence des autres, soit par de purs dons, soit en prêtant à ceux qui dans le besoin ont recours à nous. La rai-

Patrimoine, regardant les biens de l'esprit comme les seuls biens, & croiant que la possession des choses de la Terre étoit un obstacle à la Philosophie. TRAD. DE PAR.

raison en est, que nous ne devons pas nous regarder comme les maîtres de nos biens à l'exclusion de Dieu, qui étant le Pére de tous les hommes, & le Maître de tout ce qu'ils ont, nous a établis dispensateurs de ses biens, plutôt que véritables possesseurs. Mais quoique par cette raison, il eût droit d'exiger de nous purement & simplement que nous en disposions selon ses ordres, il veut bien nous y inviter par la déclaration qu'il nous fait, qu'une grace bien placée nous assure des trésors que les Voleurs ne pourront nous enlever, & dont jamais aucun accident ne nous frustrera. Si nous cherchons des exemples d'une libéralité sincére & pleine de charité, les premiers Chrétiens nous en donnent un qui est digne d'admiration. Ne semble-t'il pas, en éfet, à voir la promptitude † de ceux de Macédoine & d'Achaïe à soulager la pauvreté de ceux de la Palestine, qu'ils n'étoient tous qu'une même Famille dispersée par tout l'Univers?

† Rom. XV. 25. 26.

Mais comme ce seroit peu d'avoir réglé l'extérieur si on laissoit le cœur dans toute sa liberté, la Loi de J. C. n'oun'oublie pas de marquer quel doit être le vrai principe de nos bienfaits. Elle nous aprend que l'espérance du réciproque ou de la réputation, en ôte tout le prix; & qu'ils ne sont de quelque valeur aux yeux de Dieu, qu'autant que son amour en a été le motif, & sa gloire, la derniére fin. Elle prend soin de renverser tous les prétextes dont l'amour du bien colore une épargne excessive. Elle dissipe la crainte qu'on auroit, ou qu'on feroit semblant d'avoir, de tomber dans l'indigence par trop de libéralité, & de se dérober par là les secours dont la vieillesse a besoin, & dont on peut se soulager en cas de quelque disgrace. Elle prévient tous ces prétextes, en promettant que Dieu aura des bontez toutes particuliéres pour ceux qui observeront ses Loix. Elle ajoûte même le raisonnement à la promesse. Elle nous fait jetter les yeux sur les soins tout visibles de la Providence, dans la production des plantes & des fleurs, qu'elle veut bien même orner & embellir. Elle nous oblige à penser que Dieu étant si bon & si puissant, nous lui ferions outrage, si nous ne nous

fi-

fiions à lui, qu'à proportion des gages préſens & viſibles qu'il nous donne de ſon amour.

Dans les Loix qui réglent le ſerment.

XV. Enfin les autres Loix défendent ſévérement le parjure. Les Loix de l'Evangile défendent le ſerment même, excepté quand il eſt d'une abſolue néceſſité : outre qu'elles nous forment * à une habitude ſi conſtante de dire la vérité, que les ocaſions d'être reduit à faire ſerment, deviennent par là extrêmement rares.

* Matth. v. 33-37.

Perfection de la Morale Evangelique.

XVI. En général on peut dire que tout ce qu'il y a d'excellent dans les Livres des Philoſophes Grecs, dans les Maximes des Auteurs Juifs & de ceux de tous les autres Peuples, eſt contenu dans la Doctrine évangélique, comme émané de Dieu même. On y trouve des Préceptes ſur la modeſtie, ſur la tempérance, ſur la bonté, & ſur l'honnêteté des mœurs. On y aprend les devoirs réciproques des Magiſtrats & des Peuples ; des Péres & des Enfans ; des Maîtres & des Serviteurs ; des Maris & des Femmes. On y voit la condamnation de certains defauts, ſur leſquels la plûpart des Grecs & des Romains ſe ſont fait il-
lu-

lusion à eux-mêmes par les beaux noms qu'ils leur donnoient, & par je ne sai quel éclat de Grandeur qu'ils y apercevoient; j'entens la passion pour les honneurs & pour la gloire. Mais ce qu'il y a de plus admirable dans l'Evangile, c'est cet abrégé de tous les Préceptes, plein de sens dans sa briéveté, & qui porte que nous devons aimer Dieu par-dessus toutes choses, & nos Prochains autant que nous-mêmes; ou, ce qui revient à un, (42) que nous leur devons faire ce que nous voulons qu'on nous fasse.

XVII. Quelqu'un objectera peut-être contre l'excellence de la Doctrine Chrétienne, dont nous tirons avantage, cette grande diversité d'opinions qui partage les Chrétiens, & qui les divise même en tant de Sectes diférentes. *Objection tirée de la diversité de sentimens qui est parmi les Chrétiens.*

La Réponse est aisée. Il n'arrive en cela à la Religion Chrétienne que ce qui arrive à tous les Arts, & à toutes les Sciences humaines. Ce malheur si général est un éfet de la foiblesse de l'esprit de l'Homme, où des pré-

---

(42) *Que nous leur devons faire.*] l'Empereur Alex. Sévére louoit fort cette Loi.

préjugez qui lui ôtent la liberté de juger sainement des choses. Mais ces diversitez d'opinions ont d'ailleurs cela de bon, qu'elles ne vont que jusqu'à un certain point, au de-là duquel il y a des véritez dont tout le monde convient, & qui répandent même des lumiéres sur les Articles contestez. Dans les Mathématiques on dispute sur la quadrature du Cercle; mais on est d'acord sur cette maxime, par exemple, que si de choses égales on en ôte des portions égales, ce qui demeure est égal. On pourroit faire voir la même chose dans la Physique, dans la Médecine, & dans les autres Sciences. De même, la diversité de sentimens qui régne parmi les Chrétiens, n'empêche pas qu'ils ne conviennent des principaux Articles, c'est-à-dire, de ces Préceptes que nous avons fait regarder comme la gloire du Christianisme. Leur certitude paroît sur-tout, en ce que ceux qui par le principe d'une haine & d'une animosité mutuelle, cherchent toûjours de nouveaux sujets de se contredire, n'en sont jamais venus jusqu'à nier que ces Préceptes ne viennent

nent de Jésus-Christ. Je n'en excepte pas même les Personnes déréglées, qui refusent de se conduire selon ces saintes maximes. Et en éfet il n'y auroit pas moins d'absurdité à nier que la doctrine Chrétienne procéde de Jésus-Christ, qu'il y en avoit dans les chicanes que quelques Philosophes ont fait autrefois contre la blancheur de la neige. Si les sens nous aprennent que la neige est blanche, la vûe de tous les Peuples Chrétiens, & la lecture des Livres de tous leurs Auteurs, depuis les plus anciens jusqu'aux plus nouveaux, & de ceux même qui ont rendu témoignage à la Religion par une mort violente; tout cela, dis-je, forme aussi une preuve de sens & d'expérience, qui anéantit tout doute sur l'origine de nos Dogmes. On croit aisément sur le témoignage de Platon, de Xénophon, & des autres Sectateurs de Socrate, que ce qu'ils nous donnent comme la doctrine de ce Philosophe, est véritablement sa doctrine. On ne doute pas que Zénon n'ait enseigné ce que les Philosophes de sa Secte lui atribuent. Quelle équité donc y auroit-il à former des doutes

tes sur la validité du témoignage de tous les Chrétiens, touchant l'Auteur des enseignemens de leur Religion?

III. *Avantage de la R. Ch. tiré de la maniére dont elle s'est établie.*

XVIII. LE troisiéme avantage que nous avons remarqué dans la Religion Chrétienne par-dessus toutes celles qui sont actuellement, ou que l'imagination pourroit se figurer, consiste dans la maniére dont elle a été enseignée, & dont elle s'est répandue dans le Monde. En quoi nous avons à considérer 1. Son Auteur. 2. Sa grande étendue. 3. La qualité de ceux qui l'ont prêchée. 4. Les dispositions de ceux qui l'embrasserent les premiers.

Où l'on considére 1. Son Auteur.

1. Les Chefs de Secte parmi les Grecs, avouoient qu'ils n'osoient donner pour certain tout ce qu'ils enseignoient. Ils disoient que la Vérité est cachée dans un puits; que nôtre esprit n'est

---

(43) *Il n'y en a eu aucun* &c.] Socrate même, le plus irréprehensible de tous, étoit extrémement coléte, & ne pouvoit se modérer à cet égard, ni dans ses discours, ni dans ses actions.

(44) *De lâches adulateurs* &c.] comme Platon & Aristippe.

(45) *Les autres avoient de criminelles liaisons* &c.] Platon, Aristote, Epicure, Aristippe, &c. Zénon Auteur de la Secte des Stoïciens alloit encore plus loin, & aimoit les garçons.

(46)

n'est pas plus propre à soutenir l'éclat des Véritez divines, que les yeux des chouettes à souffrir les rayons du Soleil. Et à la faveur de ces belles maximes, ils diminuoient le mieux qu'ils pouvoient la honte de leur ignorance. Outre cela (43) il n'y en a eu aucun dont la vie n'ait été souillée de quelques vices assez grossiers. Les uns étoient (44) de lâches adulateurs des Puissances souveraines. (45) Les autres avoient de criminelles liaisons avec des Femmes. Quelques autres étoient d'une impudence si excessive, (46) qu'on les comparoit à des chiens : ce qui imprimoit sur toute leur Secte une note d'infamie. Tous en général se portoient réciproquement une envie furieuse, comme on le voit par leurs disputes continuelles, (47) & par leurs démêlez pleins de chaleur sur de simples mots, ou sur

(46) *Qu'on les comparoit à des chiens.* De là vint le nom de *Cyniques* qui fut donné à leur Secte.

(47) *Et par leurs démêlez pleins de chaleur &c.*] Timon Phliasius. ,, Malheureux hommes, dit il aux ,, *Philosophes*, honte du Genre humain; gens qui ,, n'êtes que ventre; vous ne faites que vous éga- ,, rer en vaines disputes sur des choses de néant. ,, Puis-je vous mieux dépeindre qu'en vous com- ,, parant à des outres remplis de vent? *Ailleurs*: ,, Mais qui les a donc animez ainsi les uns contre
,, les

sur des choses très-légéres. (48) Leur indiférence pour le Service divin paroît en ce que, bien qu'ils crûssent presque tous l'existience d'un seul Dieu, non seulement ils ne lui rendoient pas leurs hommages, mais prenant pour Régle en fait de Religion la créance publique, ils adoroient par une prévarication criminelle, ceux qu'ils savoient très-bien n'avoir de Divinité que dans l'opinion des Peuples. Enfin ils n'avançoient rien d'assuré sur les récompenses de la piété & de la vertu. Je n'en veux point d'autre preuve que les derniéres paroles de Socrate.

Pour ce qui est de Mahomet, dont la Religion a gagné un si grand nombre de Peuples; ses Sectateurs mêmes nous ôtent la peine de le convaincre de crimes, par l'aveu qu'ils font de ses débordemens. On peut aussi remarquer qu'il n'a donné aucun gage

indu-

„ les autres? C'est une vaine populace, qui aime
„ le babil; & qui acourt au moindre bruit qu'ils
„ font. Voila ce qui cause & qui entretient cette
„ maladie pernicieuse à tant de gens". Ces passages se trouvent dans Clément, Eusébe, & Théodoret.

(48) *Leur indiférence pour le Service divin* &c.] Xénophon liv. v. des choses mémorables, raporte

un

DE LA REL. CHRET. LIV. II. 161

indubitable de la certitude du Paradis charnel, qu'il promet à ceux qui le suivent. Les Mahométans ne disent pas qu'il soit ressuscité; & quand ils le diroient, son corps, qui est encore à Medine, les démentiroit.

Moyse le Législateur des Hébreux a été un grand Homme à tous égards; mais il a été homme & a eu ses foiblesses. Ce ne fut qu'après une longue résistance, qu'il put se résoudre à accepter la Commission que Dieu lui donnoit d'aller trouver Pharaon de sa part. La promesse expresse qu'il lui fit de tirer des eaux du rocher par son ministére, ne put bannir toute sa défiance. Ce sont là des Faits dont les Juifs mêmes conviennent. S'il a proposé des récompenses, il n'en a presque pas joui lui-même. Il n'entre pas dans la Terre promise; mais il mourut dans le Desert, après y avoir

passé

---

un Oracle qui ordonnoit *que l'on servît les Dieux de la manière que chaque Ville l'auroit prescrit par ses Loix.* Platon disoit qu'il étoit dangereux de discourir sagement & raisonnablement devant le Peuple touchant les choses divines. C'est ce qui a fermé la bouche à tous les Philosophes Grecs, Latins, & Barbares, & qui leur a fait dissimuler la vérité. Et n'est-ce pas là un grand préjugé contr'eux?

L

passé une grande partie de sa vie au milieu des revoltes presques continuelles de son Peuple.

Jésus-Christ est le seul dont la vie ait été parfaitement pure & irrépréhensible. Ses premiers Disciples ne lui reconnoissent point de défauts, & ses Ennemis ne l'en ont jamais convaincu d'aucun. (49) Il a rempli exactement tous les devoirs qu'il a prescrits aux hommes. Il a suivi fidélement les ordres qu'il avoit reçus de Dieu. Sa vie a été de la simplicité la plus parfaite. Il a soufert les injures & les derniers suplices avec une patience exemplaire; comme il paroît par l'Histoire de sa crucifixion. Il a eu pour les hommes, même pour ses Ennemis & pour ses Bourreaux, l'amour le plus sincére & le plus ardent, jusqu'à prier Dieu pour ceux qui le crucifioient. Il a ratifié dans sa personne les récompenses qu'il a promises à ses Fidéles, les ayant obtenues dans le degré le plus magnifique. Son Histoire nous l'aprend, & mille preuves nous en assurent. Plusieurs l'ont

---

(49) *Il a rempli exactement* &c.] Lactance. *Il a marché lui-même dans le chemin qu'il nous a montré, de peur*

l'ont vû reſſuſcité, l'ont ouï parler, & ont apuyé leur foi par le ſecours de l'atouchement. Il a été élevé dans le Ciel à la vûe de ſes Apôtres, & a donné des marques certaines de ſon autorité ſuprême en conférant à ſes Diſciples le pouvoir de parler diverſes Langues, & celui de faire des miracles, après le leur avoir promis en les quitant. Par là, il a ôté tout lieu de douter, qu'il fût aſſez puiſſant pour nous conférer la récompenſe qu'il nous a propoſée. D'où je conclus, que puis qu'il a confirmé ſes Préceptes par ſon obéïſſance, & ſes promeſſes par la part excellente qu'il y a eue lui-même, ſa Religion l'emporte ſur toutes celles qui ſont, ou qui ont jamais été dans le Monde.

Voyons à préſent les ſuccès dont la Prédication de l'Evangile a été ſuivie. Ils ſont tels, qu'à les bien conſidérer, il faut reconnoître que l'Evangile eſt divin, ou ne pas croire que Dieu ſe mêle de ce qui concerne les hommes. Il étoit digne des ſoins pater-

2. Sa grande étenduë dès le commencement même.

peur que les dificultez qui ſe rencontrent dans ce chemin ne nous détournaſſent d'y entrer.

ternels de sa Providence, de donner à des sentimens vertueux & bons, des succès & une étendue qui répondissent à leur excellence. Tel a été le sort de la Religion Chrétienne. Toute l'Europe, même jusqu'aux endroits les plus proches du Nord, fait profession de la croire, & de l'enseigner. Elle est connue par toute l'Asie, & dans les Iles de l'Océan qui l'environne, dans l'Egypte, dans l'Ethiopie, dans quelques autres Païs de l'Afrique, & presque par tous les endroits de l'Amérique où l'on a pu pénétrer,

L'Hist.

(50) *Des Voyages de St. Thomas.*] On montre encore aujourd'hui son sépulcre dans le païs de Coromandel. Clement &c. Stromat. v. dit que Jesus-Christ est connu de toutes les Nations.

(51) Tertullien liv. 1. contre les Juifs. *En quel autre toutes les Nations ont-elles crû, qu'en Jésus-Christ, & quel autre ont-elles embrassé comme le Messie venu au monde ?* Après il fait un dénombrement des Nations qui croyoient en Jésus-Christ de son tems, & ce dénombrement contient tous les Peuples des 3. parties du Monde qui étoient alors connues. Plus bas il montre combien le Royaume de Jésus-Christ est plus étendu que ne l'ont été l'Empire de Nebucadnésar, & d'Alexandre, & que ne l'étoit celui des Romains. ,,La Royauté de Jésus-Christ, dit-il, ,, s'étend par-tout & est crue par-tout. Ce grand ,, Roi est servi par tous les Peuples que nous venons de nommer: il regne; il est adoré en tous ,, lieux ; il se communique à tout le monde également.,, Arnobe, S. Athanase, Théodoret, & S. Jérôme, font voir par le même détail, cette grande étendue de l'Empire de Jésus-Christ. Origéne dans une Homélie sur Ezéchiel, ,,Les malheu-

L'Histoire de tous les siécles, les Livres de nos Ecrivains, les Actes des Conciles, une vieille tradition que quelques Indiens ont conservée jusqu'à nôtre tems touchant (50) les Voyages de S. Thomas, de S. André, & des autres Apôtres; tout cela, dis-je, montre que ce n'est pas d'aujourd'hui que le Christianisme est en possession de cette universalité, & qu'il en jouit depuis plusieurs siécles. En particulier Clément, (51) Tertullien, & quelques autres remarquent

„ heureux Juifs avouent que ces choses sont dites
„ du Messie. Mais c'est à eux un aveuglement dé-
„ plorable, d'ignorer encore la Personne à qui el-
„ les conviennent, puis qu'ils les voyent acom-
„ plies. Qu'ils nous marquent avant l'avénement
„ de Jésus-Christ, quelque tems auquel la Breta-
„ gne, le Mauritanie, le Monde entier s'est acor-
„ dé à ne servir qu'un seul Dieu. S. Chrysostome,
Homél. VI. „ Comment les Ecrits des Apôtres au-
„ roient-ils pu passer jusques aux terres étrangéres,
„ jusqu'aux Indes, jusqu'à ces bords de l'Océan
„ qui terminent toute la Terre, si les Auteurs de
„ ces Livres n'eussent été dignes de foi? Le même
Pére dans l'Homélie sur la Divinité de Jésus-Christ,
„ Parcourir en si peu de tems toute la Terre; in-
„ viter ainsi à de si grandes choses des hommes
„ prévenus de mauvaises habitudes, & plongés
„ dans la plus énorme corruption, cela est assuré-
„ ment au-dessus des forces d'un homme, & c'est
„ cependant ce qu'a fait Jésus-Christ. Il a délivré
„ de ces maux tout le Genre humain. Les Ro-
„ mains, les Perses, & toutes les Nations Barba-
„ res ont joui de cette heureuse délivrance.

quent que de leur tems le Nom de Jesus-Christ étoit révéré dans les Iles Britanniques, dans l'Alemagne, & jusqu'aux extrémitez de la Terre. Or je demande s'il y a quelque Religion qui puisse entrer en concurrence avec la nôtre, sur le privilége d'une étendue aussi universelle. Le Paganisme a presque couvert toute la Terre; mais à parler juste, sous ce nom étoient comprises une infinité de Religions diférentes. Entre les Payens, les uns adoroient les Astres; les autres les Elémens; d'autres servoient les Bêtes; plusieurs révéroient des choses qui ne subsistent que dans l'imagination. Leurs Loix sacrées n'étoient pas moins diverses que les objets de leur culte; & ils en devoient l'institution à des Auteurs très-diférens. Les Juifs dans leur dispersion paroissent un très-grand Peuple: mais enfin, ce n'est qu'un Peuple; & depuis J. C. leur Religion n'a pas reçu d'acroissement fort considérable. Si depuis ce tems-là elle est sortie de l'obscurité où elle avoit été jusqu'alors, on peut dire que les Chrétiens y ont plus contribué que les Juifs.

Le

Le Mahométifme ocupe un très-grand nombre de Païs; mais il ne l'ocupe pas feul. Prefque par-tout où il regne, notre Religion y a fes Sectateurs; & même en quelques endroits ils furpaffent en nombre les Mahométans; au lieu qu'on trouve très-peu de ceux-ci dans la plûpart des Païs que les Chrétiens poffédent.

3. Comparons maintenant les moyens par lefquels la Religion Chrétienne s'eft établie dans le Monde, avec ceux qui ont fervi à afermir les autres Religions; & les premiers Docteurs de celle-là avec ceux qui ont fait fleurir celles-ci. Nous voyons que pour l'ordinaire les hommes ont le foible de fe laiffer entraîner par l'exemple des Rois, & des perfonnes revêtues de quelque autorité, fur-tout fi cet exemple paffe en loi, & fi l'on met en ufage la force & la contrainte. C'eft par ces voyes que les diférentes Religions Payennes & la Mahométane fe font acrues & fortifiées. Les premiers Docteurs de nôtre Religion étoient dénuez de ce fecours éficace. C'étoient des perfonnes fans naiffance

3. *Ceux qui l'ont les premiers prêchée.*

& sans nom ; c'étoient des Pêcheurs, & des gens de métier. Ils ont cependant trouvé le moyen de l'établir en l'espace de trente ans † dans toutes les parties de l'Empire Romain, dans celui des Parthes, dans les Indes, c'est-à-dire, par toute la Terre. Pendant près de 300. ans elle n'a dû ses acroissemens qu'à des Particuliers, qui bien loin d'avoir en main ou dequoi se faire craindre par des menaces, ou dequoi surprendre la faveur des Peuples par des espérances, rencontroient par tout des obstacles de la part des Souverains. Malgré tout cela, avant qu'elle eût atiré Constantin à la profession de ses véritez, (52) il s'en faloit peu qu'elle ne remplît la plus grande partie de l'Empire Romain. Ceux d'entre les Grecs qui ont donné des Régles pour les mœurs, se rendoient d'ailleurs recommandables aux Peuples par quelques autres endroits. Platon étoit grand Géometre. Les Péripatéticiens s'apliquoient à étudier les

† Rom. xv. 19.

───────

(52) *Il s'en faloit peu qu'elle ne remplît, &c.*] Tertullien II. Apolog. ,,Nous ne sommes que d'hier ,, & nous nous trouvons par-tout. Nous remplis- ,, sons vos Villes, & municipales, & autres, vos ,, Iles, vos Forteresses, vos Bourgs. Nous som- ,, mes

les animaux & les plantes. Les Stoïciens étoient habiles dans l'art du raisonnement. Les Pythagoriciens posſédoient la Science des nombres & de l'harmonie. Pluſieurs d'entr'eux, comme Platon, Xénophon & Théophraſte, faiſoient valoir leurs préceptes par toutes les graces & toute la force de l'éloquence. Rien de tout cela ne ſe trouvoit dans nos premiers Docteurs. Leurs diſcours étoient ſimples & ſans agrémens. Ils inſtruiſoient, ils promettoient, ils menaçoient : tout cela ſans étude & ſans art. Or comme ces maniéres ne peuvent pas aler loin, & ont très-peu de proportion avec les ſuccès qu'elles ont eus ; il faut de toute néceſſité reconnoître, ou que les miracles ont ſupléé au defaut de l'Art ; ou qu'une Providence ſecrette a veillé favorablement ſur les deſſeins de ces premiers Fidéles ; ou qu'ils ont eu l'un & l'autre de ces deux ſecours.

Ceux

„ mes répandus dans les Armées, dans les Tribus,
„ dans les Décuries. La Cour, le Sénat, le Bureau ſont pleins de Chrétiens. En un mot vous
„ nous trouvez par tout, ſi ce n'eſt dans vos Temples.

4. Les dispositions des premiers qui l'embrassèrent.

4. Ceux qui ont reçû le Christianisme par les instructions des Apôtres, avoient l'esprit imbu des principes d'une autre Religion, & par conséquent dificile à manier. Les premiers Disciples de Mahomet & des Auteurs des Religions Payennes, étant moins prévenus, étoient plus capables de recevoir de nouvelles impressions. La Circoncision & la connoissance d'un seul Dieu, avoient disposé les Hébreux à recevoir la Loi de Moyse. Mais rien ne préparoit les premiers Chrétiens à se soumettre à l'Évangile. Ils étoient dans d'autres sentimens; & une longue habitude, qui tient souvent lieu d'une seconde Nature, les y confirmoit, & les éloignoit de ces nouvelles doctrines. L'éducation & le respect des Loix & de l'autorité de leurs Ancêtres les afermissoit, les uns dans la Religion Payenne, & les autres dans le Judaïsme. Ce n'étoit pas là le seul obstacle que la Religion rencontroit dans leur cœur. Ils ne pouvoient s'y ranger sans se soumettre infailliblement à la fâcheuse néces-

(53) *On les brûloit vifs* &c.] Ulpien célèbre Jurisconsulte a fait sept Livres sur cette question;
Quel-

cessité de craindre les maux les plus terribles, ou de les endurer. L'horreur que les maux impriment naturellement, se répand souvent jusques sur les choses qui les peuvent atirer; & il est assez rare qu'on entre dans des sentimens qui traînent après eux d'aussi tristes suites. Nos premiers Péres ont passé par-dessus tout cela. C'est peu de dire que le Christianisme leur fermoit l'entrée des Charges, les assujettissoit à des peines pécuniaires, à la confiscation de leurs biens, & au bannissement : on les envoyoit travailler aux Mines : la cruauté s'épuisoit en nouvelles maniéres de les tourmenter. Le martyre & les massacres étoient si ordinaires, que les Auteurs de ce tems-là assurent qu'il périt par là plus de monde, que la famine, ni la contagion, ni la guerre, n'en peuvent détruire. Les genres de mort qu'on leur faisoit souffrir étoient des plus afreux. (53) On les brûloit vifs, on les crucifioit; en un mot, on leur ôtoit la vie par des suplices, qu'on ne peut ni lire ni se représenter sans une

ex-

Quelles sortes de peines il faloit infliger aux Chrétiens. Lact. liv. v. ch. 11.

extrême horreur. Ces cruautez continuérent dans l'Empire Romain, presque jusqu'à Constantin le Grand. Si elles eurent quelques intervales, ils étoient peu considérables, & même n'étoient pas universels. Elles durérent plus long tems encore dans les Païs qui ne reconnoissoient pas l'autorité des Romains, mais elles ne purent jamais afoiblir ce Parti. Il sembloit même qu'elles l'augmentassent, & que pour un Chrétien qu'elles détruisoient, elles en fissent renaître plusieurs. C'est ce qui donna lieu à quelques-uns de dire, que le sang des Martyrs étoit la semence de l'Eglise.

Comparons encore ici le Christianisme avec les Religions contraires. Les Grecs, & les Juifs, qui avoient coutume de parler de tout ce qui les concernoit, avec beaucoup de vanité & d'ostentation, ne peuvent citer que fort peu de personnes qui ayent eu le courage de soufrir la mort pour leurs Opinions. Les Indiens peuvent se faire honneur de quelques Gymno-
so-

(54) *Le reste va trop loin &c.*] Le Martyrologe marque seulement en gros les 300 qui ont soufert le martyre à Carthage; un grand nombre d'autres mar-

sophistes, & les Grecs de leur Socrate. Le reste se réduit à peu de chose. Encore n'y a-t-il guére lieu de douter que ces personnes, qui s'étoient déja rendues célèbres, n'ayent eu en vûe de se faire un grand nom dans la Postérité. Nos Martyrs étoient pour la plûpart des Personnes du plus bas rang, connues à peine parmi leurs Concitoyens. C'étoient des femmes, c'étoient de jeunes gens, qui ne pouvoient ni desirer ni se promettre avec quelque vrai-semblance, une réputation qui les fît vivre long tems dans la mémoire des hommes. En éfet le Martyrologe ne fait mention que de la moindre partie de ceux qui ont soufert le martyre pour la défense de la Religion. (54) Le reste va trop loin pour être compté un par un. Ajoûtons à cela qu'il étoit aisé à la plûpart d'entr'eux de se dérober aux suplices. Un peu de dissimulation, un grain d'encens jetté sans dessein sur un Autel, les en eût afranchis; ce qui ne se peut pas dire des Martyrs Payens.

Martyrs en Afrique sous l'Empereur Tibére; en Antioche, en Arabie, en Cappadoce, & dans la Mésopotamie, sous Valérien: dans la Phrygie & dans le Pont, sous Maximin &c.

yens. Quelques fentimens qu'ils ca-
chaffent dans le fond de leur cœur,
ils avoient du moins la complaifance
de conformer leur extérieur au goût
de ceux à qui ils étoient fufpects. Il
n'y a donc proprement que les Juifs
& les Chrétiens qui ayent foufert la
mort uniquement pour la gloire de
Dieu. A l'égard des Martyrs de la
Religion Judaïque, on n'en trouve
que dans les tems qui ont précédé la
venue de Jéfus-Chrift; encore y en
a-t-il eu fi peu en comparaifon des
Martyrs du Chriftianifme, qu'on en
compteroit plus de ceux-ci dans une
feule Province, que des autres dans
toute l'étendue de leur Etat, & dans
toute la durée de leurs foufrances. En
éfet, cette durée n'a pas été bien
longue, puis qu'elle ne comprend
que les Régnes de Manaffé & d'Antiochus.

Cette multitude innombrable de
Perfonnes de tout rang & de tout
fexe, féparées par l'intervale de tant
de lieux & de tant de fiécles, & qui
ont féllé de leur fang la Foi Chrétienne,

---

(55) *Les preuves varient felon la diverfité.*] Ariftote
Métaphyf. liv. 1. ch. dernier „ Il ne faut pas cher-
„ cher

DE LA REL. CHRET. LIV. II. 175

ne, doit avoir eu fans doute quelque raifon de perfévérer fi conftamment. Or cette raifon ne pouvant être que la force de la vérité, & le fecours de l'Efprit de Dieu; c'est avec juftice que nous regardons nos Martyrs comme une bonne preuve de la Religion Chrétienne.

XIX Si toutes ces preuves ne fatisfont pas, & qu'on en defire de plus convainquantes, on doit confidérer que (55) les preuves varient felon la diverfité des chofes que l'on veut établir. On ne peut conclurre une vérité Mathématique que par des raifons de la derniére évidence. Les difputes de la Phyfique fe doivent terminer par des argumens fondez fur des Principes naturels. Lors qu'il s'agit de délibérer, il faut fe déterminer par des argumens tirez des maximes que le fens commun & l'expérience fuggérent. Les Faits ont auffi leurs preuves, qui confiftent dans la qualité de ceux qui les ateftent: & c'eft les avoir prouvez, que de faire voir que ces Témoins n'ont rien qui les

Réponfe à ceux qui demandent des preuves encore plus démonftratives.

„ cher en toutes fortes de fujets, une certitude
„ auffi grande que celle des véritez mathémati-
„ ques.

les rende suspects. Si l'on ne s'en tient pas là, on anéantit la certitude des Faits Historiques; on détruit celle des expériences, qui font la partie la plus considérable de la Médecine; & l'on suspend les devoirs réciproques des Péres & des Enfans; puis que ces relations ne se connoissent que par ces sortes de preuves. Dieu eût pu fonder nôtre Foi sur le témoignage des sens de chaque Fidéle, & même sur des démonstrations: mais il vouloit commander aussi bien que persuader, & donner à la Foi un caractére d'obéïssance & de soumission. Il sufisoit donc qu'il se révélât d'une maniére capable de convaincre les esprits dociles. Il vouloit que l'Evangile fût une Pierre-de-touche qui distinguât les ames ployables & flexibles d'avec celles qui sont d'une opiniâtreté incurable. Nos preuves ont persuadé un très-grand nombre de Personnes sages & vertueuses; il est donc évident que l'incrédulité des autres ne vient pas de l'insufisance de ces preuves, (56) mais

(56) *Mais de la répugnance &c.*] St. Chrysostome à Démétrius. „ Le refus que l'on fait de recevoir „ les

mais de la répugnance qu'ils ont contre des véritez & des Loix qui choquent leurs paſſions, & qu'ils ne peuvent admettre ſans s'engager à compter pour rien la gloire, les honneurs, & les biens de cette vie. Ils reçoivent ſans ſcrupule mille autres Faits qui ne ſont apuyez que ſur le raport des Hiſtoriens, & dont ils ne voyent même à preſent aucuns monumens ſenſibles. Mais lors qu'il s'agit de l'Hiſtoire de l'Evangile, ils entrent en défiance, & n'ont aucun égard au raport de ſes premiers témoins, ni aux monumens qui pourroient ſervir à la confirmer; tel qu'eſt l'aveu de tous les Juifs; & cette multitude de Sociétez Chrétiennes qui ne peuvent s'être formées ſans quelque raiſon légitime.

Je conclus, que puis que la longue durée du Chriſtianiſme, & ſon établiſſement par toute la Terre, ne peuvent pas être la production de l'Eſprit humain, il faut, ou les atribuer à quelques miracles éclatans, ou avouer que

Concluſion.

„ les Préceptes de l'Evangile, ne vient que de ce
„ qu'on n'a pas le courage de les ſuivre.

M

que cette durée & ce progrès si extraordinaire, où l'on ne veut reconnoître rien de surnaturel, sont le plus grand de tous les miracles.

TRAITÉ
DE LA VERITÉ
DE LA
RELIGION
CHRETIENNE.

LIVRE TROISIEME.

Où l'on prouve l'autorité de l'Ecriture.

I. LE but des preuves que nous avons déduites jusqu'ici, & de toutes les autres qu'on pourroit ajoûter, est de persuader aux Incrédules & à ceux qui sont encore dans l'incertitude, que la Religion, dont les Chrétiens font profession, est

Preuve générale de l'autorité des Livres du Nouveau Testament.

est très-véritable & très-bonne. Mais ce n'est pas assez. Après les avoir convaincus de cette vérité, il faut les conduire à ces Livres très-anciens où cette Religion est renfermée, & que nous apellons les Livres du Nouveau Testament, ou pour parler plus exactement, les Livres de la Nouvelle Alliance.

Il y auroit de l'injustice à nier que ce soit à ces livres que l'on se doive adresser pour connoître nôtre Religion, & à n'en pas croire là-dessus le témoignage constant de tous les Chrétiens. Quelle que soit une Secte, bonne ou mauvaise, l'équité veut qu'on croye sur sa parole, que ses sentimens sont contenus dans les Livres où elle nous renvoye pour en être instruits. C'est sur ce Principe que nous recevons sans dificulté l'assurance que les Mahométans nous donnent, que leur Religion se trouve dans l'Alcoran. Puis donc qu'il paroît par les argumens que nous venons de proposer, que la Religion Chrétienne est véritable, & qu'il n'est pas moins évident par la raison que nous venons d'alleguer, que cette Religion est en-
sei-

seignée dans nos Livres sacrez; il n'en faut pas davantage pour établir solidement l'autorité de ces Livres. Si pourtant on souhaite que nous en aportions des preuves plus particuliéres, nous le ferons volontiers: mais ce sera après avoir posé une Régle qui est connue & suivie de tout ce qu'il y a de Juges équitables. C'est que quand on entreprend d'ataquer un Livre qui est reçû depuis plusieurs siécles, on s'engage nécessairement à produire des objections capables de lui ôter toute créance: au defaut dequoi, il est censé digne de cette autorité, dont il a été jusqu'alors en possession.

II. Nous disons donc, que les Ecrits qui sont reçus unanimement par tous les Chrétiens, & atribuez aux Auteurs dont ils portent le nom, sont éfectivement de ces Auteurs. La raison en est, que les Docteurs des premiers siécles, comme Justin, Irénée, Clément, & ceux qui les ont suivis, ont cité ces Ecrits sous les mêmes noms d'Auteurs qu'ils portent au-

Preuves plus particuliéres.

1. *Que ceux d'entre ces Livres qui portent le nom de quelque Auteur, sont véritablement de cet Auteur.*

aujourd'hui : (1) Que Tertullien dit que les Originaux de quelques-uns de ces Livres se voyoient encore de son tems : Que toutes les Eglises les ont reçus comme les Ouvrages de ces mêmes Auteurs, & avant qu'elles eussent encore assemblé de Conciles : Que jamais les Payens ni les Juifs ne leur ont fait d'afaire sur cet article : Que Julien † même avoue que les Ecrits qui sont atribuez à S. Pierre, à S. Paul, à S. Mathieu, à S. Marc, & à S. Luc, ont été écrits par ces Auteurs : Qu'enfin, si le témoignage des Grecs & des Latins paroît à tout homme de bon sens, une raison de ne pas douter que les Poëmes que l'on atribue à Homére & à Virgile, ne soient véritablement d'eux : à plus forte raison le témoignage constant de presque toutes les Nations, prouve invinciblement que les Livres du Nouveau Testament ont été composez, par ceux dont ils portent le nom sur leurs Titres.   III.

† *S. Cyllir.*
L. X.

---

(1) *Que Tertullien dit* &c.] Liv. de la prescription contre les Hérétiques, „ Vous qui voulez exer-
„ cer plus utilement votre curiosité dans l'afaire
„ du Salut, parcourez les Eglises où les Apôtres ont
„ particulierement résidé, vous y verrez encore leurs
            „ Chai-

III. Ce n'eſt pas qu'entre ces Livres il n'y en ait quelques-uns qui n'ont pas été d'abord reçus de tous les Chrétiens. On a douté de la ſeconde Epître de S. Pierre, de l'Epître de S. Jude, des deux que nous avons ſous le nom de Jean l'Ancien, de l'Apocalypſe, & de l'Epître aux Hébreux. Mais ces Ecrits étoient d'autre côté reconnus par un grand nombre d'Egliſes, comme il paroît par l'uſage qu'en font les plus anciens Docteurs, qui en citent des paſſages pour prouver nos Dogmes. Il y a donc aparence que ſi quelques Egliſes ne s'en ſervoient pas, c'étoit ou parce qu'elles ne les connoiſſoient pas, ou parce qu'elles n'étoient pas aſſez perſuadées de leur autorité; & que ſi dans la ſuite elles ſe conformérent à celles qui les recevoient pour divins, c'eſt parce qu'elles s'inſtruiſirent plus à fonds là deſſus, & reconnurent leur ignorance ou leur erreur. Et en éfet il n'y a preſque plus de lieux où l'auto-

Qu'on n'a pas lieu de douter de ceux qui autrefois ne furent pas généralement reçus.

„ Chaires ; vous y entendrez encore lire leurs Epî-
„ tres ſur des Originaux mêmes". Cela n'eſt pas étonnant, puis que Quintilien dit, que de ſon tems on voyoit encore les Originaux des Livres de Ciceron, & qu'Aulu-Gelle dit la même choſe de ceux de Virgile.

torité de ces Livres ne soit à présent établie. Si l'on dit qu'ils ont été suposez, on le dira sans preuve, & même contre la vrai-semblance. Car quel intérêt auroit pû obliger à les suposer, puis qu'ils ne nous aprennent rien qui ne se trouve amplement dans ceux dont personne n'a jamais douté?

Qu'à l'égard de ce que quelques-uns ne portent aucun nom d'auteur, cela ne leur préjudicie point.

IV. Le peu de connoissance que l'on a du véritable Auteur de l'Epître aux Hébreux, & le doute où quelques-uns ont été si les deux derniéres Epîtres de S. Jean, & l'Apocalypse, sont de S. Jean l'Apôtre, ou de quelqu'autre qui ait eu le même nom, ne peuvent aucunement préjudicier à l'autorité de ces Ecrits. On sait qu'en matiére d'Auteurs, il faut faire plus d'atention à leurs qualitez qu'à leur nom. Nous recevons comme vrais plusieurs Livres historiques, quoi que nous ne sachions pas le nom de ceux qui les ont écrits. Le Livre de la Guerre d'Alexandrie est de ce nombre. On n'en connoit pas l'Auteur, mais parce qu'on voit que, qui que ce soit qui l'ait écrit, il vivoit dans le temps de cette Guerre, & que même il y a eu part, cela paroît sufifant pour autorifer cette Hiſtoire. On ne doit donc pas être plus dificile à l'égard des Livres dont nous parlons, puis que ceux qui nous les donnent, aſſurent qu'ils ont vêcu dans le commencement du Chriſtianiſme, & qu'ils avoient reçu les dons extraordinaires que Dieu conféra aux Apôtres. Si l'on dit qu'ils ont pû s'atribuer fauſſement ces avantages, & qu'à l'égard même des autres Livres, on leur a peut-être ſupoſé de grans noms, pour leur donner plus de poids : nous répondons qu'il eſt tout-à-fait incroyable, que des Perſonnes qui ne prêchent par tout que la ſincérité & la piété, ayent voulu ſans ſujet ſe charger du crime de fauſſaires ; crime que tout honnête homme déteſte, & que les Loix de Rome puniſſoient du dernier ſuplice.

V. Il demeure donc conſtant que les Livres de la nouvelle Alliance, ont été compoſez par ceux dont ils portent le nom, & que les qualitez que ces Auteurs ſe ſont atribuées, leur convenoient éfectivement. Si l'on confidére outre cela, qu'il n'eſt pas moins certain qu'ils n'ont rien écrit dont

2 Que tous ces Auteurs n'ont pû écrire que des choſes vrayes.

dont ils n'eussent une connoissance parfaite, & qu'ils n'ont pû se mettre en l'esprit de vouloir tromper le monde, on conclurra invinciblement, que ce qu'ils ont écrit est vrai & indubitable, puis qu'on ne peut dire des choses fausses que par l'un ou l'autre de ces deux principes, ou l'ignorance, ou la malice. Mais n'avançons rien sans preuve, & faisons voir que ces Auteurs ont su ce qu'ils disoient, & qu'ils n'ont rien dit que ce qu'ils croyoient véritable : qu'en un mot ils n'ont été, ni trompez, ni trompeurs.

I. Preuve : on ne les peut accuser d'ignorance.

VI. S. MATTHIEU, S. Jean, S. Pierre, S. Jude étoient du Collége de ces douze que Jésus-Christ avoit choisis pour témoins de sa vie & de sa doctrine. Ainsi il est impossible qu'ils n'ayent pas bien sû les choses qu'ils nous racontent. C'est ce qu'on doit dire aussi de S. Jaques, qui a été, ou Apôtre, ou, selon le sentiment de quelques-uns, (2) proche parent de Nôtre Seigneur, & de plus, Evêque de Jérusalem par les su-

---

(2) *Ou proche parent &c.*] C'est le sentiment de St. Chrysostome & de plusieurs autres.

sufrages des Apôtres. Pour ce qui regarde S. Paul, on ne peut pas croire qu'il se soit imaginé sans fondement, que Jésus-Christ lui ait révélé du Ciel les véritez qu'il a enseignées; ni qu'il se soit figuré vainement qu'il ait fait toutes les grandes choses dont il se glorifie; ni que S. Luc, le fidéle compagnon de ses voyages, ait donné dans les mêmes visions. Ce seroient là d'agréables songes, mais dont des personnes aussi sensées que S. Paul & S. Luc, n'étoient assurément point capables. Quoi que S. Luc ne fût pas du nombre de ceux qui avoient vêcu avec Jésus-Christ, son témoignage néanmoins ne nous doit pas être suspect de crédulité. Il étoit né sur les lieux; il avoit voyagé par la Palestine; (3) il s'étoit informé exactement de la vérité des Faits qu'il a écrits, & il en avoit conféré avec ceux qui en avoient été témoins oculaires, comme il paroît par le premier verset de son Evangile. Il ne faut pas douter qu'outre les Apôtres, avec qui il avoit des liaisons fort étroites,

---

(3) *Il s'étoit informé* &c. Cela paroît par les premiers versets de son Evangile

tes, il n'ait parlé à plusieurs de ceux qui avoient été guéris par Jésus-Christ, & de ceux qui l'avoient vû mourir, & qui l'avoient aussi vû après sa Résurrection. Si la confiance que nous avons sur les recherches exactes de Tacite & de Suétone, fait que nous croyons sur leur raport, des choses qui se sont passées long tems avant qu'ils fussent nez; à plus forte raison devons-nous ajoûter foi à un Ecrivain qui nous assure qu'il n'avance rien que sur le récit de témoins oculaires. (4) Pour ce qui est de S. Marc, comme on n'a point douté dans les premiers tems qu'il n'ait toûjours vêcu avec S. Pierre, on doit avoir autant de foi pour son Evangile que s'il lui avoit été dicté par cet Apôtre, & c'est dire assez, puis que cet Apôtre devoit savoir avec certitude toutes les choses que S. Marc a écrites dans son Evangile. Outre cela cet Evangeliste n'a rien écrit qui ne se trouve dans les Ouvrages des Apôtres. Enfin ni l'Auteur de l'Apocalypse n'a pu se mettre faussement dans l'esprit qu'il avoit

---

(4) *Pour ce qui est de St. Marc, comme on n'a point douté* &c.] St. Irénée liv. III. ch. 1. Clément cité par Eusébe.

avoit eu toutes ces Visions dont il dit que Dieu l'a honoré: ni celui de l'Epître aux Hébreux n'a pu se figurer sans raison, que l'Esprit de Dieu ou les autres Apôtres lui avoient apris les choses dont il a traité dans cette Epître.

VII. Nous avons posé en second lieu que nos Auteurs sacrez n'ont pu avoir dessein de mentir. Nous l'avons déja prouvé lors que nous avons établi la vérité de la Religion Chrétienne en général, & qu'en particulier nous avons montré la certitude de la résurrection de Nôtre Seigneur. Quand on recuse des témoins parce qu'on les croit de mauvaise foi, on est obligé de donner quelques raisons de ce soupçon, & de dire par quels motifs ils ont pu se laisser aller au mensonge & à la fourbe. Or c'est ce qu'on ne peut pas faire en cette rencontre. Car si l'on objecte qu'ils ont pu mentir parce que l'intérêt de leur Cause le demandoit; il faudra un peu examiner pourquoi ils se sont embarquez dans cette cause, & sont entrez dans ces intérêts. Certes, ce n'a été ni pour l'espérance de quelques

Qu'on ne peut les accuser de mauvaise foi.

ques avantages, ni pour la crainte de tomber dans quelques disgraces : puis que cette Cause, dont ils entreprenoient la défense, les privoit de toutes commoditez, & les jettoit dans toutes sortes de périls. Ils ne se sont donc chargez d'une Commission si dangereuse, que par la crainte de Dieu. Or cette crainte peut-elle porter un homme à mentir, principalement dans une chose dont dépend le salut éternel de tous les hommes ? Si l'on considére que leurs Ecrits ne respirent que la piété ; que leur vie n'a jamais donné prise aux acusations de leurs ennemis, que tout ce que ces ennemis leur ont pu reprocher a été leur ignorance, défaut qui ne s'acorde guére avec la qualité d'imposteurs, on sera contraint d'avouer qu'ils n'étoient pas capables d'une impiété aussi horrible, que celle d'apuyer les intérêts de Dieu sur le mensonge & sur la fourberie. Ajoûtez à cela, que pour peu qu'ils eussent eu de mauvaise foi, ils n'auroient eu garde de laisser dans leurs Ecrits des monumens éternels de leurs fautes, telles que furent, & leur fuite dans
les

les dangers de leur Maître, & la triple abnégation de S. Pierre.

VIII. Si l'on veut une preuve authentique de leur bonne foi, Dieu lui-même nous la fournit dans les miracles qu'il a opérez par leur ministére. Eux & leurs Disciples les ont publiez en présence de tout un grand Peuple, avec beaucoup de confiance. Ils ont marqué les noms des Personnes, & toutes les circonstances les plus propres ou à prouver le Fait, s'il étoit véritable, ou à fournir aux Magistrats des moyens de les convaincre de mensonge, s'il eût été suposé. Il faut sur tout faire quelque atention à ce qu'ils ont très-constamment dit & écrit, qu'en presence de plusieurs milliers de personnes, ils s'étoient énoncez en quantité de Langues qu'ils n'avoient pas aprises, & qu'à la vûe du Peuple de Jérusalem ils avoient guéri sur le champ un homme qui étoit né boiteux. Ils ne pouvoient pas ignorer que les Magistrats du Peuple Juif les haïssoient à mort, & s'opofoient à tous leurs desseins; que ceux des Romains ne leur vouloient pas de bien, & que les uns & les autres les regardant

2 Preuve, tirée des miracles que ces Auteurs ont faits.

dant comme auteurs d'une nouvelle Religion, ne manqueroient pas de profiter de toutes leurs fausses démarches, & d'embrasser avec joye les moindres ocasions de leur faire des afaires, & de les acuser. Cependant ils n'ont rien rabatu pour cela de leur fermeté, & de leur hardiesse à publier leurs miracles. Il faut donc croire qu'ils avoient raison, & que ces miracles étoient très-véritables. Ni les Juifs, ni les Payens de ces tems-là n'ont jamais osé les nier: (5) même Phlégon (*a*), Afranchi de l'Empereur Adrien, a fait mention de ceux de S. Pierre dans ses Annales. (6) Dans les Livres où les premiers Chrétiens rendoient raison de leur Foi aux Empereurs, au Sénat, & aux Gouverneurs de Provinces, ils parlent de ces miracles comme de choses qui étoient de notoriété publique, & dont

(5) *Même Phlégon.*] Nous l'aprenons d'Origéne contre Celsus liv. 11.
(*a*) Phlégon surnommé Trallien de Tralles Ville d'Asie, où il étoit né, fleurissoit dans le second siecle, vers le milieu. L'Empereur Adrien l'aimoit & vouloit l'avoir presque toûjours auprès de lui. C'étoit en effet un fort bel esprit, & un savant à qui une profonde érudition n'avoit rien ôté de sa politesse: il avoit composé une Histoire des Olympia-

dont on ne pouvoit pas douter. Ils difent même ouvertement que les Apôtres avoient confervé jufqu'après leur mort le pouvoir de faire des miracles, & qu'il s'en faifoit auprès de leurs fépulchres par l'atouchement de leurs os. Ils pouvoient bien juger cependant que fi cela eût été faux, les Magiftrats les en euffent bien-tôt convaincus, & leur en auroient fait porter la peine, en les couvrant de honte, & en les faifant mourir. Mais ils parloient à coup fûr : les miracles faits auprès des fépulchres étoient en fi grand nombre, & ateftez par tant de perfonnes, † que Porphyre même fut forcé d'en convenir.

‡ *Cyril. cont. Jul.* L. X.

Quoi que ce que nous venons de dire fufife pour établir la vérité des Li-

piades dont il ne nous refte que des Fragments. C'eft dans cet Ouvrage où Phlégon, tout Païen qu'il étoit, dit que Jéfus-Chrift a été un vrai Prophete, qu'il a connu l'avenir, qu'il l'a predit, & que fes prédictions ont eu leur effet. Il rend le même témoignage à celles de S. Pierre fur la ruine de Jerufalem. Enfin Phlégon parle des ténèbres qui couvrirent toute la Terre à la mort de Jéfus-Chrift : nous avons encore les propres paroles de ce Païen. TRAD. DE PAR.

(6) *Dans les Livres où les premiers Chrétiens &c.*] Origene, St. Aug. de la Cité de Dieu, liv. XXII. ch. 8.

Livres du Nouveau Testament, nous ne laisserons pas d'y ajoûter quelque autres argumens, comme par abondance de droit.

3 Preuve, prise des predictions que ces Livres renferment.

IX. Il y a dans ces Livres quantité de prédictions auxquelles l'événement a admirablement répondu, & qui ne pouvoient être l'éfet d'une prévoyance humaine. Telles sont celles *a* des grands & des rapides progrès de la Religion Chrétienne; *b* de sa durée non interrompue; *c* du refus que devoient faire les Juifs de la recevoir; *d* de l'entrée des Nations étrangéres dans l'Eglise; *e* de la haine des Juifs contre ceux qui feroient profession de cette Religion; *f* des suplices très-cruels que ceux-ci soufriroient pour sa défense; *g* du siége & de la ruïne de Jérusalem & du Temple, & *h* des malheurs éfroyables qui devoient tomber sur les Juifs.

4 Preuve, qu'il n'étoit pas de la bonté de Dieu de permettre que l'on trompât tant de gens de bien.

X. Ceux qui reconnoissent que Dieu prend soin des choses qui regar-

a Matt. XIII. 33. *b* Luc X. 18. Luc I. 33. Matt. XXVIII. 20. Jean XIV. 16. *c* Matt. XXI. 33. &c. XXII. Luc XV. 11. &c. *d* Ibid. Matt. VIII. 2. XII. 21. XXI. 43. *e* Matt. X. 17. *f* Matt. X. 21. 39. XXIII. 34. *g* Matt. XXIII. 38. XXIV. 16. Luc XIII. 34. XXI. 24. *h* Matt. XXI. 33. XXIII. 34. XXIV. 20.

gardent les hommes, & particuliérement de celles qui concernent son Culte, & où sa gloire est intéressée, doivent aussi reconnoître qu'il étoit impossible qu'il permît que l'on trompât par des Livres suposez & pleins de mensonges, un nombre infini de personnes, qui n'avoient en vûe que sa gloire & son service.

Après que le Christianisme fut partagé en une infinité de Sectes, à peine s'en est-il trouvé qui n'ait reçu tous les Livres du Nouveau Testament; & s'il y en a eu qui en rejettoient quelques-uns, ils ne contenoient rien qui ne se trouvât dans ceux qu'elles admettoient. Preuve assez forte, qu'on a toûjours reconnu dans ces Ecrits une autorité à laquelle on ne pouvoit rien oposer de raisonnable; puisque ces Sectes qui les ont reçûs, étoient d'ailleurs si animées les unes contre les autres, qu'il sufisoit qu'une chose plût aux unes, pour être par cela même rejettée par les autres.

5. Preuve, tirée du consentement de tant de Sectes opposées.

XI. ENTRE ceux qui faisant profession du Christianisme refusoient leur créance aux Livres du Nouveau Testa-

Objection, que quelques Sectes ont rejetté plusieurs de ces Livres.

Teſtament où ils voyoient leurs ſentimens combatus, il y a eu deux eſpéces de gens directement opoſez; (7) les uns, en haine des Juifs, blasphémoient le Dieu que ceux-ci reconnoiſſoient comme le Créateur du Monde, & ils traitoient fort indignement la Loi de Moyſe. Les autres, au contraire, par la crainte des maux auſquels les Chrétiens étoient expoſez, tâchoient de s'y dérober (8) en ſe confondant avec les Juifs, (9) qui avoient alors une entiére liberté de conſcience. Mais il faut ſavoir (10) que ni les uns ni les autres n'étoient reconnus pour vrais Chrétiens par aucune des autres Sociétez du Chriſtianiſme; (11) & cela, dans le tems que l'Egliſe ſuportoit avec beaucoup de patience, ſelon l'ordre établi par les Apôtres, tous ceux dont les erreurs ne choquoient pas les fonde-

(7) *Les uns, en haine des Juifs.*] C'étoient les Marcionites. Voyez St. Irénée liv. 1. ch. 9. Tertull. S. Epiphane.

(8) *En ſe confondant avec les Juifs.*] C'étoient les Ebionites. Voyez St. Irénée & St. Epiphane.

(9) *Qui avoient alors une entiére liberté.*] Cela paroît par les Actes des Apôtres, par Philon, par Joſéphe, & par Tertullien.

(10)

demens de la Religion. A l'égard de la premiére sorte d'Errans, nous croyons les avoir sufisamment refutez, lors que nous avons prouvé dans le premier Livre, qu'il n'y a qu'un seul Dieu dont l'Univers est l'ouvrage. Mais sans cela, il paroît évidemment par les autres Livres du Nouveau Testament, lesquels ils n'osoient rejetter de peur de ne pas passer pour Chrétiens, entr'autres par l'Evangile de S. Luc, que Jésus-Christ a annoncé aux hommes le même Dieu que Moyse & les Hébreux ont adoré. Pour ce qui est de ceux qui se tenoient à l'abri du Judaïsme pour se garantir des persécutions, & qui se disoient Juifs sans l'être, nous aurons ocasion de les combatre, lors que nous disputerons contre ceux qui se disent Juifs & qui le sont en éfet. Nous remarquerons cependant que c'étoit avoir beaucoup de hardiesse &

d'im-

(10) *Que ni les uns ni les autres n'étoient reconnus &c.*] Tertull. contre Marcion liv. 1. *Vous ne trouverez aucune des Eglises qui peuvent passer pour Apostoliques, qui n'ait à l'égard du Créateur des sentimens véritablement Chrétiens.*

(11) *Et cela dans un tems &c.*] St. Irénée, S. Jérôme, St. Cyprien. *Ne jugeons*, dit ce dernier, *ni ne condamnons personne pour des diversitez de sentimens.*

d'impudence, que d'afoiblir l'autorité de S. Paul, sur ce qu'il prêchoit aux Juifs l'afranchissement du joug des Cérémonies. Car 1. il est celui de tous les Apôtres qui a fondé le plus d'Eglises, & qui a le plus contribué à l'avancement du Christianisme par ce nombre infini de miracles qu'il a faits dans un tems auquel il étoit aisé d'examiner s'ils étoient vrais ou faux. S'il a fait des miracles, pourquoi ne croirions-nous pas ce qu'il nous dit des admirables Visions qu'il a eues, & de son installation dans l'Apostolat par Jésus-Christ? S'il a été si chéri & si favorisé par Nôtre Seigneur, il est impossible qu'il ait enseigné des choses désagreables à son divin Maître, c'est-à-dire, des faussetez. 11. S'il a travaillé à l'abolition des Rites Mosaïques, il faut bien qu'il y ait été forcé par la Vérité; puis qu'il étoit circoncis; qu'il observoit volontairement plusieurs cérémonies de la Loi; que pour la gloire de la Religion Chrétienne il faisoit beaucoup de choses plus dificiles que la Loi ne lui en commandoit, & en enduroit de plus fâcheuses qu'elle ne lui en eût atiré; & qu'il por-

Act. XVI. 3. XX. 6. XXI. &c.

toit ſes Diſciples à faire & à ſoufrir les mêmes choſes. Ce qui fait voir que s'il leur prêchoit la liberté, ce n'étoit pas pour s'acommoder à leur goût, & pour ménager le crédit qu'il avoit parmi eux, en leur traçant des routes commodes. Bien loin de cela, ce qu'il leur impoſoit, étoit bien plus pénible que ce dont il les afranchiſſoit. Les Juifs deſtinoient le Sabbat au ſervice de Dieu : S. Paul veut que ſes Diſciples y conſacrent tous les jours. La Loi obligeoit à quelques dépenſes : S. Paul leur ordonne de perdre en tems & lieu tous leurs biens. La Loi exigeoit des Sacrifices de bêtes : S. Paul veut qu'ils ſe ſacrifient eux-mêmes. Enfin cet Apôtre dit hautement que S. Pierre, S. Jean, & S. Jaques lui avoient donné la main d'aſſociation; ce qu'il n'eût pas oſé dire, ſi cela eût été faux, puis que le diſant du vivant de ces trois Apôtres, il devoit craindre qu'ils ne relevaſſent un pareil menſonge.

Je conclus, que puis qu'à l'exception de ces deux ſortes de perſonnes, de l'erreur de qui j'ai parlé, & qui à peine pouvoient paſſer pour Chrétiens

tiens, toutes les autres Sociétez s'acordoient manifestement à recevoir les Livres du Nouveau Testament; que d'ailleurs ceux qui les ont écrits ont eu le pouvoir de faire des miracles; qu'ils ont prédit beaucoup de choses qui ont été confirmées par l'événement; qu'enfin la Providence très-particuliére qui veille sur les afaires des hommes, n'eût pas soufert qu'ils eussent trompé le monde par des Ecrits fabuleux: il est de la derniére évidence, du moins pour des Personnes équitables, que ces Livres jouïssent à juste titre de l'autorité où ils sont parmi les Chrétiens. Car, encore une fois, il y a peu d'Histoires qu'on ne croye véritables, toutes destituées qu'elles sont de ces preuves, & simplement sur ce qu'on ne peut aporter de raison solide pour en ébranler la certitude. Or je pose en fait qu'on ne peut en proposer aucune, qui puisse balancer les solides preuves de la vérité des Livres du Nouveau Testament. C'est ce que nous alons voir dans le détail.

Ce que l'on peut dire contre la vérité de ces Livres se reduit à ces cinq

cinq objections. I. Qu'ils contiennent des choses impossibles. II. Contraires à la Raison. III. Contraires entr'elles. IV. Contraires au témoignage des Auteurs profanes. V. Qu'enfin il est arrivé à ces Livres des changemens qui nous les ont laissez tout autres qu'ils n'étoient, lors qu'ils sont sortis des mains de leurs Auteurs. Examinons ces objections par ordre.

XII. 1. Nous avons déja répondu à la premiére dans le second Livre, lors que nous avons fait voir qu'il ne s'ensuit pas de ce qu'une chose est impossible à l'homme, qu'elle le soit par raport à Dieu; que Dieu peut faire celles qui n'impliquent pas contradiction; & que de ce nombre sont les actions miraculeuses, & en particulier la résurrection des morts. *1. Obj. que les Livres du N. T. contiennent des choses impossibles.*

XIII. 2. On n'est pas mieux fondé à dire que dans ces Livres il y a de certains Dogmes qui ne s'acordent pas avec la droite Raison. 1. Cela se refute, parce qu'une infinité de personnes savantes & éclairées, qui ont vécu depuis le commencement du Christianisme jusques à ce siécle, ont reconnu l'autorité de ces Livres nonobs- *2. De choses contraires à la Raison.*

tant ces pretendues abſurditez. 11. On y trouve très-clairement enſeignées toutes les choſes, que nous avons fait voir dans le premier Livre être conformes à la Raiſon ſaine & dégagée de préjugez; ſavoir qu'il y a un Dieu; qu'il n'y en a qu'un; qu'il eſt très-parfait, tout-puiſſant, vivant aux ſiécles des ſiécles, infiniment ſage & bon, auteur de tout ce qui exiſte réellement; que ſa Providence s'étend ſur toutes choſes, mais particuliérement ſur les hommes; qu'il peut récompenſer après cette vie ceux qui lui obéïſſent; qu'il faut mettre un frein à la cupidité; que tous les hommes ſont d'un même ſang, & par conſéquent obligez à s'aimer reciproquement. Si quelqu'un par les ſeules lumiéres de la Raiſon prétend aller plus loin, & donner pour certaines ſes ſpéculations ſur l'eſſence de Dieu, & ſur ſa volonté, il s'engage par là dans une route périlleuſe, & s'expoſe à mille égaremens; comme il paroît par la diverſité preſqu'infinie de ſentimens que l'on remarque tant entre une Secte & l'autre, qu'entre ceux qui ſont d'une même Secte. Et cela n'eſt pas

Cette Reponſe donne une idée trop vague du Chriſtianiſme & ne touchant pas à nos myſtéres laiſſe à cet égard l'Object. dans ſon entier. Voyez M. Abbadie Tr. de la Ver. &c. IX. Tableau de la R. Chr. p. 446. du 2 Tome ſeconde édit. REM DU TRAD.

pas étonnant. Car si lorsque les Savans entreprennent de discourir sur l'essence de l'ame, ils s'écartent infiniment les uns des autres, combien moins peuvent-ils s'acorder, lorsqu'ils veulent discourir à fonds de l'essence de cette Intelligence suprême, auprès de laquelle nôtre ame n'est qu'un point imperceptible? Si ceux qui connoissent le mieux les Maximes de la Politique, disent qu'il est dangereux de sonder les secrets desseins des Rois, & presque impossible d'y bien réüssir; y a-t-il quelqu'un qui puisse s'assûrer assez sur sa pénétration pour oser se flater de découvrir par ses conjectures, quels sont les desseins de Dieu dans des choses qui sont purement libres? C'est ce qui faisoit dire à Platon, avec beaucoup de justice, (12) que l'homme ne pouvoit connoître les desseins de Dieu que par le moyen des Oracles. Or il est sûr que l'Antiquité n'en a point eu de mieux avérez que ceux des Livres du Nouveau Testament. Et bien loin qu'on

---

(12) *Que l'homme ne pouvoit connôitre* &c.] S. Ambroise dit fort bien sur ce sujet, *à qui ajouterai-je foi sur ce qui regarde Dieu, qu'à Dieu même?*

qu'on prouve que Dieu par quelques autres Oracles a révélé touchant son essence, des choses qui répugnent à ce qu'il nous en a apris dans ces Livres, on ne l'a même jamais prétendu. A l'égard de la manifestation de ses volontez, on n'en peut alléguer aucune qui soit postérieure à celle qu'il nous a faite, & qui ait quelque vraisemblance. Si avant les tems du Messie, Dieu a donné de certaines régles, ou a toléré de certaines choses qu'il n'a ni prescrites ni permises dans la Révélation nouvelle, cela ne fait aucun tort à cette Révélation; puis que c'étoient des choses indiférentes, ou du moins qui n'étoient ni nécessaires par elles-mêmes, ni contraires à la Vertu; & qu'en pareil cas, (13) les derniéres Loix annullent les premiéres.

3. Obj. Qu'il y a dans ces Livres des choses contradictoires.

XIV. 3. Venons à la troisiéme objection tirée des contradictions que l'on croit apercevoir dans les Ecrits du Nouveau Testament. Cette objection, bien loin de faire quelque tort à leur autorité, presente à tout esprit équitable un nouvel argument pour la di-

───────

(13) *Les derniéres Loix annullent les premiéres.*] Tertull. Plutarque, & les Jurisconsultes.

divinité de ces Livres, puis qu'elle donne lieu de remarquer que dans les choses ou dogmatiques ou historiques, qui sont de quelque importance, il y a entre les Auteurs sacrez un acord si visible & si parfait, qu'il ne se trouve rien d'aprochant entre les Ecrivains de quelqu'autre Secte que ce soit. Si on jette les yeux sur les Docteurs Juifs, sur les Philosophes Grecs, sur ceux qui ont écrit de la Médecine, & sur les Jurisconsultes Romains, on verra que non seulement ceux qui suivent une même Secte, Platon par exemple & Xénophon, sont très-souvent oposez; mais aussi que le même Auteur, comme s'il s'oublioit soi-même, ou comme s'il ne savoit pas bien à quoi se déterminer, avance souvent des choses contraires. Mais ceux dont il s'agit, parlent de ce que nous devons croire & pratiquer, & font l'histoire de la vie, de la mort, & de la résurrection de Jésus Christ avec une uniformité si parfaite, que le précis de leurs enseignemens est par tout absolument le même. Pour ce qui regarde quelques circonstances de fort peu de poids, & qui ne regardent pas
le

le fonds des choses; s'il y a quelque contrariété, il est très-possible qu'il y ait une maniére commode & sure de la lever; mais que nous l'ignorons, ou parce que certaines choses semblables sont arrivées en des tems diférens, ou parce qu'un même nom signifie plusieurs choses; ou parce qu'un même homme, ou un même lieu sont quelquefois marquez par plusieurs noms, ou enfin pour quelque autre raison. *Je dirai même qu'à le bien prendre, ces diversitez sont à quelque égard avantageuses à nos Auteurs, & qu'elles sont très-propres à dissiper le soupçon qu'il y eût de la collusion entr'eux, & qu'ils eussent conspiré à nous en faire acroire; (14) puis que ceux qui forment de pareils desseins, ont coutume de concerter si bien leurs récits, qu'ils n'y laissent pas même les moindres aparences de diversité. Que si quelques légéres contradictions qu'on ne peut pas bien concilier, étoient

---

* *Et nous ne devons pas douter que nous ne démêlassions bien ces embarras, si nous avions autant de connaissance de ces tems là, que les premiers à qui ces Ecrits furent mis entre les mains.* ADD. DU TRAD. (14)

toient capables de renverser tout un Livre qui d'ailleurs a de beaux caractéres de vérité, ce seroit fait de tous les Livres, & sur tout de toutes les Histoires. Mais on sait trop bien raisonner pour aller dans de tels excès : on a assez d'équité pour faire grace là-dessus à Polybe, à Denys d'Halicarnasse, à Tite Live, à Plutarque, & à d'autres, & pour n'en pas tirer des argumens contre leurs Ouvrages entiers. N'est-il donc pas sans comparaison plus juste, que puis que nos Auteurs font voir par tout un si grand atachement à la pieté & à la Vérité, on les traite avec cette raisonnable condescendance, & qu'on passe par dessus ces petits embarras, en faveur des choses sures & indubitables dont leurs Livres sont remplis ?

XV. 4. On dit en quatriéme lieu qu'il y a dans le Nouveau Testament des choses démenties par les Auteurs étrangers. Mais je soutiens hautement que cela n'est pas, si ce n'est peut-être *4. Objection : Qu'il y a des choses combatuës par les Auteurs étrangers.*

que

―――――

(14) *Puis que ceux qui forment de pareils desseins &c.*] C'étoit la pensée de l'Empereur Adrien, lors qu'il disoit *qu'il faloit examiner si les témoins tenoient précisément les mêmes discours.*

que l'on entendît par ces Auteurs, ceux qui sont venus long tems après la naissance du Christianisme, & qui en étant les ennemis déclarez, sont dès là même absolument recusables. Pour ce qui est des Auteurs contemporains, ou de ceux qui ont écrit peu de tems après, bien loin qu'ils contredisent nos Livres, on pourroit, si cela étoit nécessaire, produire de leurs Ecrits plusieurs témoignages qui confirment les principaux Points de l'Histoire sacrée. Nous avons déja vû dès l'entrée du second Livre, que les Ecrivains du Judaïsme & du Paganisme font mention de la crucifixion de Jésus-Christ, de ses miracles, & de ceux de ses Disciples. Dans les Livres que Joséphe a écrits environ quarante ans depuis l'ascension de Jésus Christ, il a parlé fort amplement d'Hérode, de Pilate, de Festus, de Félix, & de la ruïne de Jérusalem. Les Auteurs du Talmud s'acordent sur tout cela avec lui & avec nous. Tacite nous aprend la cruauté que Néron exerça contre les Chrétiens. On avoit autrefois tant dans les Ecrits de quelques par-

Particuliers, (15) comme de Phlégon, (16) que dans les Regîtres publics, des confirmations de ce que nous lisons dans l'Evangile, (17) de l'Etoile qui parut après la naissance de Jésus-Christ, du tremblement de terre que l'on sentit dans le tems de son crucifiement, & de l'éclipse de Soleil qui arriva dans le même tems contre le cours ordinaire de la Nature, puis qu'alors la Lune étoit en son plein. Et les Chrétiens, comme nous l'avons déja remarqué, ne manquoient pas d'en appeller à ces Ecrits, tant d'Auteurs particuliers, que de personnes publiques.

XVI. 5. On objecte en cinquiéme lieu, que nos Livres sacrez ne sont pas tels qu'ils étoient dans le commencement.

5. Objection : Que ces Livres ont été corrompus.

(15) *Comme Phlégon &c.*] Chroniques, liv. XIII. „ La quatriéme année de la CCII. Olympiade, il „ y eut une Eclipse de Soleil plus remarquable qu'au„ cune de celles qui fussent encore arrivées. A mi„ di le jour s'obscurcit tellement, que l'on vit les „ Etoiles. Et un tremblement de terre renversa „ beaucoup de maisons à Nicée ville de Bithynie. Ces paroles se trouvent dans la Chronique d'Eusébe & de St. Jérôme, & dans Origéne.

(16) *Que dans les Regîtres publics.*] Tertull. Apolog. ch. CXXI. *Vous avez ce mémorable accident dans vos Archives.*

(17) *De l'Etoile qui parut &c.*] Chalcidius, Philo-

ment. Il faut avouer qu'ils peuvent avoir eu, & qu'ils ont eu en éfet, le même fort que les autres Livres. C'est-à-dire que la négligence des Copistes, ou même leur fausse exactitude y a pu introduire quelques changemens, quelques omissions, & quelques additions de lettres, de syllabes & de mots. Mais il seroit injuste que cette diversité de copies, qui étoit inévitable dans un si grand nombre de siécles, fît douter de l'autorité de ces Livres. Ce que l'on fait ordinairement en pareil cas, & avec beaucoup de raison, c'est de choisir entre toutes les copies, celles qui sont les plus anciennes, & dont il y a le plus. Mais on ne prouvera jamais qu'elles ayent toutes été corrompues, ou par la malice des hommes, ou de quelque autre maniére que ce puisse être, & cela, dans les Dogmes, ou dans les Points considérables de l'Histoire. Cela ne se peut

---

losophe Platonicien, dans son Commentaire sur le Timée de Platon. ,, Une autre Histoire plus digne ,, de respect raporte qu'une nouvelle Etoile avoit ,, paru, non pour présager des maladies ou la mort ,, de plusieurs personnes, mais pour annoncer la ,, descente d'un Dieu souverainement vénérable, qui ,, devoit venir pour le salut des hommes; que cette ,, Etoi-

peut juſtifier, ni par aucun Acte authentique, ni par le témoignage d'aucun Auteur contemporain. Et ſi, long tems après, cela fut reproché aux Chrétiens par leurs ennemis mortels, cela doit paſſer pour une injure que la paſſion leur ſuggéroit, plutôt que pour un témoignage valable.

Cette réponſe pourroit ſufire, puis que c'eſt à ceux qui font de ces ſortes d'objections, ſur tout lors qu'il s'agit de Livres qui ont pour eux l'avantage d'une longue durée, & d'une autorité reconnue par tout, c'eſt, dis-je, à ceux qui les ataquent par cet endroit là, à prouver ce qu'ils avancent. Cependant afin de mieux faire ſentir le peu de fondement de cette dificulté, nous allons prouver que ce qu'ils nous objectent, n'eſt ni véritable ni poſſible.

I. Nous avons déja fait voir que ces Livres ont été compoſez par ceux dont ils portent le nom; donc ils ne ſont pas ſupoſez. Mais, au moins, n'eſt-

„ Etoile ayant été vûe par des Chaldéens, hommes
„ ſages, & bons Aſtronomes, ils cherchérent le
„ Dieu naiſſant, & que l'ayant trouvé dans la per-
„ ſonne d'un enfant plein de majeſté, ils lui ren-
„ dirent leurs hommages, & lui firent des vœux
„ très-dignes de ſa Grandeur.

n'est-il pas arrivé quelque changement à une partie de ces Livres? Non: car puis que les auteurs d'un tel changement auroient dû se proposer en cela quelque but, on devroit remarquer une diférence assez grande entre les Livres qu'ils auroient ou ajoûtez ou substituez à d'autres, & ceux ausquels ils n'auroient pas touché. Or c'est ce qui ne se voit en aucun de ces Ecrits, qui au contraire ont entr'eux un raport admirable. II. Il ne faut pas douter que dès qu'un Apôtre ou un homme Apostolique publioit quelque Livre, la piété, & le desir de conserver les Véritez salutaires, & de les faire passer entre les mains de la Postérité, n'ayent porté les Chrétiens à en multiplier les copies avec toute la diligence possible, & que ces copies ne se soient ensuite répandues dans l'Europe, dans l'Asie, & dans l'Egypte; car dans toutes ces parties il y avoit des Chrétiens, & la Langue Gréque y étoit connue. On a même conservé quelques Originaux jusques à la fin du second siécle, comme nous l'avons déja remarqué. Or il étoit impossible que des Livres dont on a tiré tant de copies,

&

& qui ont été confervez par la vigilance des Particuliers & des Eglifes, couruffent même le rifque d'être falfifiez. III. Dans les fiécles immédiatement fuivans, ces Livres furent traduits en Syriaque, en Ethiopien, en Arabe, & en Latin. Ces Verfions fubfiftent encore aujourd'hui & ne diférent de l'Original Gréc en rien qui foit de quelque importance. IV. Nous avons les Ecrits de ceux qui ont été inftruits ou par les Apôtres ou par leurs Difciples, & dans ces Ecrits on lit quantité de paffages citez au même fens où ils font dans les Livres du Nouveau Teftament. V. Ceux qui avoient le plus d'autorité dans l'Eglife des premiers fiécles, n'en auroient jamais eu affez pour faire recevoir quelques changemens dans l'Ecriture; comme il paroit par la liberté que S. Irénée, S. Cyprien, & Tertullien ont prife de s'opofer quelquefois à ceux qui tenoient le premier rang. VI. Depuis ces premiers tems il s'eft trouvé plufieurs perfonnes fort favantes & d'un efprit fort jufte, qui, en fuite d'un examen très-particulier, ont reconnu que ces Livres étoient demeurez

dans

dans leur première pureté. VII. On peut encore apliquer ici ce que nous difions tantôt, que de la manière dont les diverses Sectes du Christianisme s'en sont servies, il paroît qu'elles les avoient tout tels qu'ils sont aujourd'hui. J'excepte, encore une fois, celles qui ne regardoient pas le Dieu des Juifs comme Créateur du Monde, ou qui ne reconnoissoient pas que Jésus-Christ eût donné une Loi qui dût abolir une partie de celles de Moyse. VIII. Ajoûtons à tout cela, que si quelques-unes eussent eu la témérité de changer quelque chose dans le Nouveau Testament, on n'eût pas manqué de se récrier contr'eux, comme contre des faussaires. IX. Toutes les Sectes tiroient de ces Ecrits des argumens en leur faveur contre celles qui leur étoient oposées: ce qui fait voir qu'aucune n'a jamais osé entreprendre de les changer pour les ajuster avec ses sentimens. X. Enfin, nous pouvons dire ici des principaux endroits de nos Livres, ce que nous avons dit des Livres entiers : c'est qu'il n'étoit nullement convenable à la Providence divine de permetmettre que tant de milliers d'hommes, qui ne se proposoient que d'avancer dans la piété, & de faire leur salut, fussent engagez dans une erreur dont il ne leur eût pas été possible de se défendre.

Nous n'en dirons pas davantage pour la défense des Livres du Nouveau Testament. Nous croyons les avoir assez munis contre la Chicane, & avoir ainsi démontré que ce sont là les véritables sources d'où l'on doit puiser la Religion Chrétienne. Mais parce que ces sources, toutes sufisantes qu'elles peuvent être, ne sont pas les seules que nous ayons, & qu'il a plu à Dieu de nous mettre entre les mains les Livres qui servent de fondement à la Religion Judaïque, qui fut autrefois véritable, & qui fait aujourd'hui l'une des grandes preuves du Christianisme, il est à propos que nous fassions voir la certitude de ces Livres.

XVII. Qu'ils ayent été écrits par les Auteurs dont ils portent le nom, c'est ce qui se prouve par les mêmes raisons, sur lesquelles nous avons établi la même chose à l'égard des Livres du *Preuves de l'autorité des Livres du V. T.*

du Nouveau Testament. Or ces Auteurs ont été ou des Prophétes, ou des personnes très-dignes de foi ; tel que fut par exemple Esdras, qui comme l'on croit, ramassa les Livres du vieux Testament en un seul Volume, dans le tems que les Prophétes Aggée, Malachie, & Zacharie vivoient enco-

(18) *Les Annales des Phéniciens* &c.] Voyez Joséphe Antiq. Jud. liv. VIII. ch. 2. où il en cite quelques passages. Il ajoûte que si quelqu'un veut avoir copie des Lettres que Salomon & Irom se sont écrites, il n'a qu'à s'adresser aux Gardiens des Archives de Tyr. Il cite aussi liv. VII. ch. 9. ce passage tiré de Nicolas de Damas, liv. XV. ,, Long tems après,
,, le plus puissant de tous les Princes de ce païs,
,, nommé Adad, régnoit en Damas, & dans toute
,, la Syrie, excepté la Phénicie. Il entra en guer-
,, re avec David, Roi des Juifs, & après divers
,, combats, fut vaincu par lui dans une grande Ba-
,, taille qui se donna auprès de l'Euphrate, où il fit
,, des actions dignes d'un grand Capitaine, & d'un
,, grand Roi. Après la mort de ce Prince, ses
,, Descendans, qui portoient tous son nom, de mê-
,, me que les Ptolomées en Egypte, régnérent jus-
,, qu'à la dixiéme génération, & ne succédérent
,, pas moins à sa gloire qu'à sa Couronne. Le troi-
,, siéme d'entr'eux qui fut le plus illustre de tous,
,, voulant vanger la perte qu'avoit fait son Ayeul,
,, ataqua les Juifs sous le Régne du Roi Achab, &
,, ravagea tout le païs des environs de Samarie. La première partie de cette histoire se lit II. Samuel. VIII. 5. La séconde I. Rois. XX. C'est cet Adad que Justin, après Trogue-Pompée, apelle *Adores*.

Joséphe liv. VIII. ch. II. cite ce passage de l'hist. Phénicienne de Dius. ,, Le Roi Abibal étant mort,
,, Irom son fils lui succéda, * acrut les villes de
,, son Royaume qui étoient du côté de l'Orient,
,, aug-

* [Mr. Arnaud n'a pas le sens du Grec. Le voici: il fortifia la Ville (de Tyr.) du côté de l'Orient.]

core. Je ne répéterai pas ce que j'ai dit dans le premier Livre à l'avantage de Moyse ; je dirai seulement que l'Histoire sacrée des tems suivans se confirme, aussi bien que celle de Moyse, par des témoignages tirez des Auteurs Payens. (18) Les Annales des Phéniciens faisoient mention de David & de

,, augmenta de beaucoup celle de Tyr, & par le
,, moyen des grandes chauffées qu'il fit, y joignit
,, le Temple de Jupiter Olympien, & l'enrichit de
,, plusieurs ouvrages d'or. Il fit couper sur le mont
,, Liban, des forêts pour l'édification des Temples,
,, & l'on tient que Salomon Roi de Jérusalem lui
,, envoya quelques énigmes, & lui manda que s'il
,, ne les pouvoit expliquer, il lui payeroit une cer-
,, taine somme ; & qu'Irom confessant qu'il ne les
,, entendoit pas, la lui paya. * Mais qu'Irom lui
,, ayant depuis envoyé proposer d'autres énigmes
,, par un nommé Abdémon, qu'il ne peut non plus
,, expliquer, Salomon lui paya à son tour aussi de
,, grandes sommes." Dans le même chapitre l'Historien Juif produit ce passage de Ménandre Ephesien, qui, dit-il, a écrit les actions de plusieurs Rois tant Grecs que Barbares ,, Il succéda au Roi
,, Abibal son pére & régna 34. ans. Il joignit à la
,, ville de Tyr par une grande chaussée l'Ile d'Eu-
,, rychore, & y consacra une † colomne d'or à
,, l'honneur de Jupiter. Il fit couper sur le mont
,, Li-

* [Mr. Arnaud s'est encore ici écarté de l'Original: Car c'est ainsi qu'il porte, ,, Mais qu'un Tyrien
,, nommé Abdémon ayant expliqué celles que Sa-
,, lomon avoit proposées en proposa aussi quelques-
,, unes, dont Salomon n'ayant pu deviner le sens,
,, paya à son tour de grandes sommes à Irom.]

† [L'édition que j'ai de la Traduction de Mr. Arnaud a *couronne*, pour *colomne*. Mais aparemment que c'est une faute d'impression.]

de Salomon & de leurs Alliances avec les

„ Liban quantité de bois de cédre pour couvrir des
„ Temples, ruïna les anciens & en bâtit de nou-
„ veaux à Hercule, & à la Déeſſe Aſtarte, dont il
„ dédia le premier dans le mois de Péritheus, &
„ l'autre, lors qu'il marchoit avec ſon Armée con-
„ tre les Tyriens, pour les obliger, comme il fit,
„ à s'aquiter du tribut qu'ils lui devoient & qu'ils
„ réfuſoient de lui payer. Un de ſes Sujets, nom-
„ mé Abdémon, quoi qu'il fût encore jeune, ex-
„ pliquoit les énigmes que Salomon lui envoyoit.
„ * Or pour connoître combien il s'eſt paſſé de tems
„ depuis ce Roi juſqu'à la conſtruction de Cartha-
„ ge, on compte de cette ſorte. Le ſucceſſeur d'I-
„ rom fût,
„ 1 Baleazar ſon fils qui régna 7 ans.
„ 2 Abdaſtarte frére de Baleazar, 9 ans: les quatre
fréres de ſa nourrice, le tuérent en trahiſon.
„ 3 L'ainé de ces 4 régna 12 ans.
„ 4 Aſtartus frére de Deléaſtartus 12 ans.
„ 5 Azerim frére d'Aſtartus: 9 ans. Il fut tué par
ſon frére.
„ 6 Péles qui régna 8 mois: il fut tué par ....
„ 7 ..... Ithobalus Sacrificateur de la Déeſſe Aſtarte, lequel régna 32 ans.
„ 8 Badezor frére d'Ithobalus 6 ans.
„ 9 Margénus frére de Badezor 9 ans.
„ 10 Pygmalion 47 ans: ce fut en la 7 année de
ſon Régne que Didon ſa ſœur s'enfuit en Afrique,
où elle bâtit Carthage dans la Libye. En ſuputant
ces années, on voit que depuis le commencement
d'Irom juſqu'à la conſtruction de cette fameuſe Ville, il y a eu 137 ans. Alexandre Polyhiſtor, Ménandre de Pergame, & Lætus dans ſon Hiſtoire de
Phénicie, ont auſſi parlé d'Irom, & de Salomon ſon
contemporain.
Joſéphe Antiq. Jud. liv. IX. ch. 2. parlant d'A-
ſaël,

* [Dans cet endroit il y a une groſſe faute dans la
Verſion que je ſuis. Mais je crois qu'elle n'eſt pas
de cet Illuſtre Traducteur. Voici comme mon exemplaire porte. „ Or pour connoître combien il s'eſt
paſſé de tems depuis la conſtruction de Carthage
„ &c. Ce qui ne ſignifie rien du tout.]

les Tyriens. (19) Bérose a parlé de Na-

faël, qui fuccéda à Adad 1. Rois XIX. 15. dit que les Syriens le mettoient encore de fon tems au nombre de leurs Divinitez, Liv. IX. ch. 14. il raporte ce paſſage de Ménandre d'Ephéſe, où il eſt parlé de la guerre que les Tyriens ont eue contre le même Salmanaſar qui vainquit Samarie, & emmena les 10. Tribus captives. II Rois XVII. 3. & XVIII. 9. ,, Eluleus régna 36. ans. Et les Cittiens s'étant re,, voltez, il alla contr'eux avec une flotte, & les ,, réduiſit ſous ſon obéïſſance. Le Roi d'Aſſyrie ,, envoya auſſi une armée contr'eux, ſe rendit maî,, tre de toute la Phénicie, & ayant fait la paix ,, s'en retourna en ſon païs. Et voilà, *ajoûte Joſe*,, *phe*, ce que l'on trouve dans les Annales des Phe,, niciens touchant Salmanaſar, Roi d'Aſſyrie.

Liv. X. ch. 1. *Il nous aprend que Béroſe a fait mention de Sennachérib dans l'Hiſt. des Chaldéens: qu'il a dit de lui qu'il étoit Roi des Aſſyriens, & qu'il avait fait la guerre dans toute l'Aſie & dans l'Egypte.* Hérodote liv. II. en a auſſi parlé.

Liv. X. ch. 3. Il dit que Béroſe a auſſi parlé de Balad, ou Baladan Roi des Babyloniens, dont il eſt fait mention II. Rois XX. 12. Eſ. XXXIX. 2.

Hérodote liv. I. *Nécaos en étant venus aux mains avec les Syriens dans la campagne de Magdolon, remporta la victoire*. Par les Syriens il entend les Juifs, qu'il n'apelle jamais autrement. Or c'eſt cette même bataille de II. Chron. XXXV. 22.

(19) *Béroſe a parlé de Nabuchodonoſor.* Joſephe Antiq. Jud. XX. & Rép. à Appion, liv. I. Euſèbe Chron. & Prépar. I. Ce Béroſe étoit Prêtre de Belus, un peu après le tems d'Alexandre le Grand. Pline raporte liv. VII. ch. 37. que les Athéniens, en mémoire de ſes divines prédictions lui érigerent dans une Ecole publique, une Statue dont la langue étoit dorée. Athénée liv. XV. apelle le Livre de cet Auteur, *Babylonica*, ou Hiſtoire de Babylone; Tatien & Clément, *Chaldaïca*, ou, Hiſtoire des Chaldéens. Tatien remarque que le Roi Juba avouoit qu'il avoit pris de Béroſe, de quoi compoſer ſon Hiſ-

Nabuchodonosor, (20) & des autres Rois

Histoire d'Assyrie. Je joindrai ici trois passages d'Abydéne qui a aussi fait une Histoire d'Assyrie. C'est Eusébe qui nous les a conservez.

Eusébe, Chron. & Prépar. liv. IX. ch. 40. 41.
„ Nabopolassar, pére de Nabuchodonozor, ayant
„ apris que le Gouverneur qu'il avoit établi dans
„ l'Egypte, la Célésyrie & la Phénicie, s'étoit re-
„ volté, & se voyant trop âgé pour agir en person-
„ ne contre lui, en donna la commission à son fils
„ qui étoit encore dans la fleur de son âge, &
„ qui s'en aquita si bien qu'il vainquit le rebelle,
„ le prit, & remit ces païs dans l'obéissance. Dans
„ ce même tems Nabopolassar étant tombé malade
„ à Babylone, mourut après 29 ans de Régne. Na-
„ buchodonozor n'eut pas plutôt su la maladie de
„ son Pére, qu'il donna ordre aux affaires d'Egyp-
„ te & des Peuples voisins, donna charge à une
„ personne en qui il avoit de la confiance, de ra-
„ mener à Babylone l'Armée & les prisonniers de
„ guerre, Juifs, Phéniciens, Syriens & Egyptiens;
„ & y revint avec fort peu de ses gens par le che-
„ min le plus court, qui est celui du desert. Il
„ trouva les afaires en bon état entre les mains des
„ Chaldéans, le plus considérable d'entr'eux en
„ ayant pris le maniement en atendant son retour.
„ Ainsi il succéda à son Pére dans toute l'étendue
„ de ses Etats. Il dispersa les prisonniers en difé-
„ rens endroits de son Empire, leur assignant de
„ bonnes terres à cultiver. Il employa le butin
„ qu'il avoit remporté de son Expédition, à orner
„ le Temple de Bélus & des autres Dieux. Il agran-
„ dit l'ancienne Babylone en y joignant une secon-
„ de Ville. Il pourvut à ce qu'en cas de siége les
„ Ennemis ne pussent plus détourner le cours du
„ fleuve pour faciliter les aproches. Il environna
„ la Ville intérieure & la Ville extérieure, chacune
„ d'une triple enceinte de murailles, qu'il fit en
„ partie de brique & de bitume, en partie de bri-
„ que seulement. Après l'avoir si bien fortifiée,
„ il y fit des portes fort superbes. Ensuite ne se
„ contentant pas du Palais de son pére, il en fit
„ bâtir un infiniment plus somptueux, tant pour la
„ gran-

Rois des Chaldéens, dont les noms se trou-

„ grandeur de l'édifice, que pour la beauté de la
„ ſtructure, & pour les ornemens. Ce qu'il y a de
„ plus admirable, c'eſt qu'un ouvrage & ſi grand
„ & ſi beau, fût achevé en 15. jours. Il fit auſſi
„ bâtir des galeries ſi maſſives & ſi élevées, que
„ d'un peu loin elles ſembloient des montagnes, &
„ il y planta des arbres de toutes les eſpéces. Ce
„ ſont là *ces jardins ſuſpendus* qu'on a mis au nom-
„ bre des merveilles du Monde. Il les fit pour plai-
„ re à la Reine ſa Femme, qui ayant été élevée
„ dans la Médie, païs fort montagneux, aimoit
„ extrémement la vûe des montagnes & des forêts.
„ Etant tombé malade, il mourut avant que ces ou-
„ vrages fuſſent achevez après 43 ans de Régne.
Cette Femme de Nabuchodonozor, eſt celle qu'Hérodote appelle Nitocris comme Scaliger l'a prouvé.

Euſéb. Prépar. liv. ix. ſur la fin, „ Mégaſthéne
„ dit (*c'eſt Abydéne qui parle*) que Nabuchodonozor
„ a ſurpaſſé Hercule en courage & par la grandeur
„ de ſes actions: qu'il a pouſſé ſes Conquêtes juſ-
„ ques dans l'Afrique & dans l'Eſpagne, & qu'il
„ avoit envoyé ſur le rivage droit du Pont Euxin,
„ des Colonies compoſées de ceux qu'il avoit fait
„ priſonniers dans ces guerres. Outre cela les
„ Chaldéens racontent que le Roi étant un jour
„ monté ſur le haut de ſon Palais, tint ce diſcours
„ prophétique en préſence d'un grand nombre de
„ perſonnes. Ecoutez vous habitans de Babylone.
„ Moi Nabuchodonozor ai à vous annoncer une
„ calamité extrême, qui eſt prête à vous acabler,
„ & ſur laquelle ni Bélus le chef de nôtre race, ni
„ la Reine Beltis, n'ont jamais pu fléchir les Par-
„ ques. Il viendra un mulet de Perſe, qui aidé de
„ vos Dieux mêmes, vous réduira en ſervitude. Un
„ Méde, qui avoit été juſques là aux Aſſyriens un
„ ſujet de ſe glorifier, ſe joindra à lui pour vous
„ perdre. Ah, plût aux Dieux qu'avant qu'il nous
„ trahît, il fût plongé au fond de la mer, ou
„ qu'entraîné malgré lui dans des lieux deſerts &
„ inhabitez, receptacles des bêtes & des oiſeaux,
„ il y errât parmi les rochers le reſte de ſes jours!

„ Que

trouvent dans l'Ecriture. Le Roi
d'E-

,, Que les Dieux ne m'ont-ils retiré avant que de
,, me faire entrevoir un avenir si funeste! Après
,, qu'il eut prononcé ces paroles, il disparut tout
,, d'un coup.

Le même Eusèbe dans un autre endroit raporte encore ces paroles d'Abydéne. ,, On dit qu'autre-
,, fois l'endroit où Babylone est bâtie, étoit un
,, grand amas d'eaux, auquel on donnoit le nom
,, de Mer : que Belus l'ayant asséché, partagea le
,, fonds entre plusieurs de ses Sujets, y bâtit Baby-
,, lone, qu'il entoura de murailles : que ces mu-
,, railles ayant été consumées par le tems, Nabu-
,, chodonozor en fit de nouvelles, dont les portes
,, étoient d'airain, & qui demeurérent sur pié jus-
,, qu'au tems d'Alexandre le Grand.

Joséphe Rép. à Appion liv. 1. ch. 7. produit un passage de l'Histoire des Phéniciens, qui est digne d'être raporté ici, tant parce qu'il parle de Nabuchodonozor, que parce qu'il contient la suite des Rois & des Juges de Tyr, depuis Ithobal jusqu'à Irom, c'est-à-dire, jusqu'au tems de Cyrus. ,, Du-
,, rant le Régne d'Ithobal, Nabuchodonozor assié-
,, gea la Ville de Tyr. Baal succéda à Ithobal, &
,, régna dix ans. Après sa mort le Gouvernement
,, passa des Rois à des Juges. Ecnibal fils de Bas-
,, lach, exerça cette Dignité durant deux mois.
,, Chelbés fils d'Abdée l'exerça dix mois ; le Pon-
,, tife Abdar deux mois ; Mytgon & Gerastrate
,, fils d'Abdebyme 6. ans ; Balator 1 an. Après on
,, envoya querir en Babylone Merbal qui régna
,, 4 ans, & Irom son frére qui lui succéda régna
,, 20 ans. Cyrus Roi de Perse régnoit aussi alors:
,, & tous ces tems ajoûtez ensemble reviennent à
,, 54 ans, trois mois. Ce fut en la septiéme an-
,, née du Régne de Nabuchodonozor que commen-
,, ça le siége de Tyr, & en la quatorziéme année
,, du Régne d'Irom que Cyrus Roi de Perse vint
,, à la Couronne. On voit aussi dans Joséphe un passage d'Hécatée qui porte que les Perses (par où il entend les Babyloniens) avoient emmené en Babylone, plusieurs milliers de Juifs. Clement, Stromat. 1. raporte un témoignage de Demetrius sur

ce

d'Egypte (21) que Jérémie appelle Va-

ce même événement, & sur la guerre de Sennachérib.

(20) *Et des autres Rois Chaldéens.*] Rép. à Appion liv. 1. ch. 6. „ Evimérodach son fils (savoir fils
„ de *Nabuchodonosor*) lui succéda: ses méchancetez
„ & ses vices le rendirent si odieux, que n'ayant
„ encore régné que deux ans, Nériglissor, qui avoit
„ épousé sa sœur, le tua en trahison, & régna 4
„ ans. Son fils Laborosoarchod, qui étoit encore
„ fort jeune, régna seulement neuf mois. Car ceux
„ mêmes qui avoient été amis de son pére, recon-
„ noissant qu'il avoit de très-méchantes inclina-
„ tions, trouvérent moyen de s'en défaire: & après
„ sa mort choisirent d'un commun consentement
„ pour régner sur eux, Nabonnid, qui étoit de Ba-
„ bylone, & * étoit de la même race que lui. Ce
„ fut sous son Regne que l'on bâtit le long du fleu-
„ ve, avec de la brique enduite de bitume, ces
„ grands murs qui enferment la Ville de Babylone.
„ Et en la dix-septieme année de son Régne, Cyrus
„ Roi de Perse après avoir conquis le reste de l'A-
„ sie, marcha vers cette Ville. Nabonnid alla à
„ sa rencontre, perdit la bataille, & se sauva avec
„ peu de gens dans la Ville de Borsippe. † Cyrus
„ assiégea en suite Babylone dans la créance qu'a-
„ près avoir forcé le premier mur, il pourroit se
„ rendre maître de cette Place. Mais l'ayant trou-
„ vée beaucoup plus forte qu'il ne pensoit, il chan-
„ gea de dessein, & alla pour assiéger Nabonnid
„ dans Borsippe. Ce Prince ne se voyant pas en
„ état de soutenir le siége, eut recours à la clémen-
„ ce du Vainqueur, qui le traita fort humainement,
„ & qui lui donna dequoi vivre à son aise dans la
„ Caramanie, où il passa le reste de ses jours dans
une

* [Ce n'est pas cela, mais, „ & qui avoit été de
„ la Conspiration.]

† Ce n'est là point du tout le sens de Joséphe,
le voici. „ Cyrus ayant pris Babylone, trouva à
„ propos de la démanteler, parce qu'il voyoit que
„ le peuple étoit remuant, & la Ville dificile à
„ prendre; Après quoi il alla pour assiéger Nabon-
„ nid dans Borsippe.

Vaphrès, est l'Apriès d'Hérodote (22) Cyrus & ses Successeurs (23) jusqu'à Darius Codomanus, remplissent les Livres des Auteurs Grecs. Joséphe dans ce qu'il a écrit contre Appion, en cite un grand nombre sur plusieurs Points de l'Histoire des Juifs, & nous avons entendu sur le même sujet les témoignages de Strabon & de Trogus. Les Chrétiens n'ont pas le moindre sujet de douter de la divinité des Livres du Vieux Testament, puis qu'à peine y en a-t-il un dont il n'y ait quelque passage dans ceux du Nouveau. Et comme Jésus-Christ,

,, une condition privée. C'est cette retraite de Nabonnid à Borsippe qui est marquée, Jérémie LI. 30. *Les forts de Babylone se sont déportez de combatre; Ils se sont tenus dans les forteresses &c.* Eusèbe donne un passage d'Abydéne qui dit la même chose, mais en abrégé. La seule diférence est dans les noms, *Evilmaluruchus*, par exemple, au lieu d'*Evilmérodach*, Le nom d'Evilmérodach se trouve dans le Livre second des Rois XXV. 27. Hérodote parlant du siége de Babylone dit ,, que Cyrus détourna le fleuve de son ,, cours ordinaire faisant écouler ses eaux dans un Lac ,, marécageux; & que par ce moyen il se fit un ,, chemin au travers du lit de ce fleuve. Cela est ,, marqué Jérem. LI. 32. *Ses quais sont surpris, ses marais sont brûlez au feu.*

(21) *Que Jérémie appelle Vaphrès.*] Jer. XLIV. 3. C'est ainsi que les LXX Interprétes & Eusèbe tournent le mot חפרע *hophriagh*. Ce Roi vivoit dans le tems de Nabuchodonosor.

(22) *Cyrus &c.*] Diodore de Sicile, Ctésias, Justin liv. IV. ch. 5. &c. Théophile d'Antioche prou-

Chrift, qui a cenfuré en mille chofes les Docteurs de la Loi & les Pharifiens de fon tems, ne les a jamais acufé d'avoir falfifié les Livres de Moyfe & des Prophétes, ou de n'avoir que des Livres fupofez ou corrompus; il eft vifible que ceux qui fe lifoient de fon tems étoient les mêmes que ceux que Moyfe & les Prophétes avoient compofez. Mais peut-être ont-ils été corrompus depuis Jéfus-Chrift dans des endroits importans. C'eft ce qu'on ne fauroit prouver, & c'eft même ce qui paroît tout à fait incroyable. Les Juifs

prouve par le témoignage de Bérofe, que le Temple de Jerufalem a été commencé à rebâtir fous Cyrus & achevé fous Darius.

(23) *Jufqu'à Darius Codomannus.*] C'eft celui qu'Alexandre le Grand vainquit. Sous le Régne de ce Roi les Juifs avoient pour fouverain Sacrificateur, Jaddus qui alla au devant d'Alexandre le Grand. Dans ce même tems, vivoit Hécatée, natif †d'Ab- *Ville de dére, qui a fait un Livre d'Hiftoire Judaïque. Jo- *Thrace.* féphe (réponfe à Appion liv. 1.) en a tiré une trèsbelle defcription de Jérufalem & du Temple. C'eft là qu'il raporte auffi quelques difcours d'Ariftote à l'avantage des Juifs: à quoi il ajoûte 7 ou 8 Auteurs Grecs qui ont parlé de ce qui concerne cette Nation (car dans tout ce Livre fon grand but eft de montrer qu'elle eft fort ancienne & de répondre à Appion qui lui objectoit contre cette antiquité le filence des Auteurs étrangers. C'eft dans cette vue qu'il fait venir fur les rangs des Auteurs Egyptiens, Phéniciens, Chaldéens, & Grecs, & qu'il en raporte plufieurs paffages dont Grotius a tranfcrit une partie.)

P

Juifs, dépositaires de ces Livres, étoient répandus presque par toute la Terre. On sait que dès le commencement des malheurs de ce Peuple, dix de ses Tribus furent transportées dans la Médie par les Assyriens: Que quelque temps après les deux autres furent amenées captives en Babylone: Que de ces deux il y eut quantité de personnes qui ne voulurent pas profiter de la liberté que Cyrus donna aux juifs de retourner dans leur païs, & qui aimérent mieux s'arrêter dans ces terres étrangéres: Que les Macédoniens atirérent un grand nombre de Juifs (24) à Alexandrie par les grands avantages, qu'ils leur y firent trouver: Que la cruauté d'Antiochus, les troubles domes-

(24) *A Alexandrie.*] Philon compte un million de Juifs tant dans cette Ville que dans les lieux d'alentour.

(25) *La Province de Cyréne...... qu'enfin la Ville de Rome &c.*] Cela paroît par toute l'Histoire des Actes des Apôtres. Horace parle des Juifs dans trois de ses Satyres, Juvénal dans sa quatorziéme Satyre, Martial en plusieurs de ses Epigrammes. Rutilius Itinér. liv. 1. ,, Plût aux Dieux que ni ,, Pompée ni Titus n'eussent jamais subjugué les ,, Juifs. Cette Nation dangereuse semble trouver ,, dans ses pertes mêmes des forces pour pulluler de ,, nouveau; & ses Vainqueurs sentent plus qu'elle- ,, même le poids du joug qu'ils lui imposent. A-
vant

mestiques causez par les Asmonéens, les Guerres de Pompée & de Sossius, en obligérent plusieurs à chercher ailleurs des habitations plus tranquilles: Que cette Nation remplissoit (25) la Province de Cyréne, les villes de l'Asie, de la Macédoine, de la Lycaonie, les Iles de Cypre, de Créte, & d'autres: Qu'enfin la Ville de Rome en étoit pleine, comme il paroît par ce qu'en ont dit Horace, Juvénal, & Martial. Or peut-on concevoir que les Juifs étant divisez en tant de corps si éloignez les uns des autres, eussent pu se laisser surprendre par des supositions de Livres & par des changemens de quelque importance, ou conspirer unanimement à falsifier l'Ecriture ?

Ajoû-

vant lui, Sénéque en avoit dit autant; ,, Les cou-
,, tumes de ce peuple scélérat ont pris de si fortes
,, racines, qu'il n'y a pas de Païs où elles ne se
,, soient répandues. Par là il a su donner des loix
,, à ceux sous le pouvoir desquels le sort de la Guer-
,, re l'avoit réduit". Nous avons tantôt vu quelle est la source de ces paroles injurieuses & de ces marques de haine. Philon dans l'histoire de son Ambassade, ,, Combien nombreuse doit être cette Na-
,, tion qui habite, non dans un certain Païs, com-
,, me les autres Peuples, mais presque dans le Mon-
,, de entier ! Elle est répandue & dans la Terre fer-
,, me, & dans les Iles: & par tout où elle se trou-
,, ve, elle paroît presque aussi forte en nombre que
,, les habitans naturels.

* *Joseph.* Ajoûtons à cela que * près de trois cens
L. X. 11. 2. ans avant Jésus-Chrift, la Verfion des
Septante Interprétes, de laquelle on
eft redevable aux foins de Ptolomée
Roi d'Egypte, mit l'Ecriture entre
les mains des Grecs, avec quelques petites diférences qui n'empêchoient pas
que ce ne fût en gros le même Livre:
& que c'étoit encore un moyen très-
propre à prévenir les falfifications.
Outre cette Verfion il en parut une
Chaldaïque, & une autre dans le Langage particulier de Jérufalem, qui n'é-
toit autre chofe qu'un demi-Syriaque:
(26) l'une avant & (27) l'autre après
la naiffance de Jéfus-Chrift. Elles
furent fuivies des Verfions Gréques
d'Aquila (*a*), de Symmaque (*b*), &
de Théodotion (*c*), lesquelles Origéne, & d'autres après lui, examiné-
rent en les confrontant avec celle des
Septante, & trouvérent très-confor-
mes,

(26) *L'une avant* &c.] C'eft celle d'Onkelos,
& peut être auffi celle de Jonathan.
(27) *L'autre après* &c.] C'eft le Thargum de
Jerufalem.
(*a*) Aquila vivoit fous l'Empereur Adrien au commencement du fecond fiecle. De Païen il fe fit
Chrétien, & de Chrétien Juif. Ce fut la Science
des Mahtématiques dont il abufa, qui le perdit.
Trad. de Par.
(*b*) Symmaque fit fa Verfion de l'Ecriture, fous
l'Empereur Marc-Aurele dans le fecond fiecle. *Le
même.*

mes avec cette Version, soit dans l'Histoire, soit dans les choses qui étoient de quelque conséquence. Philon & Joséphe, dont le premier fleurissoit du tems de Caligula, & l'autre a vécu jusqu'au Régne de Vespasien, citent l'Ecriture dans les mêmes termes où nous l'avons aujourd'hui. Parmi les Chrétiens, dont le nombre augmentoit alors extrêmement, il y en avoit beaucoup (28) qui étoient nés Juifs, (29) ou qui aprenoient l'Hébreu, & qui, si les Juifs avoient introduit dans le Texte quelques changemens & quelques corruptions un peu considérables, n'eussent pas eu de peine à les découvrir par la collation des plus anciens Originaux, & l'eussent infailliblement publié. Or non seulement ils ne le font pas, mais ils en raportent même plusieurs passages précisément

dans

(c) Theodotion natif d'Ephese avoit été Disciple de Tatien: il se fit Marcionite, puis Juif ; & alors il entreprit de traduire l'Ecriture d'Hébreu en Grec. Sa Version fut la troisiéme, & l'Eglise ne la méprisa pas, quoique venant d'un Apostat. *Le même.*

(28) *Qui étoient nez Juifs.*] Quelques-uns étoient nez proche de la Judée, comme Justin, qui étoit de Samarie.

(29) *Ou qui aprenoient l'Hébreu*, comme Origéne, S. Epiphane, & sur tout S. Jérôme.

dans le même sens qu'ils ont dans l'Hébreu. Remarquons encore qu'on ne pourroit guére intenter contre les Juifs, d'acusation plus mal fondée que celle d'avoir corrompu le Texte, ou d'y avoir donné lieu par leur négligence ; puis qu'on n'ignore pas (30) avec quelle aplication & avec quel scrupule ils décrivent le Texte sacré, & le collationnent avec les meilleurs Exemplaires. Leur exactitude va même jusqu'à compter combien de fois chaque lettre se trouve dans toute l'Ecriture. Pour derniére preuve que les Juifs n'ont pas même tâché de gâter le Texte, on peut aporter l'usage que les Chrétiens font du vieux Testament contre eux. Ceux-ci croyent y trouver des raisons convainquantes pour prouver que Jésus est le Messie, qui avoit été promis aux Ancêtres de ce Peuple. Si donc les Juifs eussent pu faire dans le Texte tels changemens qu'ils auroient trouvé à propos, il ne faut

---

(30) *Avec quelle aplication* &c.] Joséphe, Rép. à App. liv. I. L'expérience même fait voir combien est forte la persuasion que nous avons de la vérité de nos Livres ; puis que depuis tant de siécles personne n'a osé ou y ajoûter, ou en ôter, ou y faire quelques changemens. Voy: Deuter. IV. I.

faut pas douter que depuis cette grande dispute qu'ils ont avec les Chrétiens, ils n'eussent fait disparoître ces preuves, ou que du moins ils ne les eussent obscurcies, en falsifiant les passages dont nous apuyons ce Dogme fondamental de nôtre Religion.

TRAITÉ
DE LA VERITÉ
DE LA
RELIGION
CHRETIENNE.

LIVRE QUATRIEME.

Refutation du Paganisme.

I.   Lors qu'on est à l'abri d'un péril où l'on voit d'autres personnes engagées, on ne peut guére se défendre de quelque sentiment de plaisir à cette vûe toute triste qu'elle peut être. Comme ce plaisir ne naît pas du malheur d'autrui, mais
de

de ce que l'on s'en voit exemt, il est sans malignité, & n'a rien de blâmable. Un Chrétien donc qui du chemin sûr où Dieu l'a mis voit le reste des hommes ne tenir aucune route certaine, & s'égarer en mille maniéres, peut s'abandonner à toute la joye que lui inspire le bonheur qu'il a d'être dans la bonne voye. Mais il ne s'en doit pas tenir là; il est dans la plus étroite obligation de travailler pendant toute sa vie à secourir les Errans autant qu'il lui est possible, à leur tendre la main, à les atirer dans le bon parti, & à leur faire part de son bonheur. C'est à ce devoir que nous avons tâché de satisfaire dans les Livres précédens; où, par cela-même que nous avons établi la Vérité, nous avons refuté toutes les Erreurs.

Mais parce que le Paganisme, le Judaïsme, & le Mahométisme, qui sont les trois grandes Religions qui s'oposent à celle que nous avons prouvée, outre ce qu'elles ont de commun entr'elles, ont chacune leurs erreurs particuliéres, & chacune leurs preuves diférentes pour se défendre & pour nous ataquer : nous croyons ne rien faire d'inutile, si nous les combatons chacune à son tour. C'est à quoi nous destinons les trois livres suivans, que nous ne commencerons qu'après avoir prié les Lecteurs d'aporter ici un esprit libre de passion, & de ces préjugez que forme une longue habitude; & de se mettre par là en état de bien juger de ce que nous allons dire.

Contre le culte des Esprits créez.

II. Nous commençons par les Payens. S'ils croyent plusieurs Dieux éternels & égaux à tous égards, nous les avons déja refutez dans le premier Livre, lors que nous avons prouvé qu'il n'y a qu'un Dieu, Cause unique de toutes les choses du Monde. S'ils donnent

---

(1) *S'ils ne seroient pas là-dessus dans une erreur dangereuse.*] Porphyre, de l'abstinence des choses animées liv. 11. „ Les Esprits, ennemis des Dieux, „ sont ceux par qui s'exécutent toutes les impostu- „ res, & tous les enchantèmens des Magiciens. Car „ ceux qui font métier de tromper les hommes, „ & de leur nuire par les Sciences magiques, ser- „ vent ces Esprits, & sur tout celui qui est leur „ Chef; sachant bien qu'ils ont le pouvoir d'impo- „ ser aux hommes par des prodiges aparens. C'est „ d'eux qu'ils tirent les philtres, & tous les autres „ moyens de faire naître de l'amour. C'est par „ leurs suggestions qu'ils se rendent infames par „ l'impureté, par l'avidité du gain, ou de je ne „ sai quelle gloire, mais principalement, par les „ fourberies, qui sont le plus particulier caractére „ de ces Esprits, comme il paroît en ce qu'eux & „ leur

nent ce nom à des Intelligences créées, supérieures à l'Homme, qu'ils nous disent si elles sont bonnes ou mauvaises. S'ils disent qu'elles sont bonnes, je leur demande s'ils en sont bien assurez, & (1) s'ils ne seroient pas là-dessus dans une erreur dangereuse, s'ils n'adoreroient point par hazard de mauvais génies, dans le tems qu'ils croyent en adorer de bons ; & s'ils ne prendroient pas peut-être des Esprits rebelles au Dieu souverain, pour ses Ministres, & des Transfuges pour des Envoyez ? De plus, le bon sens dicte qu'ils doivent mettre quelque diférence entre les honneurs divins qu'ils rendent au Souverain & à ses Ministres. Enfin,

„ leur Chef, veulent passer pour Dieux. Ensuite parlant des Prêtres d'Egypte, „. Ils assurent, dit-il, qu'il y a une certaine espéce d'Esprits, qui sont trompeurs & fins, qui prennent tantôt une forme & tantôt une autre, qui quelquefois veulent être regardez comme Dieux, quelquefois comme Démons, & quelquefois aussi se disent être les ames de personnes mortes : & qui peuvent envoyer aux hommes ou des biens ou des maux. Mais que pour ce qui est des vrais biens, qui sont ceux de l'ame, bien loin de les pouvoir procurer, ils ne les connoissent même pas : mais que tout ce dont ils sont capables, c'est d'abuser de leur loisir, en séduisant, ou en arrêtant ceux qui sont dans le chemin de la vertu : qu'enfin ils sont pleins de faste, & qu'ils n'aiment rien tant que l'odeur des Victimes que l'on brûle.

fin, ne devroient-ils pas favoir quelle eft la fubordination, qui eft entre ces Intelligences médiatrices; quels font les biens que chacune d'elles peut leur faire; & quel eft le culte qu'elle doit exiger d'eux en vertu de l'ordre du Dieu fouverain? Leur Religion n'a rien de fûr ni de réglé fur tout cela; & dès là même elle eft très-imparfaite & très-dangereufe. Il y auroit donc plus de fureté pour eux à fe renfermer dans le Culte d'un feul Dieu. En cela ils ne feroient (2) que fuivre Platon, qui met cette adoration d'un feul Etre fuprême entre les premiers devoirs du Sage; & ils n'y pourroient rien perdre, puis que ces bons Génies étant dans la dépendance du grand Dieu, ils les mettroient dans leur parti, par cela même qu'ils fe rendroient Dieu favorable.

Que les Efprits qui étoient adorez par les Payens, étoient les Démons.

III. Ce n'eft pas tout. On peut les jetter encore dans de bien plus grans embarras, en leur montrant, que ces Dieux qu'ils adoroient, étoient de malins Efprits. Cela fe recueille, I. de ce

---

(2) *Que fuivre Platon &c.*] ,, Que les autres fer-
,, vent d'autres Dieux, pour nous, atachons-nous
,, au feul Jupiter. Orig. contre Celfus, liv. VIII,

ce que ces Esprits soufroient patiemment l'honneur que les Payens leur faisoient, sans jamais les renvoyer à celui qui étoit le commun Maître des uns & des autres; & de ce qu'ils s'oposoient même de toutes leurs forces à ce qu'il fût adoré, ou que du moins ils tâchoient de partager également avec lui les honneurs de l'Adoration. II. Cela paroît encore parce qu'ils ont suscité les plus terribles traverses aux Adorateurs d'un seul Dieu, & ont animé à leur perte & les Peuples & les Magistrats. Pendant que d'un côté les Poëtes chantoient impunément les parricides & les adultéres de leurs Dieux; que les Epicuriens nioient la Providence; que toutes les Sectes les plus oposées du Paganisme se toléroient mutuellement, & se donnoient la main les unes aux autres; que Rome recevoit également les Cérémonies & les Dieux des Egyptiens, des Phrygiens, des Grecs, & des Peuples de l'Etrurie: les seuls Juifs étoient l'objet de leurs railleries, de leurs Satyres, & d'une haine qui alloit quelquefois jusqu'à les bannir de la Société; & leur fureur contre les Chrétiens ne se pouvoit

voit aſſouvir que par les derniers ſuplices. On ne peut rendre, ſans doute, d'autre raiſon de cette inégalité, ſinon que ces Religions ne reconnoiſſoient qu'un ſeul Dieu, de l'honneur duquel les Dieux du Paganiſme étoient beaucoup plus jaloux, que chacun en particulier ne l'étoit de celui que les autres Dieux recevoient. III. Cela paroît enfin par la nature du culte que les Payens leur rendoient, qui étoit ſi contraire à la vertu & à l'honnêteté, qu'il ne pouvoit que choquer un eſprit ſage & vertueux. Toutes les plus grandes inhumanitez, & les ſaletez les plus groſſiéres y entroient. On leur immoloit des hommes: (3) on couroit nud dans leurs Temples: on célébroit en leur honneur des jeux qui n'avoient rien en eux-mêmes qui portât à la piété: (4) on les honoroit par des danſes impures & laſcives. Et c'eſt ainſi qu'aujourd'hui encore les Payens de l'Amerique & de l'Afrique ſervent leurs Divinitez.

Mais

---

(3) *On couroit nud dans leurs Temples.*] Par exemple dans la Fête des *Lupercales.
* [Fête de Pan Dieu des Paſteurs.]

(4)

Mais qu'eſt-il beſoin de prouver aux Payens que leurs Dieux n'étoient autre choſe que les Démons; puis qu'il y a eu autrefois, & qu'il y a encore préſentement des Peuples qui en font hautement profeſſion. C'eſt ſous cette idée que les Perſes adoroient Arimanius. Les Grecs ſervoient leurs *Cacodémons*, ou, mauvais Démons. Les Romains avoient leur méchant Jupiter, auſſi bien que leur Jupiter très-bon & très-grand: & quelques Nations de l'Ethiopie & des Indes rendent leurs hommages à des Dieux qu'elles conçoivent comme malfaiſans.

IV. Aprés avoir prouvé une choſe ſi flétriſſante pour le Paganiſme, il faut en montrer l'impiété & l'horreur. Le Service religieux n'eſt autre choſe qu'un acte de l'eſprit par lequel il reconnoit une bonté infinie dans l'objet de ſon adoration. Ainſi le culte des Démons n'eſt pas ſeulement abſurde & contradictoire; mais il contient auſſi une rebellion manifeſte, qui prive le Dieu ſouverain de l'honneur qui lui

Impiété de ce Culte.

---

(4) *On les honoroit par des danſes &c.*] comme dans les Fêtes de Flore.

lui eſt du, pour le déférer tout entier à ſes Sujets revoltez & à ſes Ennemis. Car ce ſeroit une extravagance, que de ſe promettre l'impunité de cette félonnie, ſous prétexte que Dieu eſt ſouverainement bon. (5) La clémence a ſes bornes, qu'elle ne peut paſſer ſans dégénérer en une véritable moleſſe. Et lors que l'outrage eſt exceſſif, la Juſtice ne ſeroit plus Juſtice, ſi elle ne le puniſſoit. Les Payens ne raiſonnent pas plus ſagement, lors qu'ils fondent le ſervice qu'ils rendent volontairement aux Démons, ſur ce qu'ils craignent les éfets de leur malice. L'Etre ſuprême étant ſouverainement communicatif, par cela-même qu'il eſt ſouverainement bon, c'eſt lui qui doit produire, & qui produit en éfet, tous les autres Etres. S'il les produit, il a donc ſur eux le droit abſolu qu'un Ouvrier a ſur ſes ouvrages : & par conſéquent ils ne peuvent rien faire que ce qu'il ne veut pas empêcher. Cela poſé, il eſt évident que celui qui eſt ſous la protection du Dieu ſouverain,

&

---

(5) *La clemence a ſes bornes.*] Tertull. contre Marcion liv. 1. *comment aimez-vous, ſi vous ne craignez pas de ne point aimer ?*

& infiniment bon, ne doit plus rien apréhender de la part de ces malins Esprits, que ce que Dieu, par un principe même de bonté, veut bien permettre qu'il en soufre. Ajoûtons à cela que ces Esprits ne peuvent rien acorder à l'homme, qui ne lui doive être fort suspect, & qu'il ne doive même rejetter. Jamais ceux qui se conduisent par un principe de malignité ne sont plus à craindre, que lors qu'ils se revêtent d'une aparence de bonté. Et quelqu'un a fort bien remarqué que les présens des ennemis cachent toûjours quelque perfidie.

V. Il y a eu de tout temps des Payens, & l'on en voit encore, qui font profession d'adorer des Héros après leur mort. Mais. I. ils eussent dû distinguer ce culte de celui du Dieu souverain, par des caractéres évidens. II. Les priéres qu'ils leur adressoient étoient vaines & inutiles, si les Esprits de ces Héros ne pouvoient les exaucer. Or ils n'avoient aucune certitude que ces Esprits le pussent, & ils n'avoient pas plus de raison de les en croire capables, qu'ils en avoient du contraire. III. Mais ce qu'il y a

Contre le culte que les Payens rendoient aux Héros aprés leur mort.

Q de

de plus vicieux dans ce culte, c'est qu'ils le rendoient à des hommes qui pendant leur vie avoient été souillez de diférens crimes. Bacchus avoit été un homme plongé dans les débauches du vin. Hercule avoit aimé les femmes. Romulus & Jupiter avoient donné des marques d'un cœur dénaturé; l'un par le meurtre de son frére, & l'autre par celui de son pére. Les hommages qu'on leur rendoit ne pouvoient donc que deshonorer infiniment le vrai Dieu, en outrageant la Sainteté qui lui est si chére, (6) & en autorisant, par les principes sacrez de la Religion, des crimes qui d'eux-mêmes n'ont que trop de charmes pour des cœurs naturellement corrompus.

Contre le culte des Astres & des Elemens. VI. Les objets les plus anciens de l'Idolatrie furent les Astres & les Elemens, c'est-à-dire, le Feu, l'Eau, l'Air, & la Terre. Mais cette espéce d'Idolatrie n'étoit pas moins criminelle que les précédentes. L'Invocation fait

---

(6) *Et en autorisant &c.*] S. Cyprien, lettre: *les crimes qu'ils commettent à l'exemple de leurs Dieux, deviennent par là des crimes sacrez.* S. Aug. lett. CLII. „ Rien n'est plus capable de troubler la Société & „ de corrompre les mœurs, que l'imitation des „ Dieux

fait la partie la plus essentielle du Service religieux. Or c'est une folie que de l'adresser à des Natures destituées d'intelligence. Les Sens sufisent, en quelque maniére, pour nous convaincre que les Elémens sont de cet ordre. Et rien ne prouve que les Astres n'en soient pas. On juge de la nature d'un sujet par ses opérations. Celles des Astres ne marquent point du tout un Principe intelligent ; (7) & même, la régularité de leurs mouvemens, qui suivent toûjours de certaines loix, démontre assez le contraire, puisque les mouvemens qui partent d'une volonté libre se ressentent de leur principe, & varient très-souvent. De plus, nous avons fait voir ailleurs que le cours des Astres est proportionné aux besoins de l'Homme. Et cela le devoit convaincre qu'il porte dans son ame de plus vifs traits de ressemblance avec Dieu, & qu'il lui est beaucoup plus cher, que ces autres Créatures ;
qu'ainsi

,, Dieux tels que sont ceux des Payens, selon l'i-
,, dée qu'ils en donnent eux-mêmes.
(7) *Et même la régularité de leurs mouvemens &c.*
Cette raison obligea un Roi du Pérou à nier que le Soleil fût Dieu.

qu'ainſi c'eſt faire tort à l'excellence de ſa nature, que de ſe ſoumettre à des choſes que Dieu lui avoit ſoumiſes; & que ce qu'il doit faire, eſt de s'aquiter des devoirs de reconnoiſſance, auſquels on ne peut pas prouver qu'elles ſoient capables de ſatisfaire.

Contre le culte que les Payens rendoient aux animaux.

VII. Ce qu'il y a de plus honteux, c'eſt que les hommes ſe ſoient abaiſſez juſqu'à adorer des animaux. (8) Les Egyptiens ont pouſſé ce culte plus loin qu'aucuns autres Peuples. Il eſt vrai qu'il y a des animaux dans leſquels on aperçoit quelque choſe qui reſſemble aſſez à ce qu'on apelle Eſprit & Connoiſſance. Mais ce n'eſt rien, ſi on le compare à l'Ame raiſonnable. Ils ne peuvent expliquer leurs conceptions, ni en parlant ni en écrivant. Ils ſont bornez à une certaine eſpéce d'actions & de maniéres d'agir. Combien moins pourroient-ils connoître les nombres, les meſures, & le cours des corps cé-

leſ-

___

(8) *Les Egyptiens ont pouſſé* &c.] Philon dans le Récit de ſon Ambaſſade.

(9) *A, de plus, celui de ſe rendre maître par ſon adreſſe* &c.] Euripide dans la Tragédie d'Æole, ,, la ,, Nature a donné peu de force à l'Homme, mais il ,, dompte par ſon adreſſe les animaux aquatiques, ,, & terreſtres, & ceux qui vivent dans l'air''. Anti-

leſtes. L'Homme qui a tous ces avantages, (9) a, de plus, celui de ſe rendre maître par ſon adreſſe, de toutes ſortes d'animaux, depuis les plus foibles juſqu'aux plus robuſtes. Les bêtes farouches, les oiſeaux, les poiſſons, rien n'évite de tomber entre ſes mains. Il ſait apriviſer quelques-uns, les rendre dociles, & en tirer divers uſages. Il ſait mettre à profit les plus nuiſibles, & trouver des remédes dans les plus venimeux. En général, il reçoit de toutes les bêtes une utilité où elles ne peuvent avoir part : c'eſt qu'étudiant l'aſſemblage & l'arrangement de leurs parties, il en fait l'objet d'une Science qui lui fournit beaucoup de lumiéres ; & que les comparant entr'elles genre avec genre, & eſpéce avec eſpéce, il voit combien elles lui ſont inférieures pour la beauté & la perfection de la ſtructure du corps. Si l'on penſe ſérieuſement à ce que nous venons de dire, on verra que l'Homme,

tiphon, ,, L'Art nous fait ſurmonter les bêtes qui ,, nous ſurmontent par les forces de la Nature. On pourroit expliquer par là la Domination que l'Homme a reçue ſur les animaux. Gen. 1. 26. Pſeau. VIII. 2. Claude le Néapolitain dans Porphyre. *L'Homme n'eſt pas moins le maître de tous les animaux, que Dieu l'eſt de l'homme.*

me, bien loin de se devoir faire des a-
nimaux brutes un objet d'adoration,
se doit plutôt regarder en quelque sorte comme leur Dieu, mais subordon-
né au Souverain du Monde, & élevé
par son ordre à cette Dignité subalter-
ne.

Contre le culte qu'ils rendoient aux Passions, à la Vertu &c.

VIII. Les Livres des Payens nous aprennent que les Grecs, les Latins, & d'autres Peuples, adoroient certaines choses qui ne sont que de simples accidens. Pour ne pas parler de la Fiévre, de l'Impudence, & de telles autres choses ou afligeantes ou vicieuses; la Santé, dont ils faisoient une Déesse, n'est que la bonne température des parties du corps. Le Bonheur n'est que la conformité des évenemens avec les desirs de l'homme. Les Passions, comme l'amour, la colére, l'espérance, & d'autres, qui naissent toutes de la vûe du bien ou du mal, & de la facilité des choses vers lesquelles nous nous portons, ne sont que des mouvemens dans cette partie de l'ame qui a le plus de liaison avec le corps par le moyen du sang. Or ces mouvemens ne sont pas libres & indépendans, mais soumis à nôtre vo-
lon-

lonté, comme à une maîtresse dont ils suivent les ordres, du moins dans leur durée & dans leur détermination vers un certain objet. La Vertu, qui prend diférens noms selon la diversité des sujets où elle s'exerce, & qui s'apelle *Prudence*, lors qu'elle s'ocupe au choix de ce qui est utile; *Vaillance*, lors qu'elle nous porte à braver le péril; *Justice*, lors qu'elle nous empêche de mettre la main sur ce qui ne nous apartient pas; & *Tempérance*, lors qu'el modére la passion que l'Homme a pour les plaisirs: la Vertu, dis-je, n'est qu'un penchant vers la droiture, lequel se fortifie dans le cœur par une longue habitude, & peut diminuer & se détruire même par nôtre négligence. L'Honneur, ou la Gloire, à qui nous lisons que l'on consacroit aussi des Temples, n'est autre chose que le jugement que nous faisons d'une personne, & par lequel nous reconnoissons en elle de la vertu & du mérite. Mais comme, par un malheur qui nous est naturel, nous sommes extrémement sujets à errer, nous nous trompons souvent dans l'opinion que nous avons des autres; soit en estimant ceux qui n'ont aucun vrai mérite, soit en n'estimant pas ceux qui en ont. Puis donc que toutes ces choses sont, ou dépendantes, comme les passions; ou sujettes à hausser & à baisser, comme la vertu; ou souvent fausses & mal fondées comme la gloire; que toutes en général ne subsistent pas par elles-mêmes, & sont fort éloignées de la dignité des substances; qu'enfin elles ne peuvent entendre nos priéres ni recevoir nos hommages, il est aussi absurde de les honorer comme des Divinitez, qu'il est raisonnable & nécessaire d'adorer celui dont la puissance les produit & les conserve.

Il faut avouer que dans cette dispute les Payens ne sont pas tout à fait réduits au silence. Ils ont leurs preuves, qu'il nous faut examiner. Elles se réduisent à deux, les *Miracles*, & les *Prédictions*.

IX.

(10) *Que les plus sages Payens &c.* Tite-Live, ,, Pour ce qui est de ces merveilles que contient ,, l'Histoire des temps qui ont précédé la naissance ,, de Rome, & qui ont plus l'air de fictions poëti- ,, ques, que de veritez historiques, mon dessein ,, n'est pas ni de les donner pour vrayes, ni d'en ,, faire voir la fausseté. Je tiens qu'il faut pardon- ,, ner aux Anciens la bonne intention qu'ils ont eue ,, de rendre plus auguste la naissance des Villes, en ,, y faisant intervenir les Dieux.

IX. Je dis contre les premiers, (10) que les plus sages Payens les ont rejettez pour la plûpart, comme n'étant apuyez sur la foi d'aucun témoin irréprochable, & comme étant supofez. Quelques-uns de ces miracles se sont faits de nuit, dans des lieux écartez, en présence d'une ou de deux personnes à qui l'artifice des Prêtres pouvoit aisément faire illusion par des aparences trompeuses. D'autres n'étoient miracles que pour ceux qui ignoroient la force de la Nature & la vertu secrette de certains corps. C'est ainsi que la force qu'a l'aiman d'atirer le fer passeroit pour un miracle dans l'esprit de ceux, qui n'en ayant jamais ouï parler en verroient l'éfet pour la premiére fois. C'est par ces secrets purement naturels que Simon & (a) Apollonius de Tyane s'étoient rendus si fameux,

Refutation de la preuve que les Payens tiroient de leurs Miracles.

com-

(a) C'étoit un fameux Magicien qui vivoit sous Neron, il faisoit profession de la Philosophie Pythagoricienne. L'on raconte de lui des choses surprenantes, mais l'on n'a pour garant que Philostrate, natif de Lemnos, aujourd'hui Statimene, Isle de la mer Egée dans la Grece. C'étoit un bel Esprit, mais qui ne composa la Vie d'Apollonius, que pour plaire à l'Empereur Sevére & à l'Imperatrice Julie, qui étoient amoureux du merveilleux. D'ailleurs il vivoit plus d'un siecle après Apollonius, & tout son récit n'est fondé que sur des ouï dire.

Trad. de Par. Q 5

comme plusieurs l'ont écrit. Je ne voudrois pas cependant nier qu'on n'ait pu voir quelques éfets, que l'Homme seul ne pouvoit produire par l'aplication des causes naturelles. Mais je dis aussi qu'il n'est pas nécessaire de remonter jusqu'à une force toute-puissante & divine pour en rendre raison ; & qu'on doit les atribuer aux Esprits qui tiennent en quelque sorte le milieu entre Dieu & l'Homme, & qui par leur agilité, leur force, & leur adresse, peuvent raprocher les choses éloignées, & unir celles qui sont diférentes, d'où résultent ces éfets extraordinaires qui frapent & qui ravissent. Mais il paroît par ce que nous avons déja dit, que les Esprits qui opéroient ces prodiges n'étoient que les Démons, & que par conséquent la Religion confirmée par ces moyens étoit une fausse Religion. Cela se prouve encore par ce que ces Esprits disoient, (11) qu'ils se sentoient entraînez malgré eux par la force des enchantemens, qui consistoient en de certains Vers. Ce qui est faux

---

(11) *Qu'ils se sentoient entrainez &c.*] Dans l'Oracle d'Hécube que Porphyre raporte, *Je viens*, dit cette Déesse, *après y avoir été invitée par ces sages pri-*

faux & ridicule, puis que selon l'aveu même des sages Payens, les paroles n'ont aucune vertu que celle de persuader, & qu'elles ne l'ont pas par elles-mêmes, mais par les choses qu'elles signifient. On ne doutera pas que ces Esprits n'ayent été très-impurs, si l'on fait réflexion que quelquefois ils se chargeoient d'inspirer de l'amour à des personnes, pour d'autres qui ne s'en pouvoient faire aimer. Si ces promesses étoient vaines, ces Esprits étoient trompeurs : si elles ne l'étoient pas, ils outrageoient ceux qu'ils forçoient à aimer. Ce qui est un crime condamné par les Loix humaines, qui le mettent au rang des Sortileges.

Qu'on ne soit pas surpris de voir que Dieu ait soufert que les malins Esprits fissent certaines choses qui tenoient du miracle. † Il étoit juste qu'il abandonnât à ces illusions ceux qui depuis long tems refusoient de l'adorer. Outre cela, il y a entre ses miracles & ceux des Démons une diférence qui empêchoit qu'on ne les prît

† Deut. XIII. 3. 2. Thess. II. 9.

prières que les hommes ont inventées par le secours des Dieux. Dans un autre endroit, De quoi avez-vous besoin, vous qui m'avez atirée du Ciel, en me liant par des vers qui ont la force de dompter les Dieux ?

prît les uns pour les autres : c'est que jamais la puissance de ces Esprits n'est aliée jusqu'à faire aucun bien considérable par ces actions surnaturelles. Et s'il leur est arrivé de ressusciter des personnes mortes, ce n'étoit qu'une aparence de résurrection, puis que cette vie qu'elles avoient recouvrée ne duroit pas long tems, & que même elles ne faisoient aucune des fonctions de personnes véritablement vivantes.

Si le Paganisme a eu quelquefois de véritables miracles, produits par la Puissance divine, ils ne font rien pour cette Religion, puis qu'ils n'avoient été précédez d'aucunes prédictions qui marquassent que ces miracles tendroient à l'établir. Ainsi rien n'empêche qu'ils n'ayent eu dans le dessein de Dieu quelque usage fort diférent de celui là. S'il est vrai, par exemple, que Vespasien ait rendu la vûe à un Aveugle, je ne doute pas (12) que Dieu n'ait eu en vûe de lui frayer un chemin à l'Empire en lui atirant la vénération des Romains, & de le mettre par là en état d'exécuter l'Arrêt

(12) *Que Dieu n'ait eu en vûe de lui frayer un chemin &c.*] Joséphe, Guerre des Juifs, liv. III. chap. 27.

rêt que Jésus Christ avoit prononcé contre les Juifs. Les autres miracles du Paganisme ont pu aussi avoir leurs raisons, qui n'avoient rien de commun avec le dessein de prouver cette Religion.

Il faut apliquer presque tout cela à la preuve que les Payens tirent de leurs Oracles : sur tout, ce que nous avons dit, que ces Peuples ayant négligé les connoissances que la Raison & la Tradition la plus ancienne leur donnoient sur le Culte du vrai Dieu, ils avoient bien mérité d'être le jouet des Démons. De plus, il faut considérer qu'il y avoit presque toûjours dans ces Oracles une ambiguité, qui faisoit que de quelque maniére que les choses tournassent, ils se trouvoient véritables. S'il y en a eu qui marquant l'avenir précisement & sans équivoque ayent eu leur acomplissement, rien n'oblige à les atribuer à une Science infinie, telle qu'est celle de Dieu : puis que les choses qu'ils prédisoient, par exemple, des sécheresses, des stérilitez, des maladies contagieuses, des inon-

Refutation de la preuve qu'ils tiroient de leurs Oracles.

27. *Parce que Dieu qui le destinoit à l'Empire, leur faisoit connoître par d'autres marques & par d'autres signes, qu'il pourroit espérer d'y arriver.*

inondations, sont de celles qui ayant leurs causes naturelles & fixes, s'y peuvent découvrir par le secours des Sciences. C'est ainsi qu'il y a eu des Médecins qui ont prédit de certaines maladies. Si ces prédictions regardoient des événemens fortuits, & dépendans d'une cause libre, ce n'étoient que d'heureuses conjectures, tirées du cours ordinaire des afaires du Monde. L'Histoire nous parle de certaines personnes habiles dans la Politique, qui par les seules lumiéres qu'elle leur fournissoit, ont prédit avec beaucoup de justesse le tour que devoient prendre les afaires publiques.

Cicéron, Solon, Thalès, Périclès.

S'il est arrivé parmi les Payens, que Dieu, par le ministére de quelques personnes, ait prédit certains événemens, dont les causes n'étoient ailleurs qu'en lui-même & dans sa volonté; ce n'étoit nullement dans le dessein de

---

(13) *Que l'on eût à reconnôitre pour Roi &c.*] Cicéron fait mention de cet Oracle dans son Traité de l'Art de deviner, liv. II.

(14) *Un Oracle d'Apollon &c.*] Voyez Eusébe Prép. liv. IV. chap. 4. Dans l'exhortation aux Grecs qui est dans les Ouvrages de Justin Martyr, on voit aussi cet Oracle; *La véritable sagesse ne se trouve que dans les Chaldéens & dans les Hébreux, qui adorent d'un cœur pur une Divinité éternelle.* Et cet autre, *Dieu qui*

de confirmer la Religion que nous combatons ici, mais plutôt, de préparer les choses à sa ruïne. Qu'on lise, par exemple, ce bel endroit que Virgile a tiré des Oracles de la Sibylle de Cumes, & inséré dans sa quatriéme Eclogue, & l'on y verra que ce Poëte a dépeint sans le savoir, l'avénement de Jésus Christ & les biens que le Sauveur aporteroit aux hommes. D'autres endroits des Vers des Sibylles, ordonnoient (13) que l'on eût à reconnoître pour Roi, celui qui seroit véritablement nôtre Roi, † & marquoient qu'il viendroit de l'Orient un homme qui régneroit sur tout l'Univers. On lit dans Porphyre (14) un Oracle d'Apollon qui porte, qu'il ne faloit adorer que le Dieu des Hébreux, & que pour ce qui est des autres Dieux, ce n'étoient que des Esprits *Aëriens*, c'est-à-dire, habitans dans l'air.

† Suet. Vie de Vespaf. ch. IV.

qui a formé le premier homme & qui l'a apellé *Adam* &c. Eusébe Demonst. Evang. a cité de Porphyre ces deux Oracles qui regardent Jésus Christ. ,, Ce-
,, lui dont la sagesse fait toute la gloire, a connu
,, que l'ame est immortelle: & son ame excelle en
,, piété sur celles de tous les autres hommes. Son
,, corps a soufert des douleurs extrémes, mais son
,, ame a été reçue dans l'assemblée des personnes
,, pieuses.

l'air. Or je demande à un Payen qui reconnoît Apollon pour un Dieu véritable, s'il ajoûte foi à cet Oracle, ou non: le premier détruit directement la Divinité d'Apollon, & de tous les autres Dieux; le second le fait indirectement, en acusant de mensonge ou d'erreur un Dieu si pénétrant & si éclairé.

Mais un defaut général de tous les Oracles des Payens, & qui fait voir que les Esprits qui en sont les auteurs, n'ont pas eu dessein de travailler par là au bonheur des hommes, c'est que ces Esprits n'ont, ni proposé des Régles générales de bien vivre, ni promis avec certitude une récompense après la mort. Même, comme si c'eût été peu que de laisser leurs Adorateurs dans l'ignorance de ces choses si nécessaires, ils semblent ne leur avoir parlé que pour donner de l'encens aux Rois, quelque indignes qu'ils en fussent; que pour décerner les honneurs divins à des Athlétes; que pour engager les hommes dans un amour impur, & dans la passion basse & sordide d'un gain illégitime; ou enfin, pour les animer à se détruire les uns les autres.

Après avoir refuté l'objection tirée
des

des miracles & des prédictions dont le Paganisme se fait honneur, continuons à le combatre par quelques autres preuves.

X. Si cette Religion étoit fondée sur la puissance & sur la volonté de Dieu, on ne l'auroit pas vû tomber & périr absolument dans tous les lieux où les apuis humains sont venus à lui manquer. C'est pourtant ce qui lui est arrivé. Que l'on jette les yeux sur tous les Etats Chrétiens ou Mahométans, l'on n'y apercevra aucune trace de l'ancien Paganisme; & l'on ignoreroit ce que c'est, si l'Histoire ne nous en instruisoit. C'est elle aussi qui nous aprend que lors même que les premiers Empereurs employoient la force ouverte & les suplices, pour maintenir cette Religion ; ou lors que Julien se servoit pour cela de toute sa Science & de tout son artifice; elle perdoit tous les jours quelque chose de son crédit & de son autorité, sans que le Christianisme la combatît ni par des voyes de fait, puis qu'il n'a voit pour toutes armes que la dispute & la fermeté; ni par l'éclat d'une naissance distinguée, puis que son Au-

Que le Paganisme est tombé de lui-même, lors que les secours humains lui ont manqué.

teur

teur même paſſoit pour le fils d'un Charpentier; ni par le ſecours des Belles Lettres & des Sciences, puiſqu'il n'en paroiſſoit aucuns traits dans les diſcours des premiers Docteurs de nôtre Religion; ni par des preſens, puis que ces premiers Docteurs étoient pauvres; ni enfin par des maniéres flateuſes, puis qu'au contraire, entr'autres diſpoſitions qu'ils demandoient à leurs Diſciples, ils vouloient qu'ils mépriſaſſent toutes les douceurs de la vie, & qu'ils ſe réſoluſſent à ſoufrir tout pour cette nouvelle Doctrine. Certes il faut bien dire que le Paganiſme étoit extrémement foible, puis qu'il a ſucombé ſous une Religion ſi dénuée de ſecours. Cette Religion nouvelle, qui lui a ſuccédé, n'a pas ſeulement banni du cœur des Payens la crédulité qui les atachoit au ſervice de leurs Dieux, mais elle a même, au ſeul nom de Jéſus-Chriſt, fermé la bouche à ces faux Dieux, ou pour mieux dire, aux Démons. Elle les a chaſſez des corps qu'ils poſſédoient, & les a forcez de dire, lors qu'on leur demandoit la raiſon de leur ſilence, qu'ils ne pouvoient rien dans les lieux où

le

le nom de Jésus-Chrift étoit invoqué.

XI. IL y a eu des Philosophes qui atribuoient à la vertu des Astres la naissance & la ruïne de toutes les Religions du Monde. Mais ce n'est là qu'une conjecture, qui n'a de fondement que dans la plus trompeuse de toutes les Sciences, je veux dire, l'Astrologie judiciaire, que ces Philosophes se vantoient de savoir. Les Régles en sont si peu uniformes & si mal liées, qu'on peut dire de cette Science qu'elle n'a rien de certain que son incertitude. Non que je prétende que les Astres ne puissent produire certains éfets naturels & nécessaires. Mais je dis qu'ils ne peuvent rien sur nos actions ni sur les mouvemens de nôtre volonté, qui est si essentiellement libre, qu'elle ne peut être déterminée nécessairement par aucune cause extérieure. Autrement, que deviendroit la force que nous sentons bien qu'à nôtre ame de délibérer & de choisir? (15) Que deviendroit l'équité des Loix & la justice des récompenses & des peines,

Que les Astres n'ont aucune influence sur la Religion.

―――――

(15) *Que deviendroit l'équité des Loix &c.*] Juftin. II. Apol. *Si l'homme n'a le pouvoir de faire le mal & de se porter au bien, par un choix libre & volontaire, on ne peut lui atribuer ni le bien ni le mal qu'il fait.*

nes, puis qu'on ne peut mériter ni les unes ni les autres, quand on agit en conséquence d'une nécessité inévitable? De plus, si les actions mauvaises partoient d'une influence céleste, qui les produisît nécessairement par l'éficace que Dieu auroit donnée aux Corps célestes, qui ne voit que Dieu seroit la cause du péché? Qui ne voit même que puis que d'un côté il le condamne par des Loix positives, & que de l'autre il en auroit établi dans la Nature certaines causes nécessaires, & d'une force insurmontable, il voudroit deux choses oposées, c'est-à-dire, qu'il voudroit le crime, & qu'il ne le voudroit pas? Qui ne voit qu'en ce cas-là il y auroit du péché dans des choses que l'homme ne feroit, que par la suite d'une impression dont Dieu seroit l'auteur? Il y a une absurdité moins grossiére dans ce que disent quelques-uns, que l'éficace des Astres se déployé sur nos corps par le moyen de l'air, qui ayant reçu des Astres de certaines dispositions, les fait passer jusques sur le corps; que ces dispositions du corps peuvent exciter dans l'ame les mouvemens & les desirs avec quoi elles ont quelque raport; &

que

que ces mouvemens & ces defirs peuvent entraîner, & déterminer la volonté. Mais quand on admettroit toutes ces opérations fucceffives, on ne pourroit en concluure ce que l'on prétend ici, qui eft, que les Aftres ont pu concourir à l'établiffement d'une Religion; encore moins, qu'ils ayent contribué à celui de la Religion Chrétienne. Un des principaux efets de celle-ci étant de détourner les hommes de toutes les chofes qui plaifent à la chair, elle n'a pû s'établir en vertu de nos difpofitions corporelles, ni par conféquent, par l'impreffion des Aftres, qui, comme nous l'avons dit, ne peuvent agir fur l'ame que par l'entremife du corps. Les plus habiles Aftrologues (16) ont fouftrait le Sage & l'Homme de bien aux loix de l'Aftrologie, & à l'influence des Cieux. Or les premiers Chrétiens ont eu ces deux caractéres, comme leur vie le prouve. Si l'on reconnoit que les Sciences & l'érudition font capables de munir l'Efprit contre les éfets de la difpofition du corps, on ne peut nier qu'il n'y ait

toû-

---

(16) *Ont fouftrait le Sage &c.*] Ptolomée. *L'homme fage peut fe fouftraire à l'éficace de la plûpart des influences des Aftres.*

toûjours eu parmi les Chrétiens des personnes habiles & savantes. Enfin, selon l'aveu des plus éclairez, l'éficace des corps célestes ne regarde que certains climats, & ses éfets ne durent pas toûjours : or la Religion Chrétrienne a déja duré plus de 1600 ans; & elle regne, non dans un certain endroit de la Terre, mais dans plusieurs très-éloignez les uns des autres, & à l'égard desquels les Astres sont dans une situation très-diférente.

XII. Le dernier avantage que nous

Que les principaux Points de la R. Ch. se trouvent dans les Ecrits des sages Payens. Et que les Payens croyoient des choses aussi dificiles à croire que nos Mystéres.

(17) *Que la Religion ne consiste pas &c.*] Ménandre. *Ne sacrifiez jamais aux Dieux qu'avec un cœur juste, & éforcez-vous de briller par l'éclat de la Sainteté, plutôt que par celui de vos habits.* Cicér. de la Nat. des Dieux, liv. II. *La maniére la plus parfaite, la plus chaste, la plus sainte, & la plus pieuse de servir les Dieux, c'est de joindre la pureté & l'intégrité du cœur à celle des hymnes & des priéres.* Dans son II. liv. des Loix. *Lors que la loi nous ordonne de nous présenter aux Dieux avec des dispositions saintes & chastes, cela regarde l'ame plutôt que le corps; car qui dit l'ame, dit tout.* Porphyre liv. II. de l'abstinence de la chair des animaux. ,, Ils disent que celui dont
,, l'habit n'est pas net & sans taches, n'est pas en
,, état de sacrifier purement. Ils ne demandent que
,, cela pour être bien disposé à faire le Service di-
,, vin, & n'insistent point du tout sur la pureté de
,, l'ame. Comme si Dieu ne se plaisoit pas infini-
,, ment à voir dans un bon état, cette partie de nous-
,, mêmes, par laquelle nous lui ressemblons, &
,, sommes participans de sa nature. Cette Inscrip-
,, tion qui se lisoit dans le Temple d'Epidaure étoit
,, bien plus raisonnable, *N'entrez dans ce Temple qu'a-
,, vec la pureté d'un cœur chaste:* or cette chasteté
n'est

nous remarquerons dans la Religion Chrétienne sur le Paganisme, c'est que tous ses Articles sont si conformes aux Régles naturelles de la vertu, qu'ils portent par eux-mêmes dans l'Esprit une lumiére qui le convainc & qui le persuade ; & qu'ils ont été même enseignez par plusieurs Auteurs Payens. Quelques-uns d'entr'eux ont dit, (17) que la Religion ne consiste pas dans les cérémonies, mais dans les mouvemens du cœur : (18) que le seul dessein d'atenter à la pudicité d'une femme

„ n'est autre chose que la sainteté des pensées. *Et*
„ *ailleurs*. Celui qui est persuadé que les Dieux
„ n'ont pas besoin des victimes qu'on leur présente,
„ qu'ils n'ont égard qu'au cœur de ceux qui les leur
„ ofrent, & que le sacrifice qui leur est le plus a-
„ gréable, c'est que l'on ait une droite opinion
„ tant d'eux, que de tout ce qui les concerne, un
„ homme, dis-je, qui est dans cette persuasion,
„ peut-il ne pas devenir tempérant, pieux, & juste?
Voila précisément le *sobrement, justement, & religieusement* de Tite, II. 2. Sénéque cité par Lactance, Instit. liv. v. ch. 25. „ Dès que vous vous se-
„ rez représenté Dieu comme grand, plein d'une
„ Majesté aussi terrible qu'aimable, & toujours
„ prêt à vous secourir, vous ne vous mettrez plus
„ en peine de le servir par un grand nombre de
„ sacrifices, mais par un Esprit pur, & par de jus-
„ tes desseins, & vous concevrez que les vérita-
„ bles Temples ne sont pas ces édifices somptueux &
„ élevez avec beaucoup de peine, mais les cœurs de
„ ceux qui l'adorent." Thucydide liv. 1. *Un jour de fête n'est autre qu'un jour auquel on fait son devoir.* Diogéne, *Tous les jours ne sont-ils pas des jours de fête pour un homme de bien ?*

(18) *Que le seul dessein d'atenter &c.*] Ovide,
„ Une

me rend un homme adultére : (19) qu'il n'est pas permis de venger une injure par une autre injure : qu'un homme ne doit épouser qu'une femme, (20) qu'il ne la doit jamais répudier : (21) qu'il est du devoir de l'homme de faire du bien à tout le monde, (22) mais sur tout, à ceux qui sont dans l'indigence : (23) qu'il n'en faut venir au serment que dans u-

„ Une Femme qui ne fait rien contre le devoir de
„ la chasteté, que parce que les moyens ou les oc-
„ casions lui manquent, est dans le fond une Fem-
„ me impudique, son corps est pur, mais son cœur
„ est souillé ; & dans le tems, que les dehors sont
„ bien gardez, l'adultère est le maître de l'inté-
„ rieur.

(19) *Qu'il n'est jamais permis de venger &c.*] Platon, Maxime de Tyr, Ménandre. *Le plus vertueux de tous les hommes est celui qui sait le mieux suporter un affront.* Dans Plutarque, Dion le Libérateur de la Sicile, dit, que la marque la plus sûre d'un cœur véritablement Philosophe, c'est, non d'être bon à ses Amis, mais d'être doux & facile à apaiser lors qu'on a reçu quelque outrage.

(20) *Qu'il ne la doit jamais répudier &c.*] Les Romains n'ont point su ce que c'étoit de divorce, jusqu'à l'an 520 de la fondation de Rome, comme le témoigne Val. Max. liv. II. ch. I.

(21) *Qu'il est du devoir de l'homme de faire du bien*] Térence dans l'Héautontim. *Je suis homme, & par cela même, je crois me devoir intéresser dans tout ce qui regarde les hommes.* Le Jurisconsulte Florentin dit, qu'il y a naturellement un parentage entre tous les hommes.

(22) *Mais sur tout à ceux qui sont dans l'indigence.*]
Hor.

ne extrême nécessité : que pour la vie & le vêtement, (24) le nécessaire doit sufire. Si la Religion Chrétienne nous enseigne des choses dificiles à croire, la Religion Payenne en a cru une partie, & en a d'autres qui ne font pas moins de peine. Nous avons déja vu que quelques-uns de ses Docteurs ont cru l'immortalité de l'ame & la résurrection. (25) Platon instruit
par

Hor. Liv. II. Sat. 2. *Pourquoi y a-t-il des pauvres pendant que vous êtes riche?* P. Syrus, *la compassion est un refuge assuré.*

(23) *Qu'il n'en faut venir au serment &c.*] Pythagore, *Il ne faut pas jurer par les Dieux, mais il faut tâcher à se faire croire sans serment.* Marc Antonin entr'autres caractères, qu'il donne à l'homme de bien, *c'est un homme*, dit-il, *qui n'a pas besoin de jurer.* Sophocle, *je ne te crois pas assez méchant pour le vouloir faire jurer.* Clinias Pythagoricien aima mieux perdre un Procès, où il s'agissoit de 3 * talens, que de le gagner par un serment.

(24) *Le nécessaire doit sufire.*] Euripide, *l'homme n'a besoin que de deux choses, qui sont très faciles à trouver, c'est le pain, & l'eau.*

(25) *Platon instruit par les Chaldéens &c.*] Platon pose deux Principes, dont il appelle le premier, *le Pere*, & le second, *la cause & le directeur de toutes choses.* Numenius apelle le second, *le Fils*, & Amelius, *la Raison.* Chalcidius sur le Timée de Platon, en établit trois, savoir, *le Dieu souverain, l'Esprit ou la Providence, & l'Ame du Monde ou le second Esprit* : ailleurs il les apelle, *celui qui projette, celui qui commande, & celui qui exécute*, en s'insinuant sur les sujets sur lesquels il travaille, *ordinans, jubens, insinuans.*

* Ce sont plus de 5000. Francs.

par les Chaldéens, distingue la Nature divine en trois, le *Pére*, *l'Entendement du Pére*, qu'il nomme aussi le Germe de Dieu, & l'Ouvrier du Monde, & l'*Ame* qui contient toutes choses. Julien le plus grand ennemi des Chrétiens a cru que la Nature divine se pouvoit unir avec la Nature humaine : & en a donné pour exemple Esculape, qu'il prétendoit être venu du Ciel pour enseigner aux hommes l'art de la Médecine. La Croix de Jésus-Christ étoit aux Payens un sujet d'achopement : mais que ne racontoient-ils pas de leurs Dieux ? Est-ce une chose fort aisée à digérer, que quelques-uns d'entr'eux ayent été foudroyez, d'autres coupez en piéces, & d'autres blessez ? De plus, leurs Sages ont assuré que la vertu n'est jamais plus brillante, que lorsqu'elle est éprouvée & combatue par de grandes miséres. (26) Il semble que Platon dans son second Livre de la République, ait parlé par un Esprit prophéti-

---

(26) *Il semble que Platon &c.*] Voici un passage de Senéque qui dit à peu près la même chose, *L'homme vertueux est celui qui, quelques suplices qu'il endure, ne songe pas à ce qu'il soufre, mais tâche à le bien soufrir.*

tique, lors qu'il a dit, qu'afin que le Juste paroisse bien ce qu'il est, il faut que sa vertu soit dépouillée de tous ses ornemens, qu'il passe lui-même pour un scélérat, qu'il soufre la raillerie & l'insulte, & * qu'il finisse sa vie par un honteux suplice. En éfet, ce n'est que dans ces ocasions, qu'un homme de bien peut devenir un exemple de patience à toute épreuve.

* *Suspendatur.*

TRAI-

TRAITÉ
DE LA VERITÉ
DE LA
RELIGION
CHRE'TIENNE.

LIVRE CINQUIEME

Refutation du Judaïsme.

I. TELLE qu'est cette foible lueur qui se fait voir peu à peu, lors que l'on aproche de l'issue d'un antre obscur & profond, telle paroît la Religion Judaïque, lors qu'on vient à y jetter les yeux, après avoir parcouru les ténèbres épaisses du Paganisme. C'est là que l'on découvre ces grandes véritez, qui font partie du corps des Véritez salutaires, & qui en sont le Principe & la semence. Nous prions les Juifs, que cet aveu que nous faisons, les dispose un peu à nous écouter favorablement. Nous savons qu'ils sont la Postérité de ces saints hommes que Dieu visitoit autrefois par ses Prophetes & par ses Anges : que c'est d'entr'eux que nous est né le Messie, & que sont venus les premiers Docteurs de nôtre Religion : qu'ils sont l'arbre auquel nous avons été entez: qu'ils sont les dépositaires des Oracles divins pour lesquels nous n'avons pas moins de vénération qu'eux. C'est ce qui nous oblige à pousser vers Dieu avec saint Paul des soupirs véhémens pour eux, & à le prier qu'il veuille faire bientôt luire ce jour, auquel le voile, qui leur couvre le visage, étant écarté, ils verront aussi clairement que nous, l'acomplissement de leur Loi: cet heureux jour marqué par les Prophétes, auquel chacun de nous, qui naturellement sommes étrangers, empoignera & tiendra ferme le pan de la robe d'un Juif, pour aller adorer d'un mê-

même cœur, & par les mouvemens d'une même piété, le seul vrai Dieu, le Dieu d'Abraham, d'Isaac, & de Jacob.

Que les Juifs ne doivent pas douter des miracles de Jésus-Christ.

II. LA premiére chose que nous les prions de nous acorder, c'eſt qu'ils ne regardent pas en nous comme une chose injuſte & déraisonnable, ce qu'ils se croyent permis dans leur propre Cause. Si un Payen leur demandoit pourquoi ils croyent les miracles qu'ils disent que Moyse a faits, ils ne répondroient autre chose, sinon que leur Nation les a toujours crûs si constamment & si fermement, qu'il eſt impossible que cette persuaſion vienne d'ailleurs que du témoignage de ceux qui les ont vûs. En éfet s'ils ne doutent point qu'Elisée, par exemple, n'ait augmenté l'huile d'une femme veuve, qu'il n'ait guéri tout d'un coup un Syrien lépreux, qu'il n'ait reſſuſcité le fils d'une femme chez qui il logeoit, si, dis-je, ils n'en doutent point, c'eſt uniquement sur ce que ces Faits ont été écrits & laiſſez à la Poſtérité par des témoins fidèles & sûrs. S'ils croyent qu'Elie a été enlevé au Ciel, ce n'eſt que sur le raport
du

du seul Elisée, comme d'un témoin irréprochable. Et pour nous, nous mettons en avant douze témoins de l'ascension de Jesus-Christ, & douze témoins d'une vie irrépréhensible. Nous en citons un nombre beaucoup plus grand, qui ont vû Jésus-Christ vivant après sa mort. Et si ces deux choses sont vrayes, il faut nécessairement que la Religion Chrétienne le soit aussi. En un mot, tout ce que les Juifs peuvent aporter pour établir la certitude de leurs miracles, nous avons autant de droit, & même plus de droit qu'eux, de le faire servir à confirmer les nôtres. Mais qu'est-il besoin d'agir par preuves & par témoignages, puis que les Auteurs du Talmud, & tous les Juifs, avouent que Jésus-Christ a fait les miracles raportez dans l'Histoire sainte: ce qui, encore une fois, prouve nôtre Religion, puis que la maniére la plus authentique & la plus éficace dont Dieu puisse autoriser une Religion, c'est de faire des miracles en sa faveur.

III. Quelques-uns ont dit que Jésus-Christ avoit fait des miracles par le secours des Démons. Mais cet-

Que ces miracles n'ont pas été faits par le secours des Démons.

cette Chicane a déja été refutée par la remarque que nous avons faite, que dans les lieux où la Religion Chrétienne s'est fait connoître, elle a anéanti tout le pouvoir des Démons.

Ce que d'autres disent, que Jésus-Christ avoit apris la Magie en Egypte, est beaucoup moins vrai-semblable qu'une pareille acusation que Pline & Apulée font contre Moyse. Car les mêmes Auteurs sacrez qui nous aprennent le voyage de Jésus-Christ en Egypte, marquent aussi qu'il en revint encore enfant. Au lieu qu'on voit par les Ecrits de Moyse, (1) & de plusieurs autres, que ce Législateur a passé dans ce Païs une grande partie de sa vie. Mais il ne faut que jetter les yeux sur la Loi de Moyse & sur celle de Jésus-Christ, pour les absoudre tous deux de ce crime, puis que ces Loix défendent expressément les Arts magiques comme très-désagréables à Dieu. Outre cela, si dans le tems de Jésus-Christ & de ses Disciples,

---

(1) *Et de plusieurs autres &c.*] Manéthon, Chérémon, & Lysimaque, dans Joséphe contre Apion.

(2) *De Néron &c.*] Pline, liv. xxx. ch. 2. ,,Jamais

ples, il y eût eu en Egypte, ou ailleurs, quelque art magique assez éficace pour produire les grands éfets que nous atribuons à la Puissance de Jésus-Christ, telle qu'est, la guérison prompte des muets, des boiteux, & des aveugles, il est sûr qu'un tel art n'auroit pas échapé à la connoissance de Tibére, (2) de Néron, & de quelques autres Empereurs, qui n'épargnoient ni soin ni dépense pour découvrir les secrets de la Magie. Et s'il est vrai ce que disent les Juifs, que les Membres du grand Sanhédrin, c'est-à-dire du grand Conseil, convainquoient les Criminels par le moyen de cet art; on ne doit pas douter qu'étant ennemis de Jésus-Christ & jaloux de sa réputation qui croissoit tous les jours par ses miracles, ils n'en eussent fait de semblables par le secours du même art, par lequel on veut que Jésus-Christ ait fait les siens, & qu'ils n'eussent montré par là que ses miracles n'étoient que l'éfet de cet art illicite.

IV.

„ mais personne ne s'est plus apliqué à aucun Art
„ que Néron à la Magie. Il ne manquoit pour y
„ réüssir, ni de force, ni de docilité. Ensuite il
„ dit, que le Roi Tiridate l'avoit initié dans cette
„ Science par de certains soupers magiques.

Ni par la force de quelques paroles.

IV. A L'EGARD de ce que quelques Docteurs Juifs ont dit que Jésus-Christ a fait tous ses miracles par la vertu d'un certain nom secret, qu'il trouva moyen d'enlever du Temple de Jérusalem, où Salomon l'avoit mis en reserve, & qui y avoit été conservé par deux Lions pendant plus de mille ans ; je dis que c'est là un mensonge grossier & impudent. Non seulement les Livres des Rois, ni l'Histoire de Joséphe ne disent rien de ces Lions, gardiens d'un nom si merveilleux, ce qui pourtant étoit assez considérable pour n'être pas omis ; mais les Romains mêmes qui entrérent dans ce Temple avec Pompée, avant que Jésus-Christ naquît, n'y aperçurent rien de semblable.

Preuve de la divinité de ces miracles, par la Doctrie de Jésus-Christ.

V. S'IL est vrai, comme nous l'avons établi, & comme les Juifs mêmes l'avouent, que Jésus-Christ ait fait des miracles ; nous disons qu'il s'ensuit nécessairement de là, par la Loi même de Moyse, qu'on ne peut plus se dispenser de croire en lui. Dieu dit au Chapitre XVIII. du Deutéronome, qu'après Moyse il susciteroit d'autres Prophétes, à qui le Peuple

ple feroit obligé, fous des peines très-rigoureufes, de fe foumettre & d'obéïr. (3) Or les marques les plus certaines de la Charge de Prophéte font affurément les miracles; & l'on ne fauroit en concevoir de plus éclatantes. Au Chap. XXIII. il eft dit, que fi un homme fe difant être Prophéte, apuye par des miracles cette prétention, il ne mérite néanmoins aucune créance, s'il veut atirer le Peuple au culte des faux Dieux; & que Dieu n'a permis ces prodiges que dans le deffein d'éprouver fi fon Peuple lui eft fidèle. De ces deux paffages comparez l'un avec l'autre, les Interprétes Juifs ont fort bien conclu, qu'il faut toûjours ajoûter foi à tous ceux qui font des miracles, fi ce n'eft lors qu'ils veulent féduire le Peuple, & le détourner du fervice du vrai Dieu, parce que c'eft là le feul cas que la Loi excepte, fans faire grace même aux plus grands miracles. Or non feulement

---

(3) *Or les marques les plus certaines &c*] On y peut ajoûter les prédictions, qui font auffi mifes avec raifon au rang des miracles. Deut. XVIII. v. 22.

ment Jésus-Christ n'a pas enseigné qu'il falût adorer de faux Dieux, mais il l'a même expressément défendu, comme le plus atroce de tous les crimes. Outre cela, il nous inspire par tout du respect pour les Ecrits de Moyse & des Prophétes.

Reponse à l'Objection tirée de la diférence entre la Loi de Moyse & celle de Jésus-Christ.

VI. Mais dira-t-on, la Loi de Jésus-Christ n'est pas conforme en tous ses Points à celle de Moyse, & il y a de l'une à l'autre des diférences assez notables pour faire dire que ce n'est pas la même Loi. Les Docteurs Juifs nous fournissent eux-mêmes la réponse à cette objection, par cette Régle qu'ils ont posée; c'est qu'à l'exception du Commandement qui ordonne de servir un seul Dieu, il n'y en a aucun dans la Loi que l'on ne puisse violer (4) sur la parole d'un Prophéte qui fait des miracles. Cela est fondé sur cette Maxime, que Dieu n'a pu perdre ni quitter le pouvoir législatif qu'il avoit lors qu'il donna sa Loi à Moyse, & que le droit qu'un homme a eu d'établir des Loix, n'exclut

---

(4) *Sur la parole d'un Prophéte qui fait des miracles*] Cette Régle se trouve dans le Talmud. C'est ainsi que Josué viola la Loi du Sabbat, Jos. VI. Et que

clut pas celui d'en établir d'autres, mêmes tout opofées. Mais Dieu, difent-ils, eft immuable, & par cela même obligé de maintenir les Loix qu'il a faites. Je répons qu'à la vérité Dieu eft immuable en fon effence, mais que cela n'empêche pas que ce qu'il fait hors de lui-même, ne foit fujet à la révolution & au changement. La lumiére & les ténèbres, la jeuneffe & la vieilleffe, l'été & l'hiver, qui font les Ouvrages de Dieu, font dans une viciffitude perpétuelle. Dieu permit au premier homme de manger de tous les fruits du jardin d'Éden, excepté d'un feul, qu'il lui défendit par un éfet de fa liberté. Il a condamné le meurtre en général; & il a commandé à Abraham de facrifier fon fils. Les victimes qu'on lui préfentoit hors du Tabernacle, lui étoient défagréables; quelquefois pourtant il les a acceptées. J'ajoûte, que de ce que la Loi de Moyfe étoit bonne, il ne s'enfuit pas qu'il ne pût y en avoir une meilleure. Elle étoit telle qu'elle devoit être felon les deffeins de Dieu, & felon la dif-

que quelques Prophétes comme Samuel, 1 Sam. VII, & Elie 1 Rois XVIII. 38. ont facrifié dans d'autres lieux que celui que la Loi avoit marqué.

disposition de son Peuple. Il faisoit en cela ce que font les Péres à l'égard de leurs enfans encore jeunes. Ils bégayent avec eux ; ils dissimulent les defauts inséparables de leur âge ; ils les engagent par de petites douceurs à faire leur devoir, & à recevoir de l'instruction. Mais à mesure que leurs enfans croissent, ils corrigent le bégayement de leur langue, ils leur inspirent les sentimens de la vertu, ils leur en donnent les Régles, & leur en font voir la beauté & les récompenses.

Qu'il y peut avoir une Loi plus parfaite que celle de Moyse.

VII. UNE preuve que les Préceptes de la Loi n'étoient pas d'une souveraine perfection, c'est que beaucoup de saints hommes, qui ont vécu sous sa Discipline, se sont élevez, pour ainsi dire, au dessus de ses Préceptes, & ont été plus loin que la Loi ne les menoit. Le même Moyse qui permet de se faire raison, tant par voye de fait, que par voye de justice, des injures que l'on a reçues, s'est rendu intercesseur auprès de Dieu pour ses ennemis, après en avoir été outragé
de

―――――――――――

(5) *Un sage Législateur proportionne &c.*] Origéne contre Celsus, Liv. III. *Un Législateur à qui on demandoit ce qu'il pensoit lui-même des Loix qu'il avoit don-*

de la maniére la plus indigne. David voulut que l'on épargnât son fils, quoi que rebelle, & soufrit patiemment les paroles injurieuses de Semeï. L'on ne lit nulle part que ceux d'entre ce Peuple qui avoient de la vertu & de la piété, ayent fait divorce avec leurs femmes, bien que la Loi le permît.

La raison de cette imperfection est, qu'un sage (5) Législateur proportionne ordinairement ses Loix à la portée de la plus grande partie du Peuple, & qu'ainsi, dans l'état où étoient les Israëlites, il étoit à propos que Dieu laissât passer certains défauts ausquels ils avoient du penchant ; se reservant le droit de les retrancher par des Régles plus sévéres, lors que par une plus grande éfusion de son Esprit, il se feroit un Peuple nouveau, recueilli d'entre tous les Peuples du Monde. On voit aussi que les récompenses que la Loi propose clairement, regardent toutes cette vie ; ce qui montre qu'elle n'étoit pas absolument

par-

---

données à ses Concitoyens, répondit qu'il croyoit bien qu'il s'en pouvoit trouver de plus parfaites, mais que les siennes étoient les meilleures qu'il eût cru devoir donner.

parfaite, & qu'elle l'étoit moins qu'une autre Loi qui préfenteroit à découvert & fans envelope une récompenfe éternelle : & c'eft ce que fait la Loi de Jefus Chrift.

Que Jéfus-Chrift a obfervé la Loi.

VIII. IL faut remarquer en paffant, pour convaincre de la plus grande injuftice du monde les Juifs qui ont vécu du tems de Jéfus-Chrift, que quoi qu'ils lui ayent fait tous les mauvais traitemens imaginables, & l'ayent livré au dernier fuplice, ils n'ont pu néanmoins l'acufer, avec quelque fondement, d'avoir violé aucun des Commandemens de la Loi. Il étoit circoncis. Il mangeoit & s'habilloit à la maniere des Juifs. Il renvoyoit aux Sacrificateurs ceux qu'il avoit guéris de la lèpre. Il obfervoit religieufement la Pâque & les autres fêtes. S'il a fait des guérifons le jour du Sabbat, il a prouvé non feulement par la Loi, mais auffi par des Maximes reçues de tous les Juifs, que ces fortes d'actions n'étoient pas défendues en ce jour-là. Il n'a commencé
à

―――――――――――――――――
(6) *A un homme qui pafferoit pour être d'une naiffance obfcure.*] Dan. XII. 45: VII. 13. Le terme de *Fils de l'homme* marque quelque chofe de bas dans
le

à faire publier l'abolition de quelques Loix, que lors qu'après avoir vaincu la Mort, & s'être élevé dans le Ciel, il eut enrichi les Disciples des dons éclatans du saint Esprit, & prouvé par là qu'il avoit aquis une autorité royale, dont une partie consiste dans le pouvoir de faire des Loix. Tout cela, conformément aux Oracles de Daniel, qui avoit prédit qu'un peu après la destruction des Royaumes de Syrie & d'Egypte, dont le dernier prit fin sous Auguste, Ch. VII. 13, Dieu donneroit (6) à un homme qui passeroit pour être d'une naissance obscure, une Domination éternelle sur tous les Peuples de toute Langue & de tout Païs.

IX. Mais il y a plus; cette partie de la Loi que Jésus Christ a abolie, ne contenoit rien qui fût essentiellement bon & juste. Ce n'étoient que des Observances indiférentes par elles-mêmes, & qui par conséquent n'étoient pas immuables. Si elles eussent été nécessairement bonnes, Dieu

Que cette partie des Loix de Moyse qui a été abolie, ne contenoit rien que d'indiférent par soi-même.

le style des Hébreux. Et c'est ainsi qu'il est employé pour signifier les Prophétes, lors qu'ils sont comparez aux Anges.

Dieu les auroit prescrites, (7) non à un seul Peuple, mais à tous; & cela, dès le commencement du Monde, & non, plus de deux mille ans après qu'il l'eut créé. Elles ont été inconnues à Abel, à Enoch, à Noé, à Melchisédec, à Job, à Abraham, à Isaac, à Jacob, personnes pieuses, aimées de Dieu, & qui ont reçu de Dieu même le glorieux témoignage d'avoir cru en lui, & d'avoir été les objets de son amour. On ne voit pas que Moyse ait exhorté Jéthro son beau-Pére à recevoir ces cérémonies, ni que Jonas y ait voulu porter les Ninivites. Dans l'énumération exacte que les Prophétes font des péchez des Chaldéens, des Egyptiens, des Sidoniens, des Tyriens, des Iduméens, & des Moabites, à qui ils se sont quelquefois adressez, ils ne marquent pas le mépris ou l'inobservation de ces Loix. Il faut donc convenir qu'elles étoient particuliéres aux Israëlites

---

(7) *Non à un seul Peuple, mais à tous.*] Dans les Loix de Moyse, il y en a quelques-unes qui bien loin de pouvoir être universelles, ne pouvoient avoir lieu que dans la Judée; par exemple, celles des prémices, des dîmes, des saintes Congrégations du Peuple aux jours de Fêtes. Car il étoit impossible que toutes les Nations s'assemblassent dans la Ju-

tes, & que leur usage étoit, (8) ou de prévenir quelques péchez à quoi ils étoient naturellement fort portez, ou d'éprouver leur obéïssance, ou de préfigurer l'avenir. Et il n'est pas plus étonnant qu'elles ayent pu être abolies, qu'il ne l'est, qu'un Roi voulant établir un même Droit & les mêmes Loix dans toute l'étendue de ses Etats, casse quelques Ordonnances particuliéres à certaines Communautez.

L'on ne peut rien aporter qui prouve, que Dieu se soit engagé à ne jamais abolir ces Préceptes, dont l'Evangile a fait cesser l'observation. Car si l'on dit que dans l'Ecriture ils sont apellez *perpétuels*, ne sait-on pas que les hommes donnent souvent ce nom à leurs Arrêts, pour marquer qu'ils ne sont pas pour une seule année, (9) ou pour de certains tems,

com-

Judée pour s'y aquiter de ces devoirs. Le Talmud même enseigne que les Loix des Sacrifices ne regardoient que les Hébreux.

(8) *Ou de prévenir quelques péchez, &c.*] Les Juifs étoient passionnez pour les Cérémonies, & avoient par cela même beaucoup de penchant à l'Idolatrie, comme leur reprochent les Prophétes, & sur tout Ezéchiel xvi.

(9) *Ou pour de certains tems, &c.*] Lucius Valerius dans T. Live, remarque „ que les Loix que
E „ l'on

comme de guerre, de paix, de cherté de vivres &c. & que ce titre qu'ils leur donnent, n'empêche pas qu'ils ne leur en puissent substituer d'autres tout diférens, lors que le bien public l'exige? De même, comme entre les Loix que Dieu donnoit à son Peuple, les unes étoient à tems, & ne * Exod. devoient avoir vigueur que * tant XXVII. Deut qu'il seroit dans le desert, & d'autres XXIII. 12. étoient pour ce même Peuple, lors qu'il † seroit habitué dans la terre de † Deut. XII. I. 20. Canaan, l'Ecriture apelle ces derniéres *éternelles*, pour les distinguer des XXVI. I. Nomb. autres, & pour marquer aussi, qu'elles devoient être observées en tous lieux & en tous tems, à moins que Dieu même n'en dispensât par une Révélation expresse. Au reste, le titre d'*éternelles* donné à ces Loix, n'est pas seulement ordinaire parmi les autres Nations, dans le sens que nous avons marqué, mais les Juifs mêmes savent qu'il est donné dans leur Loi, (10) à un droit & à une servitude qui duroit depuis un Jubilé jusqu'à l'autre. Et puis

,, l'on fait selon l'exigence de certains tems, ne
,, sont aussi qu'à tems ; que celles qui se font en
,, tems de paix, s'abolissent souvent en tems de
,, guerre, & que la paix fait aussi disparoître cel-
, les qui s'étoient établies pendant la guerre.

puis qu'ils nomment l'avénement du Meſſie, *l'acompliſſement du Jubilé*, ou *le grand Jubilé*, ils doivent reconnoître qu'une Loi mérite aſſez le nom de *perpétuelle*, lors qu'elle dure juſqu'à cet avénement.

Mais à quoi bon diſputer là-deſſus, puis que dans le Vieux Teſtament Dieu promet qu'il fera une nouvelle Alliance avec ſon Peuple : qu'il l'écrira dans les cœurs : qu'il y expliquera ſi clairement ſa volonté, qu'on n'aura plus beſoin de s'inſtruire les uns les autres : & qu'en vertu de cette nouvelle Alliance, il acordera à ſon Peuple le pardon de ſes péchez précédens. A peu près comme ſi un Roi après de longues & de cruelles diviſions qui auroient partagé ſes Sujets, vouloit rétablir entr'eux une paix durable, en ôtant la diverſité des Loix ſelon leſquelles il les avoit gouvernez ; que dans ce deſſein, il fît une Loi très-parfaite & commune à tous ; & qu'il y a-

---

(10) *A un droit & à une ſervitude* &c.] Exod. XXI. 6. 1 Sam. I. 22. C'eſt ainſi que le Sacerdoce de Phinées, eſt nommé éternel Pſeau. CVI. 30. 31. Le Rabbin Joſeph d'Albo dit, que le mot *à perpetuité* ſe doit prendre en un ſens limité dans la Loi érémonielle.

ajoûtât une promesse d'impunité générale pour le passé, à condition qu'ils se corrigeassent à l'avenir.

Quoi que ce que nous venons de dire sufise ; nous ne laisserons pas de parcourir toutes les parties de la Loi qui a été abolie par l'Evangile, & de montrer en détail qu'elles n'étoient pas de nature à plaire à Dieu par elles-mêmes, ou à être irrévocables.

Que les Sacrifices n'étoient, ni agréables à Dieu par eux-mêmes, ni irrévocables.

X. Nous commencerons par les Sacrifices, qui sont ce qu'il y a de principal dans cette Loi, & qui saute le plus aux yeux. La plûpart des Juifs croyent (11) que les hommes en avoient inventé la pratique avant que Dieu l'ordonnât. Que cela soit vrai ou

(11) *Que les hommes en avoient inventé la pratique &c.*] C'est aussi le sentiment de St. Chrysostome ; ,, Abel, *dit-il*, présenta un sacrifice à Dieu , non ,, en vertu de quelque enseignement qu'il eût reçu ,, là-dessus, ou de quelque Loi qui lui ordonnât ,, d'ofrir les prémices de son revenu, mais par ,, les seuls mouvemens de sa conscience. La même chose se voit dans les réponses aux Orthodoxes qui sont parmi les Ouvrages de Justin Martyr ,, Aucun de ceux qui avant la Loi ont ofert ,, des bêtes à Dieu, ne l'a fait par un commande-,, ment divin, quoi qu'il soit aisé de voir que ce ,, culte & ceux qui le pratiquoient ont été agréa-,, bles à Dieu.

(12) *Ne le fît insensiblement passer du Culte du vrai Dieu &c.*] Maimonides & Tertullien rendent cette raison des Cérémonies religieuses. Voici comme s'explique celui-ci, liv. III, contre Marcion chap.

ou faux, du moins est-il constant que ce Peuple avoit une extrême passion pour les Cérémonies religieuses : que cet atachement fut une des raisons qui obligérent Dieu à en établir un très-grand nombre ; & que cette institution avoit encore un autre usage, qui étoit d'empêcher que le souvenir du Culte religieux que ce Peuple avoit vû pratiquer aux Egyptiens, ne le portât à les imiter, & (12) ne le fît insensiblement passer du Culte du vrai Dieu à celui des fausses Divinitez. Mais comme dans la suite il eut conçu une trop haute idée des sacrifices, & se fut imaginé qu'ils étoient par eux-mêmes agréables à Dieu, & qu'ils fai-

33. ,, Que l'on ne blâme ni les sacrifices, ni tou-
,, tes ces petites circonstances gênantes, qui se
,, trouvoient dans les oblations, & qu'on ne se
,, figure pas que Dieu les ait souhaitées pour leur
,, excellence. Ne voit-on pas avec quelle éviden-
,, ce il déclare ce qu'il en pense, dans ces excla-
,, mations, *Qu'ai-je à faire de la multitude de vos sa-*
,, *crifices, & qui a requis cela de vos mains ?* Qu'on
,, admire plutôt sa sagesse, en ce que voyant son
,, Peuple porté à l'Idolatrie & à la transgression
,, de ses Loix, il l'a ataché à la véritable Reli-
,, gion, par ces sortes de devoirs qui étoient si
,, fort du goût de ces tems-là, afin que par des
,, pratiques superstitieuses en aparence, il les dé-
,, tournât de la superstition, & que paroissant les
,, desirer, il bornât à ces choses leur inclination,
,, qui sans cela n'auroit pû se contenter que par
,, l'Idolatrie.

faisoient partie de la véritable piété: les Prophétes ne manquérent pas de leur en faire des reproches. *Je ne te reprendrai point de tes sacrifices*, dit Dieu par la bouche de David au Pſ. L. *Je ne t'obligerai point à me sacri-fier holocaustes sur holocaustes, & à m'ofrir des bouveaux ou des boucs pris de dedans tes parcs. Toutes les bêtes qui paissent dans les forêts, ou qui errent par les montagnes, sont à moi. Je sai le nombre des oiseaux & des bêtes sauvages: de sorte que si j'avois faim, je n'aurois pas besoin de m'adresser à toi; car la terre, & tout ce qu'elle renferme, m'apartient. Penses-tu que je mange la chair des bêtes grasses, ou que je boive le sang des boucs? Non: mais je veux que tu me sacrifies des louanges, & que tu me rendes tes vœux.* Quelques Rabbins répondent que ce mépris que Dieu fait paroître là pour les Sacrifices, ne vient que de ce que ceux qui les ofroient, étoient des gens souillez de cœur, & dont la vie étoit impure. Mais les paroles que nous venons de citer ne disent pas cela: elles marquent clairement que les Sacrifices n'étoient pas agréables à Dieu

par

On a suivi dans ces passages & dans tous les autres le Latin de Grotius.

par eux-mêmes. C'est ce qu'on verra encore mieux, si l'on jette les yeux sur l'enchaînure des parties de ce Pseaume, où l'on découvrira que Dieu parle aux personnes pieuses dans tout ce passage. *Assemblez-moi mes bien-aimez*, avoit-il dit d'abord ; ensuite de quoi il ajoûte, *Ecoute mon peuple*; paroles qui vont d'ordinaire à la tête d'un enseignement. Après cela vient le discours que nous avons raporté, & que le Psalmiste, selon la coutume de ceux qui enseignent, conclut en se tournant vers les Impies; *Mais Dieu dit à l'impie*, &c.

Il y a encore plusieurs autres passages qui confirment le sens que nous donnons à celui que je viens de citer. *Tu ne souhaites pas*, dit David au Ps. LI. *que je te fasse des sacrifices, & tu ne prens pas plaisir aux holocaustes. Le sacrifice qui t'est véritablement agréable, c'est une ame abatue par le sentiment de son crime. O Dieu tu ne méprises point le cœur froissé & brisé. Tu ne prens point plaisir aux victimes & aux gâteaux*, dit le même Psalmiste au Ps. XL. *Mais tu me rens ton esclave en me perçant l'oreille. Tu n'exiges de moi ni holocauste ni sacrifice pour le*

T   pé-

péché. C'est pourquoi j'ai répondu, me voici, je ferai ta volonté, comme en vertu d'un acord traité & enregîtré. Cette volonté est tout mon plaisir. Car ta loi est au dedans de moi. Je ne renferme pas les louanges de ta justice dans mon cœur, mais je prêche par tout ta vérité & ta bonté; sur tout je célébre ta miséricorde & ta fidélité au milieu d'une grande assemblée. Esaïe au Chap. I. de ses Révélations introduit Dieu parlant ainsi. *A quoi bon tant de victimes? Je suis las d'holocaustes de moutons, & de graisse de bêtes grasses. Je ne prens point assez de plaisir au sang des bouveaux, ni des agneaux ni des boucs, pour souhaiter que vous paroissiez avec ce sang en ma présence. Car qui a requis de vous que vous souillassiez ainsi mes parvis?* Au Ch. VII. de Jérémie, il y a un passage tout semblable à celui là, & qui lui sert de Commentaire. *Ainsi a dit le Seigneur des Anges, le Dieu d'Israël, amassez vos holocaustes avec vos sacrifices, & mangez de leur chair. Car depuis que j'ai fait sortir vos péres du païs d'E-*

───────────

(615) *C'est que tu rendes à chacun &c.*] Les Juifs disoient que les 602 Préceptes de la Loi sont réduits,

d'Egypte, je n'ai rien exigé d'eux, & je ne leur ai point donné ordre touchant les holocaustes ni les sacrifices. Mais voici ce que je leur ai sérieusement commandé ; c'est qu'ils eussent à m'obéir; qu'ainsi je serois leur Dieu, & ils seroient mon peuple : qu'ils eussent à marcher dans le chemin que je leur prescrirois ; & qu'alors ils seroient heureux. Au Ch. VI. d'Osée, Dieu parle ainsi. *J'aime beaucoup mieux que l'on fasse du bien aux hommes, que ce qu'on me présente des sacrifices; bien penser de Dieu, vaut mieux que tous les holocaustes.* Michée au Ch. VI. de sa Prophétie, introduit le Peuple demandant de quelle maniére il pourroit se rendre Dieu favorable; si c'étoit par un grand nombre de moutons, ou par une grande quantité d'huile, ou par des veaux d'un an: à quoi Dieu répond par son Prophéte, *Je te dirai ce qui est véritablement bon, & agréable à mes yeux;* (13) *c'est que tu rendes à chacun ce qui lui apartient, que tu fasses du bien aux autres, & que tu t'humilies devant moi.*

Tous

duits à 3 dans ce passage, de même qu'ils le sont à 6 dans Esaïe XXXIII. & à un dans Habacuc II. 4. & dans Amos I. 6.

Tous ces passages faisant voir que les Sacrifices ne sont pas de ces choses que Dieu veut principalement, & à cause d'elles-mêmes; & d'ailleurs le Peuple, par une superstition qui s'introduisit peu à peu, étant venu à regarder ces cérémonies comme le fonds de la Piété, & à croire que les victimes qu'il ofroit, faisoient une compensation assez exacte de ses péchez; faut-il s'étonner que Dieu ait aboli une chose, indiférente par elle-même, & devenue criminelle par l'abus que son Peuple en faisoit? Tout sacré que pouvoit être le serpent d'airain que Moyse avoit dressé, Ezéchias ne laissa pas de le briser, lors qu'il vit que le Peuple commençoit à le regarder avec un peu trop de vénération.

Outre ces raisons il y a quelques Oracles qui ont marqué, par une conséquence fort claire, la cessation des sacrifices. C'est ce que l'on comprendra aisément, si l'on considére que selon la Loi de Moyse, les sacrifices ne se devoient faire que par la Posté-

---

(14) *Or tout cela ne se pouvoit acomplir &c.*] Joignez aux passages suivans celui-ci de Jér. III. 16. *Dans ces jours-là*, dit le Seigneur, *on ne dira plus*
Par-

Postérité d'Aaron, & que dans la Judée. Or dans le Pſ. CX. Dieu promet un Roi *qui aura un Empire d'une très-grande étendue ; un Roi qui commencera à régner en Sion, & qui régnera éternellement ; qui de plus poſſédera un Sacerdoce éternel, & ſelon l'ordre de Melchiſédec.* Eſaïe Ch. XIX. dit que *l'on verra un autel en Egypte, où non ſeulement les habitans de ce païs, mais les Aſſyriens & les Iſraëlites viendront adorer Dieu.* Au Ch. LXVI. il dit que *les nations les plus éloignées & les peuples de toute langue ofriront des dons à Dieu auſſi bien que les Iſraëlites, & que d'entr'eux on prendra des Lévites & des Sacrificateurs.* (14) Or tout cela ne ſe pouvoit acomplir, tant que la Loi de Moyſe étoit ſur pié. Au Ch. I. de Malachie, Dieu prédiſant les choſes à venir dit *qu'il avoit du dégoût pour les ofrandes des Juifs, que de l'Orient à l'Occident ſon nom ſeroit grand dans toutes les nations, qu'on lui ofriroit du parfum, & qu'on lui préſenteroit des victimes pures.* Et Daniel

l'Arche de l'Alliance du Seigneur ; on n'y penſera plus, & l'on ne s'en ſouviendra plus, & l'on ne viſitera plus l'Arche.

niel raportant au Ch. IX. l'Oracle de l'Ange Gabriel touchant le Chrift, *Il abolira*, dit-il, *le facrifice & l'oblation*. Mais fans toutes ces preuves, la chofe parle d'elle-même, & Dieu a fait affez voir par l'événement, qu'il n'aprouve plus les facrifices prefcrits par la Loi de Moyfe ; puis qu'il foufre depuis plus de 1600 ans que les Juifs n'ayent ni Temple, ni Autel, ni aucun dénombrement de Familles, par lequel ils pourroient connoître quelles font celles qui ont le droit de faire les fonctions de la Sacrificature.

Preuve de la même vérité, à l'égard de la diference des viandes.

XI. APRÈS avoir prouvé que la Loi qui ordonnoit les facrifices n'étoit pas néceffaire en elle-même, & que Dieu

(15) *Noé reçut de Dieu le droit de manger* &c.] On pourroit objecter que dans l'Hiftoire du Déluge il eft parlé de bêtes nettes, & d'autres qui ne le font pas. Mais, ou cela eft dit par anticipation, comme à des gens qui connoiffoient déja cette diftinction par la Loi, ou l'on doit entendre par bêtes qui ne font pas nettes, celles dont les hommes s'abftiennent par une averfion naturelle, auquel fens Tacite Hift. liv. VI. apelle ces bêtes *profanes*; ou enfin il faudra entendre par celles qui font nettes, celles qui fe nourriffent d'herbes, & par les impures, celles qui vivent de la chair d'autres animaux.

(16) *Soit que ces Animaux fuffent de ceux que les Egyptiens facrifioient* &c.] Origéne contre Celfus liv. IV. ,, Les Démons ayant quelque pénétration pour les

Dieu ne l'avoit donnée que pour un tems, prouvons la même chose à l'égard de la Loi qui défendoit certaines viandes. Il est constant qu'après le déluge, (15) Noé reçut de Dieu le droit de manger de tout indiférémment : & que non seulement Japhet & Cham, mais aussi Sem & ses Descendans, Abraham, Isaac, & Jacob, joüirent du même droit. Mais après que le Peuple d'Israël eut pris goût aux superstitions des Egyptiens, pendant le séjour qu'il fit parmi eux, Dieu, pour la premiére fois, lui défendit de manger de certains animaux; (16) soit que ces animaux fussent de

ceux

„ les choses à venir; tant parce qu'ils ne sont pas
„ engagez dans des corps terrestres, que parce
„ qu'ils ont beaucoup d'expérience, & d'ailleurs
„ faisant leur unique étude de détourner les hom-
„ mes du vrai Dieu, se glissent dans les bêtes les
„ plus féroces, & dans celles où l'on voit le plus
„ de finesse & de ruse, les font mouvoir où il
„ leur plait, & autant de fois qu'il leur plait ; ou
„ même, ils excitent l'imagination de ces bêtes à
„ prendre leur vol, ou à marcher vers ce lieu-ci,
„ ou vers un autre. Leur dessein est, que les hom-
„ mes surpris par les présages que ces diférens
„ mouvemens leur fournissent, cessent de chercher
„ Dieu qui contient toutes choses, qu'ils aban-
„ donnent la piété, & prennent les objets de leur
„ culte dans des choses terrestres, dans les oi-

„ seaux

ceux que les Egyptiens sacrifioient à leurs fausses Divinitez, & dont ils tiroient des présages & des auspices; soit que Dieu dans une Loi toute figurative, voulût corriger certains vices, en interdisant quelques animaux, (17) dont le naturel avoit du raport avec ces vices. Mais il n'est pas dificile

„ seaux, les dragons, les renards & les loups. En
„ éfet les Devins ont remarqué que les plus con-
„ sidérables présages se tirent de ces animaux que
„ je viens de nommer : ce qui vient aparemment
„ de ce que les Démons ne peuvent pas aussi bien
„ vénir à leurs fins par les animaux d'un naturel
„ plus doux, que par ces autres qui ont quelque
„ image de vice & de méchanceté. C'est pourquoi
„ entre toutes les choses que j'ai admirées dans
„ Moyse, celle-ci est une des plus grandes : C'est
„ qu'ayant une parfaite connoissance de la nature
„ des animaux & de la conformité de quelques-
„ uns avec le génie des Démons, soit qu'il ait eu
„ cette connoissance par révélation, soit qu'il l'ait
„ eue par lui-même, il a déclaré impurs tous les
„ animaux, dont les Egyptiens & les autres Peu-
„ ples se servoient pour deviner, & purs ceux qui
„ n'étoient pas de ce nombre. C'est à cela que
se raportent ces paroles de Manéthon, *Moyse établit plusieurs Observances contraires à celles des Egyptiens.*

(17) *Dont le naturel avoit du raport avec ces vices.* St. Barnabé dans son Epître fait un long raisonnement là-dessus, dont voici l'abrégé. „ Toutes les
„ défenses que Moyse a faites de manger de cer-
„ tains animaux, & de s'abstenir des autres, ont
„ un sens spirituel. *Ne mangez pas de Chair de pour-*
„ *ceau*, dit-il ; cela veut dire, ne soyez pas sem-
„ blables à ceux qui lors qu'ils sont dans l'abon-
„ dance, oublient leur Seigneur, & qui ne le re
„ con-

cile de montrer que toutes les Loix qui réglent cette diférence de viandes, ne font pas univerfelles. Cela paroît premiérement par la Loi du Ch. XIV. du Deutéronome, felon laquelle il n'eft pas, à la vérité, permis aux Ifraëlites de manger d'une bête morte d'elle-même: mais il l'eft

(18)

„ connoiffent que dans l'adverfité ; en éfet, lors
„ que le pourceau a faim, il crie, mais il fe tait
„ après qu'on lui a donné à manger. *Ne mangez
„ point d'aigle, de milan, de corbeau*, c'eft-à-dire,
„ ne vivez point de rapine, mais gagnez vôtre vie
„ en travaillant. *Ne mangez point de lamproye, de
„ polype, ni de fêche*, c'eft-à-dire, ne vous rendez
„ pas femblables à ceux qui vivent toujours dans
„ l'impiété, & qui font réfervez à la mort éter-
„ nelle. Car ces poiffons qui font les feuls qui
„ foient défendus, ne s'élévent jamais vers la fur-
„ face de l'eau, & demeurent toûjours dans le
„ fond. *Ne mangez point d'hyéne*, c'eft-à-dire ne
„ foyez pas adultére. La raifon de ce fens eft,
„ que cette bête change de fexe tous les ans. *Vous
„ mangerez des bêtes qui ruminent* ; cela fignifie qu'il
„ faut fe joindre à ceux qui méditent dans leurs
„ cœurs les Préceptes qu'ils ont reçus de vive
„ voix ; qui parlent des Ordonnances de Dieu, &
„ qui les gardent, qui favent que la méditation
„ remplit un cœur de joye, & qui en un mot
„ ruminent la parole de Dieu. *Vous mangerez de
„ celles qui ont le pié fourchu* : c'eft que les Juftes,
„ dans le tems même qu'ils cheminent dans ce
„ fiécle, atendent celui qui eft à venir. Admirez
„ par cet échantillon la beauté des loix de Moyfe.
Philon & Ariftée citez par Eufébe ont fait les mêmes reflexions.

T 5

(18) à ceux d'entre les Cananéens à qui les Israëlites étoient obligez de rendre toutes sortes de bons ofices, comme à leurs Fréres, & comme à ceux qui adoroient le même Dieu. II. (19) Les anciens Docteurs Juifs ont aussi enseigné clairement, que dans les tems du Messie, la Loi qui mettoit de la diférence entre les viandes, cesseroit, & que la chair de porc ne seroit pas moins pure que celle de bœuf. III. En éfet, lors que Dieu s'est voulu faire un Peuple d'entre toutes les Nations, il étoit plus raisonnable qu'il donnât à tous ceux qui constituoient ce nouveau Peuple, une entiére liberté à l'égard de ces sortes de Loix, que de leur imposer à tous un même joug.

2. *De la diférence des jours.*

XII. Pour ce qui est des jours solemnels, & distinguez des autres jours, ils furent tous institués en mémoire de la grace que Dieu fit à son Peu-

___

(18) *A ceux d'entre les Cananéens &c.*] C'étoient ceux qui craignoient Dieu, mais qui n'étoient pas circoncis. Il en est parlé Lévit XXII. 25. & xxv. 4. 7.

(19) *Les anciens Docteurs Juifs &c.*] Le Rabbin Samuel. Le Talmud dit en général que la Loi ne durera que jusqu'au tems du Messie Le R. Béchaï & quelques-autres, croyent que la Loi qui défendoit

Peuple, de le délivrer du cruel esclavage qu'il soufroit en Egypte, & de le mener dans la Terre promise. Or Jérémie dit au Ch. XVI. & XVIII. qu'un jour viendroit auquel de nouvelles graces infiniment plus excellentes, obscurciroient tellement celle-là, qu'à peine en seroit-il plus parlé. Outre cela les jours de fête eurent aussi le même sort que les sacrifices. Le Peuple vint à les estimer plus qu'il ne devoit, & à croire que pourvû qu'il les observât exactement, les péchez qu'il pourroit commettre d'ailleurs, seroient extrêmement légers. C'est là-dessus que Dieu déclare au Ch. I. d'Esaïe, *qu'il avoit du dégout pour leurs nouvelles lunes, & pour leurs fêtes; & qu'elles lui étoient tellement à charge, qu'à peine pouvoit-il plus les suporter.*

Mais, au moins, dit-on, la Loi du Sabbat est une Loi universelle & irrévocable, puis qu'elle a été donnée

---

doit de certaines viandes, n'obligeoit que les Juifs qui demeuroient dans la Palestine. Il est même à remarquer que les Juifs ignorent ce que signifient la plûpart des noms d'animaux qui sont marquez dans la Loi, & qu'il y en a beaucoup d'autres sur lesquels ils disputent. Or il n'y a pas d'aparence que Dieu les eût laissez dans cette ignorance, si cette Loi eût dû durer jusques à ce jour.

née, non à un seul Peuple, mais à Adam, le Pére de tous les hommes du Monde; & cela, immédiatement après la Création. Je répons que de l'aveu même des plus savans d'entre les Juifs, il y a là-dessus deux Loix diférentes: l'une qui ordonne que l'on se souvienne du jour du Sabbat, Exode XX. 8: l'autre qui porte qu'on le doit sanctifier, Exode XXX. 31. On obéït à la premiére en repassant religieusement dans son esprit la création du Monde. On observe la seconde, en s'abstenant de toute sorte de travail. La premiére a été établie dès le commencement du Monde, (20) & observée par les Patriarches, & par toutes les personnes pieuses qui ont vécu avant la Loi; telles qu'ont été Enoch, Noé, Abraham, Isaac, & Jacob. Mais on ne voit pas (21) que dans le grand nombre de voyages que ces derniers ont faits, ils se soient jamais reposez pour célébrer le Sabbat; au lieu qu'on trouve dans l'Histoire sainte plusieurs

---

(20) *Et observée par les Patriarches.*] C'est d'eux qu'est parvenue jusqu'aux Grecs l'opinion qui leur a fait regarder le septiéme jour avec plus de vénération que les autres, comme l'a remarqué Clément Alexandrin.

sieurs exemples de cette interruption de voyage, depuis la sortie d'Egypte. Car après que les Israëlites eurent été tirez de ce Païs, & qu'ils eurent heureusement passé la mer rouge, la premiére chose qu'ils firent, fut de célébrer tranquillement ce grand jour de leur délivrance, en chantant à Dieu un Cantique de victoire. Ce fut alors que la seconde Loi du Sabbat fut établie. Depuis cela, les Israëlites eurent ordre de le célébrer par un parfait repos. Le premier passage qui en fait mention, est celui où il est parlé de la Manne, & de ce que les Israëlites devoient observer en la recueillant, Ex. XXXV. 2. Lev. XXIII. 3. Mais ce qui fait voir que cette maniére d'observer le Sabbat avoit eu lieu dès le jour du passage de la mer rouge, c'est qu'au Ch. V. du Deut. vers. 15, Dieu donne pour raison de cette observation exacte & religieuse, la délivrance d'Egypte. On voit aussi dans les passages que j'ai alléguez, que dans cette se-

---

(21) *Que dans le grand nombre de voyages..... ils se soient jamais reposez.*] C'est dans ce sens que Justin & Tertullien ont assuré que les Fidéles de ce tems là n'avoient jamais observé le Sabbat.

seconde Loi Dieu avoit égard aux Esclaves, & qu'il vouloit adoucir leur condition, que leurs Maîtres rendoient extrémement dure, par le travail sans relâche auquel ils les obligeoient : ce qui a un raport manifeste à la maniére dure & tyrannique dont les Israëlites avoient été traitez en Egypte, & à leur afranchissement. Il est vrai que (22) cette Loi obligeoit aussi les Habitans de Canaan, qui étoient mêlez avec les Israëlites. Mais c'étoit afin que le repos fût égal dans tout ce Païs-là, étant observé par tous ceux qui y habitoient. Il y a, au reste, une preuve très-solide, qui fait voir que cette Loi n'étoit imposée qu'aux Israëlites, & nullement aux autres Nations: c'est qu'en plusieurs endroits de l'Ecriture, elle est apellée un signe, & même une Alliance particuliére entre Dieu & son Peuple comme Exod. XXXI. 13. 16.

Cela posé ; je dis, que toutes les choses qui ont été instituées pour servir

---

(22) *Cette Loi obligeoit aussi les habitans* &c.] Selon le sentiment des Hébreux, elle n'obligeoit pas ceux, qui hors de la Judée observoient les Préceptes des Noachides.

vir de mémorial à la sortie d'Egypte, n'étoient pas telles qu'elles dûssent toûjours durer. Nous l'avons déja montré par les promesses que Dieu fait de plusieurs graces beaucoup plus considérables que celles-là. Ajoûtez à cela, que si la Loi qui ordonne de se reposer le septiéme jour, eût été établie dès le commencement du Monde, & qu'en vertu de cela elle fût irrévocable, elle auroit toûjours dû l'emporter sur d'autres Loix qui lui étoient oposées, & qu'on ne pouvoit garder qu'en la violant; & c'est précisément le contraire de ce qui est arrivé. (23) Les Juifs ont toûjours circoncis leurs enfans en ce jour; & lors que le Temple subsistoit, on y égorgeoit des victimes le jour du Sabbat, de même que les autres jours. Les Docteurs Juifs mêmes font bien connoître qu'ils ne croyent pas cette Loi indispensable, lors qu'ils disent qu'il étoit permis de violer le Sabbat par l'ordre d'un Prophéte; ce qu'ils confirment par l'exemple de la prise de Jericho, qui ar-

---

(23) *Les Juifs ont toûjours circoncis &c.*] De là vient le Proverbe Hébreu, *La Circoncision chasse le Sabbat.* Voyez Jean VII.

arriva à pareil jour fous la direction de Jofué. Quelques-uns d'entr'eux voyant qu'Efaïe prédit au Ch. LXVI. 23. que le Culte de Dieu ne feroit plus afecté aux Sabbats, & aux nouvelles Lunes, & qu'il auroit lieu dans tous les jours qui coulent d'un Sabbat à l'autre, & depuis une nouvelle Lune jufqu'à celle qui fuit, en ont conclu affez à propos, que lors que le Meffie feroit venu, toute diférence de jours feroit entiérement abolie.

3. *A l'égard de la Circoncifion.*

XIII. JE viens à la Circoncifion. Il faut avouer qu'elle eft plus ancienne que Moyfe, puis qu'elle a été ordonnée à Abraham & à fa Poftérité. Mais on doit favoir qu'elle lui fut ordonnée comme un commencement & comme une ébauche de l'Alliance Mofaïque. Cela paroît par les termes mêmes de l'Inftitution, *Je te donnerai*, dit Dieu à Abraham, Gen. XVII. *Je te donnerai, & à ta poftérité, le païs auquel tu as demeuré comme étranger, le païs, dis-je, de Canaan, en poffeffion perpétuelle. Garde donc mon Alliance, toi, & ta poftérité à jamais. C'eft ici l'Alliance entre moi, & vous & ta poftérité; c'eft que tout mâle fera circoncis.* Or
nous

nous avons déja vu qu'à cette Alliance il devoit y en succéder une nouvelle, qui seroit commune à tous les Peuples; & par conséquent la Circoncision, qui étoit un caractére de distinction entre les Israëlites & les autres Nations, devoit nécessairement prendre fin. D'ailleurs il est clair que la Circoncision renfermoit un sens mystique, & beaucoup plus excellent que celui qu'on y apercevoit d'abord. C'est ce que veulent dire les Prophétes, lors qu'ils commandent que l'on circoncise son cœur. Or c'est à cette circoncision intérieure que tendent tous les Préceptes de Jésus-Christ. Ce sens mystique nous oblige d'en chercher aussi un dans les promesses que Dieu atacha à la Circoncision. Selon ce sens, la Terre promise signifioit la Vie éternelle : or personne ne l'a plus clairement révélée que Jésus Christ. Et selon ce même sens, la promesse que Dieu fait à Abraham de le constituer le Pére de plusieurs Nations, devoit avoir son principal acomplissement, lors qu'au lieu de quelques Peuples, dont il étoit le pére selon la chair, toutes les Nations du Monde viendroient à imiter sa

V foi,

foi. Or c'eſt ce qui n'eſt arrivé que par l'Evangile. Cela poſé, il n'y a plus lieu d'être ſurpris que ce qui ſervoit à préfigurer ces choſes ſpirituelles, ait été aboli lors qu'elles ont été acomplies. (24) Si l'on penſe que les graces de Dieu étoient atachées à ce Sceau, on n'a qu'à conſidérer qu'Abraham même, avant qu'il l'eût reçu, n'a pas laiſſé d'être agréable à Dieu; & que dans tout le tems que les Iſraëlites voyagérent par les deſerts de l'A-rabie, ils ont omis cette cérémonie* religieuſe, ſans que Dieu ait témoigné que cela lui déplaiſoit.

† Joſ. v. 5. 6.

Après cela, n'eſt-il pas ſurprenant que les Juifs ayent rejetté Jéſus-Chriſt & ſes Apôtres, au lieu de leur rendre graces de ce qu'ils les afranchiſſoient du fardeau peſant des cérémonies; puis que d'ailleurs les miracles qu'ils leur voyoient faire, & (25) qui ne cédoient en

(24) *Si l'on penſe que les graces de Dieu étoient atachées à ce Sceau &c.*] Juſtin Martyr, Entretien avec Tryphon. ,, Vôtre circonciſion n'a pas été établie ,, comme une œuvre de Juſtice, mais comme un ,, ſigne de la Juſtice, & comme un ſymbole qui ,, diſtinguoit la race d'Abraham des autres Peuples ,, du Monde. Car Dieu a dit à Abraham, *Tout* ,, *mâle d'entre vous ſera circoncis.... & ce ſera un ſigne* ,, *d'Alliance entre moi & vous.*

(25) *Qui ne cédoient en rien à ceux de Moyſe.*] Le Rab.

en rien à ceux de Moyse, ne leur permettoient pas de douter qu'ils n'eussent l'autorité nécessaire pour les délivrer de ce joug. Ils devoient être d'autant plus portez à recevoir favorablement ces premiers Docteurs de nôtre Religion, que ceux-ci n'exigeoient pas d'eux absolument qu'ils acceptassent cette délivrance, & qu'ils leur laissoient une entière liberté * de vivre comme il leur plairroit, pourvû seulement qu'ils suivissent les saintes Régles de l'Evangile; & que, d'ailleurs, ils ne prétendissent pas astreindre † à l'observation des cérémonies, les Etrangers à qui elle n'avoit jamais été ordonnée. Cela seul sufit pour faire voir avec quelle injustice les Juifs rejettérent Jésus-Christ, sous prétexte qu'il abolissoit la Loi cérémonielle.

* Act. XVI. 1. 3. Rom. XIV. 1.

† Act. XV. Gal. I. 3. 6. 15. IV. 10.

Après avoir répondu à cette objection, qui est presque la seule que les Juifs ayent à faire contre les miracles de Jésus-Christ, je viens aux autres Argumens qui sont propres à les convain-

---

Rab. Lévi Ben Gerson a dit *que les miracles du Messie devoient être plus grands que ceux de Moyse. Et c'est en effet ce qui est arrivé, comme il paroit par celui de la Résurrection.*

vaincre de la vérité du Christianisme.

Que les Juifs conviennent qu'un Messie a été promis.

XIV. Ils demeurent d'acord avec nous, que dans les Oracles des Prophétes, Dieu promet un homme infiniment plus excellent que tous les autres par le ministére de qui Dieu leur a fait quelques graces signalées. Ils apellent cet homme, *Messie*, nom commun à tous ceux qui ont reçu quelque Onction, mais qui lui convient d'une maniére infiniment plus grande & plus sublime qu'à tous les autres. Nous assurons que cet homme est venu : ils prétendent qu'il doit venir. Voilà le grand procès que nous avons les uns contre les autres. Mais qui prendrons nous pour nos Juges, sinon les Livres qu'eux & nous tenons également pour divins ? Consultons-les donc, & voyons s'ils ne décident pas la chose en nôtre faveur.

Que ce Messie est venu. I. *Preuve; le tems marqué pour la venue est expiré.*

XV. (26) DANIEL, à qui le Prophéte Ezéchiel a rendu le témoignage

(26) *Daniel, à qui le Prophéte Ezéchiel &c.*] Ezéch. XIV. 14. XXXVIII. 5. Joséphe liv. X. sur la fin ; ,, Je ne trouve rien de plus admirable en ce grand
,, Prophéte, que ce bonheur tout particulier &
,, presque incroyable qu'il a eu au dessus de tous
,, les autres, d'avoir durant sa vie été honoré des
,, Rois & des Peuples, & d'avoir laissé après sa
,, mort une mémoire immortelle. Car les Livres
,, qu'il

ge d'une piété éminente, n'a pas eu sans doute dessein de nous tromper. Et l'on ne peut pas dire non plus qu'il ait été trompé par l'Ange Gabriel. Or c'est en qualité de Disciple de cet Ange, qu'il nous dit au Ch. IX. de sa Prophétie, que depuis l'Edit en vertu duquel les Juifs rebâtiroient Jérusalem, (27) il s'écouleroit moins de 500 ans, avant que le Messie parût. Depuis cet Edit jusqu'à nôtre siécle plus de 2000 ans se sont passez. Cependant le Messie que les Juifs atendent n'est pas encore venu : & ils ne peuvent nommer personne qui soit venu en cette qualité dans le tems marqué par Daniel. D'ailleurs, Jésus-Christ est venu si précisément dans ce terme, que Néhumias, Docteur Juif, qui vivoit 50 ans avant lui, disoit, qu'avant que 50 ans se fussent écoulez, on verroit l'acomplissement de cet Oracle.

„ qu'il a écrits, & qu'on nous lit encore mainte-
„ nant, font connoître que Dieu même lui a parlé.
(27) *Il s'écouleroit moins de 500. ans avant que le Messie parût.*] Les Rabbins Salomon Jarchi, Josué & Sadias, reconnoissent que dans ces passages de Daniel, le fils de l'homme est le Messie. Le Rab. Josué qui a vu la ruïne du Temple, disoit que le Messie étoit venu.

Une seconde marque du tems, auquel le Messie devoit paroître, & qui s'acorde avec la premiére, c'est (28) l'etablissement que le même Prophéte predit que Dieu feroit d'un Empire universel, après que la Postérité de Séleucus (a) & de Lagus (b) auroit cessé de régner. Or le Royaume d'Egypte, qui finit sous Cléopatre, (a) la derniére Personne de la race de Lagus, finit un peu avant la naissance de Jésus-Christ. Une troisiéme marque du tems de l'avénement du Messie, se trouve au Ch. IX. de Daniel, où il est dit, que peu après cet avénement la Ville de Jérusalem seroit détruite, (29) & Joséphe même a entendu cet Oracle de cette totale destruction qui arriva de son tems: donc le tems marqué pour cet avénement étoit

(28) *L'etablissement ...... d'un Empire universel.*] Plusieurs Rabbins apliquent ce passage au Messie.

(a) Seleucus étoit un des Generaux de l'Armée d'Alexandre, & qui regna après lui en Syrie pendant 20. ans. Voyez Appien *Hist. Grec.* TRAD. DE PAR.

(b) Lagus étoit pere de Ptolomée successeur d'Alexandre dans l'Egypte, l'Afrique & une partie de l'Arabie; & ce Ptolomée eut pour fils & pour successeur Ptolomée Philadelphe. *Le même.*

(c) Cleopatre étoit Reine d'Egypte, fille de Ptolomée Auletes, sœur & femme du dernier Ptolomée: Elle se livra à Jules Cesar qui en étoit devenu

toit alors passé. La derniére marque du tems que nous cherchons, se recueille du Ch. II. d'Aggée. Zorobabel Chef des Juifs & Jésus fils de Josédec souverain Sacrificateur ne pouvoient voir sans une extrême affliction que le Temple qu'ils bâtissoient, ne répondît pas à la magnificence du premier. Dieu les console, en leur promettant que la gloire de ce second Temple seroit plus grande que celle de l'autre. Or si l'on confronte la description de ce Temple, telle qu'elle se trouve dans l'Histoire sainte de ces tems-là, & dans les Ecrits de Joséphe, avec la description que l'Ecriture fait du Temple de Salomon; on verra que l'avantage du nouveau Temple sur l'ancien ne consistoit ni dans la grandeur du bâtiment, ni dans la perfec-

nu amoureux. Ensuite Antoine ayant repudié la sœur d'Auguste qu'il avoit épousée, prit Cleopatre pour Femme. Auguste irrité, lui livra la guerre, le vainquit, l'obligea à se donner la mort: Cleopatre craignant de tomber entre les mains des ennemis, imita son exemple. *Le même.*

(29) *Et Joséphe même a entendu &c.*] ,,Ce grand ,, Prophéte a aussi eu connoissance de l'Empire de ,, Rome, & de l'extrême désolation où il réduit,, roit nôtre païs. Dieu lui avoit rendu toutes ces ,, choses présentes, &c. Le Rabbin Jarchi explique les 70. Semaines de la même maniere que nous.

V 4

fection de l'architecture, ni dans la magnificence des ornemens. Les Docteurs Juifs mêmes ont remarqué qu'il manquoit au second Temple deux choses très-avantageuses qui se trouvoient dans le premier; l'une étoit une lumiere éclatante, qui marquoit visiblement la présence de la Majesté de Dieu; l'autre étoit l'Inspiration divine. Mais il n'est pas besoin de sortir du Texte que nous avons cité, pour découvrir en quoi le second Temple devoit être plus excellent que l'autre; puis que Dieu y promet (30) *qu'il y afermira sa paix*, c'est-à-dire sa grace & sa bienveillance, *comme par une Alliance ferme & perpétuelle*. La même promesse est expliquée un peu plus au long au Ch. III. de Malachie, *Voici, j'envoyerai mon Ange qui préparera mes voyes, & aussi tôt après,* (31) *le Seigneur que vous desirez, le messager de l'Al-*

(30) *Qu'il y afermira sa paix.*] Il faut faire atention sur ces paroles précédentes, *le désir des Nations viendra, & j'empliraï cette maison de gloire.*] Cela s'acorde merveilleusement avec ce que nous avons raporté de Malachie, & il semble que ces deux Prophétes se servent d'interpréte l'un à l'autre. Le Rab. Akiba & plusieurs autres ont crû que le Messie devoit venir dans le second Temple.

(31) *Le Seigneur que vous desirez &c.*] La plûpart

l'Alliance, lequel fait votre joye, entrera dans son Temple. Or dans le tems que Malachie vivoit, le second Temple étoit bâti : donc le Messie a dû venir pendant que le second Temple subsistoit. Sur quoi il faut remarquer, que lorsque les Juifs désignent le tems par *la durée du second Temple*, ils entendent par là tout le tems qui a coulé depuis Zorobabel jusqu'à Vespasien. Et la raison de cela est que sous Hérode le Grand, le Temple ne fut pas, à proprement parler, relevé de ses ruines, mais rebâti peu à peu, & partie après partie : (32) ce qui ne devoit pas empêcher qu'on ne l'apellât le même Temple. Toutes ces marques qui caractérisoient le tems du Messie, firent tant d'impression sur les Juifs du tems de Jesus-Christ & sur les Peuples voisins, & elles produisirent une atente si ferme & si constante, que plusieurs d'entr'eux (33) regar-

---

part des Juifs expliquent ce passage du Messie.

(32) *Ce qui ne doit pas empêcher &c.*] Philon. „On „ne dit pas qu'une chose périt, lors que les par„ties périssent l'une après l'autre, mais lorsqu'el„les tombent toutes à la fois.

(33) *Regardérent Hérode &c.*] Matth. XXII. 16. Marc.

gardérent Hérode comme le Messie, d'autres le crurent voir en la personne de (*a*) Judas le Gaulonite ; & d'autres tombérent dans la même erreur à l'égard de quelques autres personnes un peu distinguées.

Réponse à l'objection que l'avénement a été diféré à cause des péchez du Peuple.

XVI. Comme les Juifs se sentent extrémement pressez par ces argumens, qui prouvent que le Messie est venu ; quelques-uns pour les éluder, disent que les péchez des Juifs, sont cause qu'il n'est pas venu dans le tems au-

---

Matt. III. 6. Dans un ancien Commentateur de Perse on lit ces paroles ,, Hérode régnoit du tems ,, d'Auguste dans une Contrée de Syrie. Une sorte ,, de gens qui s'apelloit Hérodiens célébroit le jour ,, de sa naissance, & au jour du Sabbat ils met- ,, toient sur leurs fenêtres à son honneur, des lam- ,, pes allumées & couronnées de violetes.

(*a*) Judas le Gaulonite, dit Joseph, *Hist. des Juifs*, L. 18. étoit de la Ville de Gamala, assisté d'un Pharisien nommé Sadoc, il sollicita le Peuple à se soulever, disant que le dénombrement ordonné par *Auguste*, montroit clairement qu'on vouloit le réduire en servitude. Dans le second Livre de la guerre des Juifs, il dit encore : Un Galiléen nommé Judas porta les Juifs à se révolter, en leur reprochant qu'en païant le tribut aux Romains, ils égaloient les hommes à Dieu, puisqu'ils les reconnoissoient pour maîtres aussi bien que lui. Les Actes des Apôtres, ch. 5. ont parlé aussi de cet Imposteur. Judas de Galilée, disent-ils, s'éleva lorsque se fit le dénombrement du peuple, & il attira à son parti beaucoup de monde, mais il perit, & ceux qui avoient cru en lui se dissiperent. Trad. de Par.

auquel Dieu avoit promis de l'envoyer. (34) Mais pour ne pas dire que la promesse que Dieu en fait, marque un dessein absolu, & non pas un dessein conditionnel, c'est-à-dire, que Dieu ne promet pas de donner le Messie, au cas que son Peuple demeure saint & juste, mais qu'il promet absolument qu'il le lui donnera: sans cette réponse, dis-je, comment la venue du Messie auroit-elle pu être diferée à cause des péchez du Peuple, puis que Dieu, dans les mêmes Oracles, avoit aussi prédit*, qu'en punition du grand nombre de péchez énormes que le Peuple avoit commis, il détruiroit Jérusalem peu de tems après que le Messie se seroit présenté à ce Peuple? Mais ce qu'il y a de plus fort, c'est que la raison même pour la-

* Dan. IX. 24.

(34) *Mais pour ne pas dire que &c.*] Joséphe liv. x. chap. 12. parlant de Daniel, remarque fort à propos ,, qu'il n'avoit pas seulement prédit en gé- ,, néral comme les autres Prophétes, les choses ,, qui devoient arriver, mais qu'il a aussi marqué ,, les tems auxquels elles arriveroient. On voit par Mal. 3. que le dessein d'envoyer le Messie n'étoit pas conditionnel. De plus comme le Messie devoit être Auteur d'une nouvelle Alliance, comme cela paroit par les Prophétes, il est absurde de dire que son avénement dépendoit de l'observation de l'ancienne Alliance laquelle il devoit abolir.

laquelle il devoit venir, c'étoit afin
qu'il remédiât * à la corruption extrême du siécle auquel il paroîtroit; &
qu'avec des Loix propres à corriger les
mœurs, il aportât aux hommes le pardon de leurs crimes. C'est dans cette
vue que Zacharie dit au Ch. XIII.
*qu'il y auroit une source ouverte à la
maison de David & à tous les habitans
de Jérusalem, pour les nettoyer de leurs
péchez.* Les Juifs mêmes apellent souvent le Messie (35) ISCH COPHER,
c'est-à-dire, *Celui qui apaise ou qui
expie.* Or il est de la derniére absurdité de dire, que parce qu'une certaine maladie est survenue, on a diféré
d'aporter le reméde qui étoit précisément destiné à la guérir.

* Es. LIII. 4. Jer. XXXI. 31. &c.

2. Preuve. Comparaison de l'état présent des Juifs avec ce que la Loi leur promettoit.

XVII. Outre tous les passages qui marquent expressément le tems du Messie, & d'où nous concluons invinciblement que ce tems est passé, les Juifs n'ont qu'à jetter les yeux sur leur état présent pour en être convaincus. Lors que Dieu traita Alliance avec eux par Moyse, il leur promit qu'ils posséderoient la Palestine tranquillement &

---

(35) *Isch Copher.*] Voyez la Paraphr. Chald. sur le Cantique des Cant. I. 14. Les Rab. Judas & Siméon ont dit que le Messie porteroit nos péchez.

& heureusement, tant qu'ils méneroient une vie conforme à ses Préceptes. A quoi il ajoûta des menaces de bannissement, & de plusieurs autres maux de cette espéce, au cas qu'ils vinssent à violer ses Loix. Mais il leur promit, cependant, que si après avoir quelque tems gémi sous la pesanteur de ces maux, ils venoient à se repentir de leurs crimes, & qu'ils rentrassent dans les bornes de leur devoir, il se laisseroit toucher de compassion pour eux, & les feroit retourner en leur Païs, quand même ils auroient été dispersez jusqu'aux extrémitez de la Terre. Cela se voit en plusieurs passages, particuliérement au Ch. XXX du Deuter. & au I. de Néhémie. Or depuis plus de 1500 ans les Juifs sont bannis de leur Païs; ils n'ont plus de Temple; (36) & si quelquefois ils ont entrepris d'en rebâtir un, ils ont rencontré des obstacles insurmontables: jusques-là que sous Julien, à peine eurent-ils mis la main à l'œuvre, qu'il sortit de terre, auprès des fondemens, de grands tourbillons de flam-

(36) *Et si quelquefois ils ont entrepris &c.*] Cela est arrivé sous Adrien, sous Constantin & sous Julien.

flammes, qui devorérent ceux qui travailloient. C'est ce que nous aprenons d'Ammien Marcellin (a) Auteur Payen. Autrefois, le Peuple s'étant plongé dans les plus grans vices, & étant allé jusqu'à sacrifier ses enfans à Saturne, à compter l'adultére pour rien, à piller la Veuve & le Pupille, à répandre en abondance le sang innocent, crimes que les Prophétes leur ont souvent reprochez; toute la peine que Dieu leur infligea, fut un exil de 70. ans, pendant lequel, encore, il ne cessa de s'adresser à eux par ses Prophétes, & de les consoler par l'espérance du retour, dont il leur marqua même le tems*. En vérité cette peine est bien légére, au prix de ce qu'ils souffrent depuis la derniére dissipation qui leur arriva sous les Empereurs Romains. Ils ne sont pas seulement privez de leur Patrie; ils sont l'objet du mépris de tout le monde. Aucun Prophéte ne s'éléve parmi eux. De quelque côté qu'ils se tournent, ils n'aperçoivent aucune marque qui leur fasse espérer d'être rétablis dans leur

* Jer. XXV. 13.

(a) Cet Historien étoit Grec, de la Ville d'Antioche; il fleurissoit sous les Empereurs Gratien & Valentinien au milieu du quatriéme siécle. Trad. de Par.

leur Païs. Leurs Docteurs, comme s'ils étoient frapez de vertige, se sont laissé aller à ces Contes bas, & à ces opinions ridicules dont le Talmud est rempli, auſquelles ils ofent donner le nom de Loi Orale, & qu'ils mettent en parallele avec la Loi que Moyſe a écrite, pour ne pas dire qu'ils la préferent à cette Loi. Qu'y a-t-il par exemple, de plus ridicule que ce qu'ils diſent, que Dieu pleura de ce qu'il avoit laiſſé détruire Jéruſalem, & qu'il lit exactement la Loi tous les jours? Qu'y a-t-il de plus puéril, que ce qu'ils content du Béhémoth & du Leviathan, & que je ne puis m'amuſer à raporter, non plus que cent autres rêveries? Quel est donc le grand crime qui a atiré ſur eux de ſi terribles malheurs? Certes, ce n'est pas l'Idolatrie, à laquelle ils étoient autrefois ſi ſujets, & qui fut cauſe de leur captivité. Ce ne ſont pas auſſi ni les homicides ni les adultéres. Ils ſont aſſez innocens à cet égard; ils tâchent même, à l'envi les uns des autres, (37) de ſe rendre Dieu propice par des priéres,
&

(37) *De ſe rendre Dieu propice par des priéres.*] Si l'on en croit les Juifs, ils ont rendu ſervice à Dieu en rejettans le faux Meſſie, que tant de perſonnes ont reçu.

& par des jeûnes: mais Dieu n'y a aucun égard. Il faut donc nécessairement dire l'une ou l'autre de ces deux choses; ou que l'Alliance Mosaïque a été entiérement abolie, ou que le Corps entier de la Nation Judaïque s'est rendu coupable de quelque crime bien énorme & dont la punition n'est pas encore achevée. Si c'est la seconde de ces deux choses, qu'ils nous disent quel est ce crime; & s'ils ne le peuvent, qu'ils commencent donc à ajoûter foi à ce que nous disons, que ce crime n'est autre que celui d'avoir rejetté le Messie, qui est venu avant que ces malheurs leur arrivassent.

Que Jésus est le Messie. Preuves tirées des prédictions.

XVIII. Jusqu'ici j'ai prouvé que le Messie doit être venu: je vais présentement montrer qu'il n'est autre que le Jésus que nous adorons. Tous les autres qui se sont vantez d'être le Messie, ou qui ont même passé pour tels n'ont laissé aucune Secte qui conservât ce sentiment. Nous n'en voyons aujourd'hui aucune qui fasse profession de reconnoître pour tel, ni Hérode, ni Judas le Gaulonite, ni Barchochébas, qui sous l'Empire d'Adrien se dit être le Messie, & qui trom-

trompa les plus éclairez. Mais depuis que Jésus-Christ est venu au Monde, jusqu'à nôtre siécle, il y a toujours eu dans toute l'étendue de la Terre, & il y a encore aujourd'hui un nombre infini de personnes qui suivent sa Doctrine, & qui le révérent comme le Christ. Je pourrois aporter ici beaucoup de choses, qui ont été autrefois ou prédites ou crues touchant le Messie, lesquelles nous croyons avoir été vérifiées en la personne de Jésus-Christ, & qu'on ne prétend pas même avoir été acomplies en aucun autre. En voici quelques-unes. Jésus-Christ étoit de la Famille de David* : il est né d'une Vierge, comme l'aprit par révélation celui qui avoit épousé Marie, & qui l'auroit renvoyée, s'il eût cru qu'elle fût enceinte d'un autre selon les voyes ordinaires : il est né à Bethléhem*, il a commencé* à prêcher en Galilée:* il a guéri toutes sortes de maladies : il a rendu la vue aux Aveugles, & redressé les Boiteux. Mais je me contente de remarquer une chose que David, Esaïe, Zacharie, & Osée avoient prédite, & dont l'acomplissement subsiste encore aujourd'hui ; c'est

* Ps. LXXXIX. 4. Es. IV. 2. &c.

* Mich. V. 2.
* Es. IV. 1.
* Es. xxxv. 5.

* Ps. M. 8. XXII. 28.

X que

que le Messie devoit être le Docteur non seulement des Juifs, mais aussi des autres Nations : qu'il anéantiroit* le culte des fausses Divinitez, & qu'il rangeroit au service d'un seul Dieu une grande multitude d'Etrangers. Avant la venue de Jésus-Christ, presque tout le monde étoit plongé dans l'Idolatrie. A peine a-t-il paru, qu'elle commença à s'évanouir peu à peu, & que non seulement plusieurs Particuliers, mais des Rois, & des Nations entiéres quittérent les faux Dieux, pour ne plus adorer que le seul vrai Dieu. Cét heureux changement n'est pas l'éfet des enseignemens des Docteurs Juifs, mais de la Doctrine que les Disciples de Jésus-Christ, & ceux qui vinrent après eux, prêchérent par tout le Monde. Par là, ceux qui n'étoient pas encore le Peuple de Dieu, le devinrent ; & l'on vit acompli ce que Jacob avoit prophétisé au Ch. XLIX. de la Genése, qu'avant que l'autorité du Gouvernement civil fût entiérement ôtée à la Postérité de Juda, le Silo, c'est-à-dire le Messie, selon la Paraphrase Chaldaïque,

*Ef. II. 18. 20. XXXI. 7.

(38) & selon tous les Interprétes, le Silo, dis-je, viendroit, & que les *Nations étrangéres mêmes se viendroient soumettre à lui.

* Es.
XI. 10.

XIX. Les Juifs nous objectent ici, que certaines choses qui ont été prédites touchant le tems du Messie, n'ont pas encore eu leur acomplissement. Je répons que les prédictions qu'ils aportent pour exemple, sont ou obscures, ou sujettes à diverses interprétations, & que par conséquent elles ne nous doivent pas faire renoncer à des choses qui sont très-intelligibles & très-claires; telles que sont, la sainteté de la Morale de Jésus-Christ; la grandeur de la récompense qu'il a promise à ses Fidèles; la clarté & l'évidence des termes dans lesquels il la propose. A quoi si l'on ajoûte les miracles, qui ne voit que ce devoient être des raisons sufisantes pour faire embrasser sa Doctrine? Pour ce qui est des Prophéties, leur obscurité, qui leur a fait donner le nom de *Livres

Réponse à l'objection que quelques-unes de ces prédictions n'ont pas été accomplies.

* Esaïe.
XXIX. 2.
Dan. XII.
9.

(38) *Et selon tous les Interprétes &c.*] Ces Interprétes sont les Rabbins Siloch, Béchaï, Salomon, Abenezra & Kimchi.

vres fermez, est telle qu'on ne peut souvent les entendre sans le secours de la Grace. Or il est juste que Dieu refuse ce secours à ceux qui n'ont pas voulu profiter des lumiéres plus vives & plus convainquantes que ne sont les Oracles. Pour ce qui est des passages qu'ils nous objectent, ils savent bien eux-mêmes qu'ils peuvent recevoir plusieurs explications. Si quelqu'un veut se donner la peine de confronter les anciens Interprétes, qui ont vécu pendant la captivité de Babylone, ou dans les tems de Jésus-Christ, avec ceux qui ont écrit depuis que le nom de Chrétiens est devenu odieux aux Juifs, il trouvera que les premiers ont expliqué les passages controversez, d'une maniére assez conforme au sens que nous leur donnons; & il en conclurra avec raison, que si les Nouveaux Interprétes ont inventé d'autres sens, éloignez de ceux que les anciens Juifs recevoient aussi bien que nous, ils ne l'ont fait que par passion, & dans le dessein de se faire des armes contre nous.

Mais pour dire quelque chose de plus particulier sur ces prédictions non acom-

acomplies, les Juifs, tout atachez qu'ils font à la lettre & au fens propre des mots, n'ignorent pas qu'il y a quantité d'endroits dans l'Ecriture, qui fe doivent entendre dans un fens de métaphore & de figure. Tels font ceux qui atribuent à Dieu des chofes qui n'apartiennent qu'à l'Homme, qui difent qu'il eft defcendu, & qui lui donnent une bouche, des oreilles, des narines &c. Pourquoi donc ne pourrions-nous pas auffi expliquer dans un fens de figure la plûpart des chofes qui font prédites touchant les tems du Meffie ? Pourquoi n'entendrions-nous pas ainfi ce qui eft dit, *qu'alors le loup paîtra avec l'agneau, le léopard avec le chevreau, & le lion avec le bétail; que l'enfant fe jouera avec l'afpic; que la montagne de Dieu s'élévera au deffus des autres montagnes & que les étrangers y aborderont pour y facrifier.* Enfin, il y a certaines promeffes qui paroiffent abfolues, mais qui dans le fond renferment une condition ; & cette condition fe peut découvrir ou dans ce qui précéde, ou dans ce qui fuit, ou dans le fens même de la promeffe. C'eft ainfi que Dieu a promis

Ef. xi. 6.

mis beaucoup de choses aux Juifs, au cas qu'ils reçussent le Messie, & qu'ils lui voulussent obéïr. Et si l'évenement n'y a pas répondu, c'est à eux-mêmes, & non pas à Dieu, qu'ils s'en doivent prendre. S'il y a quelques promesses absolues & indépendantes de cette condition, qui ne soient pas encore acomplies, il ne s'ensuit pas de là qu'elles soient vaines, ou que nous les apliquions mal, mais que nous en devons encore atendre l'éfet. Car les Juifs tiennent pour constant que le tems, ou si l'on veut, le Régne du Messie, doit durer jusqu'à la consommation des siécles.

Réponse à l'objection prise de la bassesse & de la mort de Jésus-Christ.

XX. La plûpart des Juifs sont choquez de la condition obscure & basse de Jésus-Christ; mais à tort. Ils devroient avoir apris en mille endroits de l'Ecriture que Dieu éléve les humbles, & qu'il abaisse les orgueilleux. Ils devroient y avoir remarqué que Jacob, qui avoit passé le Jourdain sans autre équipage que son bâton, le repassa quelque tems après avec une quantité incroyable de bétail; que Moyse étoit exi-

(39) *Esaïe fut scié.*] C'est ce que porte la Tradition des Juifs. Joséphe le dit aussi liv. x. 4. Chalcidius sur le Timée de Platon, *Ces deux Prophétes*

exilé, pauvre, & réduit à la condition de berger, lors que Dieu lui aparut dans le buisson, & lui donna la conduite de son Peuple; que David fut tiré d'entre les troupeaux pour être élevé sur le Trône; qu'en un mot l'Ecriture sainte est pleine d'exemples qui prouvent cette vérité. A l'égard du Messie, les Prophétes disent que la * nouvelle de sa venue seroit agréable aux Pauvres; * qu'il n'exciteroit ni querelles ni disputes; qu'il agiroit d'une maniére pleine de douceur; qu'il épargneroit le roseau cassé, & qu'il n'éteindroit pas dans le lumignon fumant ce qu'il y resteroit de chaleur.

* Es. LXI. 1.
* Es. XLII 2. 3. 4.

Les maux qu'il a souferts, & la mort même qu'il a subie, ne doivent pas le rendre plus odieux que cette condition peu relevée. Souvent Dieu permet que non seulement les gens de bien soient inquiétez & afligez par les méchans, comme Lot le fut par les habitans de Sodome; mais que ceux-ci même les fassent mourir. Abel fut massacré par son frére; (39) Esaïe fut scié,

ont été tuez par des scélérats, qui ont écartelé l'un & lapidé l'autre. C'est à cela qu'il faut raporter Héb. XII. 37.

scié; les fréres Macchabées & leur Mére expirérent, au milieu des tourmens. Dans le Pſ. LXXIX. que les Juifs chantent auſſi bien que nous, on voit une triſte deſcription des cruautez que les Ennemis de ce Peuple avoient exercées contre lui. *Ils ont donné*, dit le Pſalmiſte, *les corps morts de tes ſerviteurs aux oiſeaux pour leur ſervir de pâture. Les reſtes de ceux que tu aimes, ô Dieu, ont ſervi de nourriture aux bêtes. Ils ont répandu leur ſang aux piez de murs de Jéruſalem, & il ne s'eſt trouvé perſonne qui les enſevelît. &c.* Quand tous ces exemples nous manqueroient, (40) le Ch. LIII. d'*Eſaïe* prouveroit ſufiſamment à toute perſonne atentive, que le Meſſie a du parvenir à ſon Regne par les miſéres, & par la mort; & aquerir ainſi le pouvoir d'enrichir les Fidèles des biens les plus excellens. Nous le mettrons ici tout entier. *Qui a cru à nôtre parole, & qui a reconnu la puiſſance de Dieu ? La cauſe de cette incrédulité eſt, qu'Il s'eſt élevé comme un tendre rejetton ſous les yeux de Dieu, & comme une herbe qui*

---

(40) *Le chapitre* LIII. *d'Eſaie.*] La Paraphraſe Chaldaïque & la Gemare de Babylone ont expliqué ce chap. du Meſſie.

blir. D'autres avancent qu'il faut un secours extraordinaire du S. Esprit non seulement pour croire à l'Ecriture, ce qu'on accorde sans peine ; mais aussi pour comprendre le sens des vérités qu'elle renferment, ce qu'ils auroient de la peine à prouver ; mais supposons-le, pourveu que tous ceux qui lisent les Livres du Nouveau Testament dans le dessein de connoître la Vérité, avouent que dans ces dispositions Dieu leurs accorde cet Esprit par un effet de sa bonté, il n'y aura plus de disputes sur ce Point; chaqu'un agissant avec prudence & sans danger pourra puiser dans la lecture de ces Livres la connoissance de la Religion Chrétienne, en se servant des moiens qui sont utiles & necessaires pour les entendre, ce que nous n'examinons pas ici.

Tous ceux qui croyent que Dieu a pleinement révélé sa volonté par Jésus-Christ, dans les Livres du Nouveau Testament, se trouvent indispensablement obligés d'embrasser toutes les choses que ces Livres lui proposent comme l'objet de sa Foi, de son Espérance, & de ce qu'il doit faire & pratiquer ; car celui qui s'atache à Jésus-Christ

Chrift & le régarde comme fon Docteur dans la foi, doit récévoir & s'atacher à tout ce qu'il a enfeigné, fans qu'il puiffe admettre aucune exception en recevant une partie de fa Doctrine & rejettant l'autre. Tels font tous les Dogmes que j'ai raporté ci-deffus, & dont tous les Chrétiens convienent enfemble d'un confentement parfait.

A l'égard des autres Points fur lesquels ils difputent, n'ayant pas la même évidence, un homme qui craint Dieu & qui a de la piété peut & doit examiner toutes chofes & fufpendre fon jugement jufqu'à ce qu'il en ait une connoiffance plus éxacte; car il y auroit de l'imprudence d'admettre ou de rejetter des chofes dont on ne connoîtroit ni la vérité ni la fauffeté, puisque le falut éternel n'eft pas promis dans les Livres du Nouveau Teftament à celui qui embraffera un fentiment controverfé plutôt que l'autre, mais à celui qui récevra d'efprit & de cœur les Points fondamentaux de la Doctrine Chrétienne que nous avons raporté.

Qu'on

ra leurs péchez. (46) *Lors que les dépouilles se partageront entre les combatans, je lui en donnerai une part excellente; parce qu'il s'est livré à la mort; qu'il a été mis au rang des scélérats; & que portant la peine des péchez des autres, il s'est établi intercesseur pour ceux qui étoient coupables.*

Nous défions ceux que nous combatons ici, de nous pouvoir marquer quelques-uns de leurs Rois ou de leurs Prophétes, à qui tout ce Chapitre se puisse apliquer. Les Juifs modernes se sont avisez de prétendre qu'il s'agissoit ici, non d'une personne singuliére, mais de leur Nation même dispersée dans tous les endroits du Monde; & qui à la faveur de cette dispersion, devoit faire par tout un grand nombre de Prosélytes par ses bons exemples, & par ses discours. Mais I. cette explication choque une infinité de passages de l'Ecriture, qui disent clairement (47) qu'il n'est rien arrivé de fâcheux aux Juifs, qu'ils n'ayent mérité par leurs crimes; rien même qui ne

Dan. IX.
Neh. IX.
&c.

---

(46) *Lors que les dépouilles se partageront.*] La Gemare de Babylone enseigne que cela se doit entendre dans un sens spirituel.

(47) *Qu'il n'est rien arrivé de fâcheux aux Juifs.*]

ne soit beaucoup au dessous de ce qu'ils ont mérité. II. La suite & l'enchaînure de ce Discours prophétique ne s'ajuste nullement avec cette interprétation. Le Prophéte, ou ce qui s'acorde mieux aux termes de ce passage, Dieu lui-même s'exprime ainsi, *Ce mal lui est arrivé à cause des péchez de mon Peuple.* Or le Peuple d'Esaïe, ou plutôt, celui de Dieu, par distinction, n'est autre que la Nation Juive : & par conséquent celui dont Esaïe dit qu'il a soufert de si terribles maux pour son Peuple, ne peut pas être le Peuple Hébreu. Les anciens Docteurs Juifs étoient donc beaucoup plus raisonnables que ceux d'aujourd'hui, lors qu'ils avouoient que tout ce Chapitre regardé le Messie. Cet aveu, & le respect de l'Antiquité, ont obligé quelques Juifs modernes de feindre deux Messies, l'un, disent-ils, fils de Joseph qui devoit soufrir beaucoup de maux , & même une mort sanglante ; & l'autre, qui sera fils de David , qui régnera glo-

---

Cela paroît par les passages ci-dessus alléguez, & par Daniel IX & Néhémie IX. Outre que celui dont parle Esaïe devoit prier Dieu pour les Gentils, ce que les Juifs ne font pas.

glorieusement; & dont toutes les entreprises auront un très-heureux succès. Mais on sent bien que c'est là une pure défaite, & qu'il eût été bien plus naturel & plus conforme aux Oracles des Prophétes, (48) de reconnoître un seul Messie, à qui mille traverses terminées par le dernier suplice, ouvriroient un chemin à la Royauté. C'est ce que nous croyons à l'égard de Jésus-Christ, & c'est aussi ce que l'événement a parfaitement confirmé.

XXI. Il y a bien des Juifs qui embrasseroient la Doctrine de l'Evangile, s'ils n'étoient retenus par une grande opinion qu'ils ont conçue de la vertu & de la probité de leurs Ancêtres, & sur tout des Sacrificateurs qui par un éfet de leurs préjugez, ont condamné Jésus-Christ & rejetté sa Doctrine. Je n'ai pas dessein de faire ici des reproches à ces sortes de Juifs. Cependant la nécessité d'une juste défense m'oblige à leur dépeindre ici ces Ancêtres, pour qui ils ont tant de vénération. Je ne le ferai que par les couleurs & par les traits que me fournissent les termes

Examen du préjugé favorable que beaucoup de Juifs ont pour ceux qui ont condamné Jésus-Christ.

(48) *De reconnoître un seul Messie.*] C'est ce que fait Abarbanel sur le chapitre LIII. d'Esaïe.

mes exprès de leur Loi, & des Livres de leurs Prophétes. C'est là qu'assez souvent ils sont traitez d'hommes incirconcis de cœur, & d'oreilles; de Peuple hypocrite, qui pendant qu'il honore Dieu de ses lévres, & par tout l'apareil des cérémonies, le déshonore dans le fond par un Esprit profane & éloigné de lui. Ce sont leurs Ancêtres, qui en vinrent presque à un parricide contre la personne de Joseph, & qui changérent ce cruel dessein en celui de le vendre pour esclave. Ce sont leurs Ancêtres, qui par des revoltes continuelles rendirent la vie ennuyeuse à Moyse; à ce Moyse, qui étoit leur Chef & leur libérateur; & aux ordres de qui ils avoient vû plusieurs fois l'Air, la Terre, & la Mer obéir sans résistance. Ce sont leurs Ancêtres, qui conçurent du dégoût pour le pain que Dieu leur envoya du Ciel, & qui dans le tems même qu'ils étoient encore pleins de la chair de ces oiseaux dont il les avoit nourris miraculeusement, furent assez insolens pour se plaindre, comme s'ils eussent été travaillez de la famine la plus cruelle. Ce sont leurs Ancêtres qui abandonnénérent, avec la derniére perfidie, David l'un de leurs plus grands & de leurs meilleurs Rois, pour suivre son fils dans sa rebellion. Ce sont leurs Ancêtres, qui tuérent dans le Parvis du Temple Zacharie fils de Jojada; & qui par là firent du Sacrificateur même la victime de leur cruauté. A l'égard de leurs souverains Sacrificateurs, c'est de ce rang que furent ceux qui par de fausses acusations atentérent à la vie de Jérémie le Prophéte, & qui l'auroient infailliblement perdu, si le crédit de quelques Grands ne l'eût arraché à leur fureur. Toûjours eurent-ils assez d'autorité pour extorquer du Roi une permission de renfermer ce Prophéte dans un cachot, où il demeura jusqu'à la prise de Jérusalem.

Si quelqu'un s'imaginoit que les Juifs qui vivoient du tems de Jésus-Christ, avoient beaucoup plus de probité que ceux dont nous venons de parler, il n'a, pour se détromper, qu'à lire l'Histoire de Joséphe. C'est là qu'il pourra voir dans les Juifs d'alors, les crimes les plus atroces, suivis des punitions les plus éfroyables, quoi que moin-

moindres que leurs crimes, (49) au jugement même de cet Auteur. Le Sanhédrin ne valoit pas mieux que le Peuple : & cela n'eſt pas étonnant ; puis qu'il étoit compoſé de perſonnes, que la faveur & le caprice de Grands élevoit à cette Dignité, contre la coutume ancienne, qui étoit d'élire librement & par l'impoſition des mains. Je dis la même choſe des Pontifes, dont la Charge devenue annuelle de perpétuelle qu'elle étoit, fut ſouvent livrée à celui qui en ofroit le plus.

Faut-il donc trouver étrange que des gens fiers & ſuperbes, d'une ambition exceſſive, & d'une avarice inſatiable, ayent été remplis de rage à la vue d'un Homme, qui, quand même il n'auroit pas ouvert la bouche contre leurs defauts, les en reprenoit aſſez par la ſainteté de ſes Préceptes? Ils ne lui ont rien imputé dont ils n'ayent autrefois chargé les perſonnes les plus éminentes en piété & en vertu. C'eſt ainſi que * celui des deux Michées

---

* Il y a eu deux Prophétes de ce nom, l'un qui vivoit du tems de Joſaphat & d'Achab, & c'eſt celui dont il s'agit ici. L'autre a vécu environ 100 ans après, & c'eſt ce dernier dont nous avons un Livre de Prophéties. TRAD. DE PAR.

(49) *Au jugement même de cet Auteur.*] Il dit

chées qui vécut du tems de Josaphat, fut mis en prison pour avoir maintenu constamment la vérité contre les opositions des faux Prophétes. Achab fit à Elie le même reproche que les Sacrificateurs Juifs faisoient à Jésus-Christ; qu'il étoit un perturbateur du repos de la Nation. On intenta contre Jérémie la même acusation qui fut depuis intentée à Nôtre Seigneur; qu'il avoit prophétizé contre le Temple. Ajoûtons à cela ce que les anciens Docteurs d'Israël ont écrit des tems du Messie; *Alors*, disent-ils, *les hommes égaleront les chiens en impudence, les ânes en opiniâtreté, & les bêtes féroces en cruauté.* Enfin Dieu lui-même qui avoit prévû de tout tems quelle dispsition de cœur auroient les Juifs, lors que le Messie viendroit au Monde, prédit par la bouche de ses Prophétes, *a* que le Peuple qu'il n'avoit pas jusques là compté pour sien de-

a Os. xi. 24.

„ qu'aucune ville n'a soufert des maux si extrêmes,
„ & qu'aucun siécle n'avoit vu tant de crimes dans
„ les Juifs: qu'ils s'étoient fait plus de mal eux-
„ mêmes, qu'ils n'en avoient soufert de la part des
„ Romains, qui étoient venus pour expier leurs
„ crimes,

b. Jer.
III. 14. 17.

deviendroit son Peuple; *b* qu'à peine de chaque ville & de chaque village y auroit-il un Juif ou deux qui allassent adorer sur la Montagne sainte: mais que les Etrangers supléroient ce qu'il manqueroit au nombre des Juifs fidéles & saints; * que le Messie seroit aux Juifs un sujet de scandale, & une ocasion de ruïne; & que cette Pierre, après avoir été rejettée par ceux qui avoient la conduite du bâtiment de la maison, seroit mise dans le principal lieu, pour servir de base à tout l'édifice, & pour le rendre plus solide & plus durable.

* Es.
VIII. 14.
Psau.
CXVIII.

Réponse à l'Objection que les Chrétiens adorent plusieurs Dieux.

XX. Il faut présentement répondre aux deux acusations que les Juifs mettent en avant contre le culte que nous ren-

(50) *Plûtôt qu'à Philon Juif qui &c.*] Dans le Traité des sacrifices d'Abel & de Caïn, il représente Dieu comme acompagné de deux choses souverainement éficaces, sa *puissance* & sa *bonté*, au milieu desquelles il dit que Dieu étoit, ajoûtant que leur éficace est infinie, & que chacune d'elles équivaut à toute la Divinité. Maimonides & Joseph d'Albo distinguent trois choses en Dieu, *ce qui connoit, ce par quoi Dieu connoit, & la connoissance même.*

(51) *Laquelle, dit-il, a créé le Monde.*] Dans ses *Allégories, Il s'est servi de sa parole comme d'un instrument pour créer le Monde.*

(52) *Moyse fils de Néhéman.*] ,, Si nous voulons
,, dire la chose comme elle est, cet Ange est l'An-
,, ge

rendons à Dieu. La premiére est, que nous adorons plusieurs Dieux. Mais cette acusation ne vient que d'une fausse explication de nos sentimens, qui leur est suggérée par la haine & par la préocupation. Car pourquoi nous objecter cela (50) plutôt qu'à Philon Juif, qui en plusieurs endroits de ses Écrits, établit trois choses en Dieu, & qui par le *nom de Dieu* entend *la Raison, ou la Parole de Dieu*; (51) *laquelle*, dit-il, *a créé le Monde, & n'est pas sans principe, comme Dieu qui est le pére de tout, quoi qu'elle n'ait pas été produite de la même maniére que les hommes?* Le même Philon, & un autre Docteur nommé (52) Moyse, fils

„ ge Rédempteur dont il est dit, *mon nom est en lui:*
„ C'est ce même Ange qui disoit à Jacob. *Je suis*
„ *le Dieu de Béthel*, & qui parloit à Moyse de de-
„ dans le buisson. La raison pourquoi il est apellé
„ Ange, c'est parce qu'il gouverne le Monde. Car
„ il est écrit; *l'Eternel, c'est-à-dire le Seigneur Dieu*
„ *nous a tirez d'Egypte*: & ailleurs, *Il a envoyé son*
„ *Ange & nous a tirez d'Egypte*. Outre cela il est
„ écrit, *& l'Ange de sa face les a délivrez*.... Car cet
„ Ange n'est autre que la face de Dieu, dans ce
„ passage, *Ma face ira devant eux & je te mettrai en*
„ *repos*. Enfin c'est cet Ange dont le Prophéte dit,
„ *Et aussi tôt le Seigneur que vous cherchez, & l'An-*
„ *ge de l'Alliance que vous desirez, entrera dans son*
„ *Temple*.

fils de Néhêman, apellent auſſi cette parole, *l'Ange, & le Lieutenant de Dieu dans le Gouvernement de l'Univers.* Pourquoi, encore, nous faire cette objection plutôt qu'aux Cabaliſtes, qui diſtinguent en Dieu trois Lumiéres, que quelques-uns d'entr'eux appellent des mêmes noms que nous, Pére, Fils & St. Eſprit? Pour ne parler ici que de ce qui eſt le plus univerſellement reconnu des Juifs: cet Eſprit qui a rempli & inſpiré les Prophétes, n'eſt pas une choſe créée, & il eſt néanmoins diſtingué de celui qui l'envoyoit. C'eſt auſſi ce qu'il faut dire de cette merveille du premier Temple (53) que les Juifs nomment
Sche-

(53) *Que les Juifs nomment Schekina.*] La Gemare de Babylone & celle de Jéruſalem diſent que la *Schekina* s'eſt tenue pendant trois ans & demi ſur la Montagne des Oliviers, en atendant la converſion des Juifs. Ce qui eſt vrai en un bon ſens.

(54) *La plûpart des Docteurs de ce Peuple &c.*] Entr'autres le Rabbin Salomon. Le même Rabbin ſur le chapitre XIX. de la Genéſe verſ. 18. reconnoît que Dieu peut prendre la nature humaine, & que cela eſt même arrivé autrefois pour un tems.

(55) *Le ſacré nom de Dieu &c.*] Jer. XXIII. 6. Zachar. XIV. 16. Pſ. XLV. 7. Quelques Rabbins ont reconnu qu'il s'agit là du Meſſie.

* Dans toute cette Réponſe, l'Auteur ne fonde l'adoration qui eſt duë à Jéſus-Chriſt que ſur ſon exaltation, ſans doute afin de diſputer plus commodément contre les Juifs. Cet endroit & celui que j'ai marqué p. 262 où l'Auteur réduit la Religion
Chré-

DE LA REL. CHRET. LIV V. 341

Schekina. (54) La plûpart des Docteurs de ce Peuple ont enseigné que cette vertu de Dieu, à laquelle ils donnent aussi le nom de Sagesse, habiteroit dans le Messie. Et c'est dans cette vue que l'Auteur de la Paraphrase Chaldaïque apelle le Messie, *la Parole de Dieu*; & que David, Esaïe, & quelques autres, lui atribuent (55) le sacré nom de Dieu & de Seigneur.

XXI. La seconde acusation dont les Juifs nous chargent, c'est que nous rendons à la créature le culte qui n'est dû qu'à Dieu seul. Mais elle n'est pas plus dificile à repousser que la précédente. *En éfet, nous ne déférons au Messie que

Réponse à l'Objection que les Chretiens adorent la nature humaine.

Chrétienne à fort peu de chefs, sont aparemment ce qui a fait dire à bien des gens, & entr'autres à l'illustre M. de Saumaise dans un Livre qu'il a fait contre l'Auteur sous le nom de *Simplicius Verinus*, que Grotius avoit fait paroître dans ce Traité qu'il panchoit déja du côté des Sociniens. Mais ne pourroit-on pas dire pour sa justification, que voulant prouver la Rel. Chr. par la grande étendue du Christianisme, comme il l'a fait p. 163. & suiv. il s'est vu obligé de détourner les yeux des Lecteurs de dessus ses divisions, pour lui donner plus d'uniformité; & de dissimuler, par conséquent, toutes ses grandeurs, en la réprésentant dans une généralité qui embrasse toutes ses Sectes? Ce qui favorise cette conjecture, c'est que quoi qu'il ait écrit ce Traité dans un tems auquel selon l'aveu de tout le monde il ne panchoit pas vers la Communion Romaine, il ne laisse pas de ménager ceux de cette Com-

que l'honneur & que l'adoration qui nous est prescrite au Pſ. II. & au CX. Or David Kimchi même, grand ennemi des Chrétiens, reconnoit que le 1ʳ. de ces Pſeaumes prophétiques n'a été acompli que très-imparfaitement en la personne de David; & qu'il regarde le Messie d'une maniére plus pleine & plus excellente. Pour ce qui est du Pſ. CX. nous oſons aſſurer qu'il porte uniquement ſur le Meſſie. Rien n'eſt plus vain, ni plus frivole, que ce que diſent là-deſſus les Juifs modernes, dont les uns le raportent à Abraham, les autres à David, & quelques autres à Ezéchias. Ce Pſeaume a été compoſé par David, comme il paroît par le tître. Ainſi, ce que le Prophéte déclare que Dieu dit à ſon Seigneur, ne peut être regardé comme étant dit à David, ni à Ezéchias qui a été l'un des Deſcendans de ce Roi,

&

Communion, comme il paroît par l'endroit où il refute le culte que les Payens rendoient aux Intelligences médiatrices, & ſubordonnées à Dieu, & celui des Héros après leur mort p. 234. 235. &c. Il auroit pu renverſer ces deux cultes par cette ſeule raiſon, que le culte religieux n'apartient qu'à l'Etre infini. Il ne le fait pas, & il ſe contente de certaines raiſons, qui ſont bonnes contre les Payens, mais qui ne font rien ou preſque rien contre les Catholiques. TRAD.

& qui n'a eu sur lui aucune prééminence qui obligeât David à l'apeller son Seigneur. A l'égard d'Abraham, il n'a pas possédé le Sacerdoce dans un degré qui l'élevât sur tous les autres Patriarches, & cela même qu'il fut béni par Melchisédec, prouve qu'il lui étoit inférieur dans la Charge de Sacrificateur, dont la bénédiction étoit une des principales fonctions. Il faut donc avouer que cette souveraine Sacrificature, aussi bien que ce Sceptre & cette autorité Royale qui devoit s'étendre de Sion jusqu'au bout du Monde, conviennent parfaitement au Messie. C'est ce qui paroît par d'autres passages, qui parlent incontestablement de lui, & par l'interprétation que les autres Paraphrastes Juifs ont donnée à ce Pseaume. La souveraine probité des Disciples de Jésus-Christ pourroit être un garand suffisant de la vérité de ce qu'ils avancent, que tous les traits de ce grand Oracle se trouvent exactement en la personne de leur divin Maître; puis que les Juifs reçoivent sur une raison semblable, ce que Moyse dit que Dieu lui a révélé en lui parlant face à face.

Mais

Mais ce n'est là que la plus petite des preuves sur quoi nous croyons que Jésus-Christ a été élevé à l'autorité souveraine sur tout l'Univers. En voici de plus fortes, que nous avons déja déduites dans le second Livre. Il a été vû vivant après avoir expiré sur la croix : il a été vu montant au Ciel : son nom seul a chassé les Démons des corps qu'ils possédoient, & guéri des maladies incurables : ses Disciples ont reçu de lui le don des Langues : & ce qu'il y a de considérable dans toutes ces merveilles, c'est que Jésus-Christ les avoit promises comme autant de marques sûres & infaillibles de son élévation sur le Trône. Il ne faut pas oublier ici, que conformément aux Pseaumes que nous avons citez, son Sceptre, qui n'est autre chose que la parole de l'Evangile, après être sorti de Sion, a passé sans aucun secours humain, & par la seule puissance de Dieu, jusqu'aux extrémitez de la Terre ; & s'est également assujetti & les Peuples & les Rois. Les Juifs Cabalistes croyent sans aucun fondement qu'un certain personnage fils d'Enoch tient le milieu entre Dieu & les hommes.

mes. A plus forte raison pouvons-nous penser la même chose de Jésus-Christ, qui a donné des preuves si éclatantes de son élévation. Et qu'on ne dise pas que cette grandeur va à diminuer celle de Dieu le Pére: car *a* c'est de lui qu'elle est émanée; *b* c'est à lui qu'elle doit retourner; & *c* elle tend uniquement à le glorifier.

a Jean. v. 19. 30.
b 1 Cor. xv. 24.
c Jean. XIII. 31. XIV. 13. Rom. XVI. 27.

Nous excéderions les bornes que nous nous sommes prescrites dans cet Ouvrage, si nous entrions dans une discussion plus particuliére de cette grande Controverse. Nous en aurions même dit moins, si nous n'avions eu dessein de faire voir qu'il n'y a dans nôtre Religion, ni impiété, ni absurdité, qui puisse fournir une juste raison de ne se pas rendre aux miracles qui lui servent d'apui, à la sainteté très-parfaite de ses Préceptes, & à la grandeur de ses promesses. Si quelqu'un touché de la force de ces preuves, & persuadé de la foiblesse des objections qu'on leur opose, embrasse la Religion Chrétienne, il doit aller plus loin, & travailler à s'informer des Articles de nôtre Créance : ce qu'il ne peut mieux faire qu'en consultant les

Li-

Livres où nous avons prouvé qu'ils sont contenus & expliquez. Nous finissons en priant Dieu qu'il lui plaise de répandre ses lumiéres dans l'Esprit des Juifs, & d'exaucer encore aujourd'hui la priére que Jésus-Christ lui a présenté pour eux, lors même qu'il étoit ataché à la Croix.

TRAITÉ
DE LA VERITÉ
DE LA
RELIGION
CHRÉTIENNE.

LIVRE SIXIEME.

Refutation du Mahométisme.

I. JE destine ce sixiéme Livre à refuter le Mahométisme. Avant la naissance de cette fausse Religion, Dieu avoit déployé sur l'Eglise Chrétienne de très-severes jugemens, qu'elle n'avoit que trop meritez. Cette pieté solide & pure, qui avoit

Origine du Mahométisme.

avoit fleuri parmi les Chrétiens dans les cruelles persécutions, dont ils avoient été l'objet, s'étoit peu à peu altérée, depuis que la couversion de Constantin, & la profession que les Empereurs suivans firent du Christianisme, eurent fait succéder le calme au trouble, ataché de l'honneur & de la gloire à nôtre Religion, & confondu le Monde avec l'Eglise, en y introduisant la pompe & les maximes mondaines. On vit alors les Princes Chrétiens se consumer les uns les autres par des Guerres continuelles, qu'ils auroient souvent pu terminer par une heureuse Paix. Alors les Evêques commencérent à se disputer le rang avec une chaleur indigne de leur caractére. Alors il arriva ce qui étoit arrivé au premier homme. Il avoit préferé l'arbre de Science à l'arbre de Vie, & atiré par là sur lui & sur ses Descendans une infinité de maux. De même l'Eglise, dans ce période dont nous parlons, prit plus de goût à une Science curieuse & teméraire, qu'à la véritable piété, & fit de la Religion un Art méthodique & une matiére à raisonnement. Cette dépravation de goût

eut

eut bien tôt de fâcheuses suites. Dieu avoit autrefois confondu l'orgueil de ceux qui bâtissoient la Tour de Babel en confondant leur Langage. On vît alors quelque chose de semblable dans l'Eglise. Cette afectation hardie de connoître à fond les plus sublimes Mystéres de la Religion, mit de la diversité dans les expressions des Docteurs, & par cela même, des sentimens de désunion dans leur cœur. La vue de ces malheurs naissans jetta le Peuple dans le doute & dans l'incertitude sur les objets de sa Foi; & une fausse préocupation pour ses Maîtres le retenant dans le respect, il aima mieux chercher la cause de ces nouveaux troubles dans l'Ecriture même, que dans la témérité de ces Esprits inquiets & curieux. Il s'acoutuma donc à regarder la Parole de Dieu comme une chose qui cachoit un poison dangereux, & contre laquelle il faloit se tenir sur ses gardes. Ce mal fut suivi d'un autre. Comme si l'on eût voulu rapeller le Judaïsme, on commença à faire consister la Religion, non dans la pureté de l'ame, mais dans des Cérémonies. On l'apliqua à certaines choses

ses plus propres à exercer le corps, qu'à corriger le cœur. On vint à élever le zéle de Parti, & l'atachement à certaines opinions, au dessus de toutes les autres vertus: ainsi le Christianisme intérieur & véritable devint aussi rare, que l'extérieur & l'aparent étoit ordinaire.

Dieu ne put voir cette corruption sans témoigner par ses châtimens combien elle lui étoit odieuse. Du fond de la Scythie & de l'Allemagne il tira des Armées innombrables, dont il couvrit le Monde Chrétien. Mais voyant que les ravages éfroyables que firent ces Armées, & les sanglantes victoires qu'elles remportérent sur les Chrétiens, n'étoient d'aucune éficace pour l'amendement de ceux qui échapérent à ces terribles Ennemis: il permit dans sa juste colére, qu'il s'élevât dans l'Arabie un faux Prophéte, le fameux Mahomet, & qu'il formât une nouvelle Religion, directement contraire à la Religion Chrétienne, mais assez conforme à la vie de la plûpart des Chrétiens de ce tems là. Les premiers qui embrassérent cette nouvelle Doctrine, furent les Sarrazins, qui s'étoient

toient revoltez contre l'Empereur Héraclius. Ces Peuples subjuguérent en fort peu de tems l'Arabie, la Syrie, la Palestine, l'Egypte, & la Perse. L'Afrique & l'Espagne eurent aussi le même sort. Quelques siécles s'étant écoulez, les Turcs, Peuples très-belliqueux, vinrent enlever aux Sarrazins une bonne partie de ce qu'ils avoient conquis; & après plusieurs combats, ils acceptérent l'ofre que ceux-ci leur firent d'entrer par une Alliance dans les mêmes intérêts. Ils se laissérent ensuite aisément persuader de recevoir la Religion de leurs nouveaux Alliez: Religion commode, & qui flatoit par ses maximes la licence de leurs mœurs. Peu à peu ils devinrent les maîtres, & jettérent les fondemens d'un puissant Empire, qui ayant commencé par la prise des Villes de l'Asie, & continué par la conquête de la Gréce, s'est étendu par ses victoires jusqu'à la Hongrie, & jusqu'aux frontiéres de l'Allemagne.

II. CETTE Religion a en général 2. caractéres, l'un d'inspirer la cruauté, & de porter ses Sectateurs à répandre du sang; l'autre, d'exiger une

Contre la soumission aveugle, qui est le fondement du Mahometisme.

ne soumission aveugle, de défendre l'examen de ses Dogmes, & d'interdire au Peuple, par une suite naturelle de ce principe, la lecture des Livres qu'elle leur fait recevoir comme sacrez. Dès là, il est aisé de voir l'injustice & le peu de droiture de son Auteur, & l'on ne peut qu'on ne le tienne pour suspect. Cette conduite, en éfet, ressemble assez à celle d'un Marchand qui ne voudroit vendre ce dont il trafique, qu'à condition qu'on l'achetât sans le voir & sans l'examiner. Il est vrai qu'en matiére de Religion, tout le monde n'a pas les yeux également propres à discerner le vrai d'avec le faux; & que la présomption, les passions, & le préjugé de la coutume, obscurcissent l'Esprit de la plûpart des hommes; & l'engagent dans l'erreur. Mais d'ailleurs, on ne sauroit, sans faire injure à la bonté de Dieu, s'imaginer qu'il ait rendu le chemin du salut inaccessible à ceux qui le cherchent préférablement aux avantages & à la gloire du Monde; qui pour y parvenir soumettent à Dieu, & leurs personnes, & tout ce qu'ils possédent, & lui demandent son on secours. Et puis qu'il a donné à tous les hommes le pouvoir de juger des choses, pourquoi n'exerceroient-ils pas leur jugement sur les objets les plus dignes d'être connus, & que l'on ne peut ignorer sans courir le risque de perdre la félicité éternelle?

III. Mahomet & ses Sectateurs avouent que Moyse & Jésus-Christ ont été envoyez de Dieu, & que ceux qui ont travaillé à répandre & à établir la Religion Chrétienne, ont été des personnes saintes & pieuses. Cependant l'Alcoran, qui est la Loi de Mahomet, oblige à croire quantité de choses contraires à celles que Moyse & Jésus-Christ nous aprennent. Je n'en raporterai qu'un exemple. Tous les Apôtres & tous les Disciples de Jésus-Christ disent d'un commun consentement, qu'après que nôtre Seigneur fut mort sur la croix, il ressuscita le troisiéme jour, & fut vu par un grand nombre de personnes. Mahomet, au contraire, enseigne que Jésus-Christ fut enlevé secrettement dans le Ciel, & que ce ne fut qu'un Fantôme qui fut ataché à la croix;

1. Preuve contre les Mahométans, tirée de l'Ecriture sainte dont ils avouent en partie la divinité.

qu'ainsi il ne mourut pas, & qu'il trompa les Juifs par cette illusion.

Que l'Ecriture n'a pas été corrompue.

IV. Les Mahométans ne peuvent répondre à cette objection, qu'en disant que les Livres de Moyse & des Disciples de Jésus-Christ ne sont pas demeurez tels qu'ils étoient du commencement, & qu'ils ont été corrompus. C'est précisément ce que répond Mahomet. Mais nous avons déja fait voir la vanité de cette chicane dans nôtre troisiéme Livre. Si quelqu'un disoit aux Mahométans que leur Alcoran est corrompu, ils le nieroient, & prétendroient que cette reponse sufit; tant qu'on ne leur prouve pas cette corruption. D'ailleurs ils ne peuvent pas aporter en faveur de leurs Livres, les argumens que nous alléguons pour les nôtres. Nous disons, par exemple, qu'aussi tôt que nos Livres sacrez eurent été composez, il s'en répandit par tout le Monde une infinité de Copies; qu'ils furent traduits en plusieurs Langues, & fidélement conservez par toutes les Sectes du Christianisme fort éloignées les unes des autres par la diversité de leurs sentimens: & c'est, encore une fois,

ce

ce qu'ils ne peuvent prouver de leurs Livres.

Ils se persuadent que dans le Chapitre XIV. de l'Evangile de S. Jean où Jésus-Christ promet qu'il envoyera un Consolateur, il y avoit quelque chose touchant Mahomet, & que les Chrétiens l'ont fait éclipser. Là-dessus je leur demande, s'ils croyent que les Chrétiens ont commis cette fraude avant ou après le tems auquel Mahomet vint au Monde? S'ils disent que cela arriva après que Mahomet eut paru, je soutiens que c'étoit une chose absolument impossible; puis que, dès ce tems-là, il y avoit par tout le Monde un nombre presque infini d'Exemplaires du Nouveau Testament, en Grec, en Syriaque, en Arabe, en Ethiopique, en Latin même de plus d'une sorte de Version, & que tous ces Exemplaires s'acordent sur ce passage du Chap. XIV. sans qu'il y ait la moindre diversité de leçon. S'ils disent que cette corruption se fit avant que Mahomet vînt au Monde, je répons que cela ne se peut dire, puis qu'alors aucune raison n'obligeoit les Chrétiens à en user ainsi. Car comment auroient-ils pu prendre les devans, à moins que de savoir ce que Mahomet enseigneroit un jour? Et c'est ce qu'ils ignoroient tout à fait. De plus, si les Chrétiens eussent trouvé de la conformité entre la Doctrine de Mahomet & celle de Jésus-Christ, pourquoi auroient-ils fait plus de difficulté de recevoir les Livres de ce nouveau Docteur, qu'ils n'en avoient fait d'admettre ceux de Moyse & des autres Prophétes du Peuple Juif? Enfin suposons que ni les Mahométans ni nous, n'ayons aucuns Livres qui nous instruisent, eux, de la Doctrine de Mahomet, & nous, de celle de Jésus-Christ; l'équité voudroit sans doute, en ce cas, que l'on regardât comme Doctrine de Jésus-Christ, celle que tous les Chrétiens reconnoissent pour telle, & comme Doctrine de Mahomet, celle que les Mahométans disent qu'il a enseignée.

2. *Preuve tirée de la comparaison de la Religion Chrétienne & la Mahométane & 1. de la comparaison de Jésus-Christ*

V. COMPARONS à présent ces deux Religions dans ce qu'elles ont & d'essentiel & d'accessoire, & voyons laquelle est la meilleure. Je commence par les Auteurs de l'une & de l'autre. Mahomet même avoue que Jésus

fus-Chrift eft le Meffie qui avoit été promis dans la Loi & dans les Prophétes. Il l'apelle la *Parole*, *l'Intelligence & la Sageffe de Dieu*, & il dit qu'il n'a point eu proprement de Pére felon la chair: au lieu que pour lui, fes Sectateurs croyent qu'il eft né felon les voyes ordinaires. Jéfus-Chrift a mené une vie pure & irrépréhenfible: Mahomet a exercé long tems l'infame métier de Voleur, & pendant toute fa vie il s'eft plongé dans les voluptez criminelles. Jéfus-Chrift a été élevé dans le Ciel, de l'aveu même de Mahomet: & pour ce qui eft de lui, il eft encore aujourd'hui renfermé dans fon fépulcre. Qu'on juge après cela, lequel des deux mérite le plus d'être fuivi.

avec Mahomet.

VI. EXAMINONS enfuite les actions de l'un & de l'autre. Jéfus-Chrift a rendu la vuë aux aveugles, & la fanté aux malades; il a fait marcher les boiteux; il a fait revivre des perfonnes mortes, & Mahomet en tombe d'accord: Mahomet donne pour preuves de fa Miffion, non le pouvoir de faire des miracles, mais l'heureux fuccès de fes Armes. Quelques-uns néanmoins

2. De la comparaifon des actions de l'un & de l'autre.

moins de ses Disciples ont prétendu qu'il en avoit fait. Mais c'étoient, ou des choses que l'Art seul pouvoit produire, comme ce qu'ils disent d'un pigeon qui voloit à son oreille; ou des choses dont ils ne citent aucuns témoins, par exemple, qu'un chameau lui parloit de nuit; ou qui, enfin, sont si absurdes qu'il ne faut que les proposer pour en faire voir l'extravagance, comme ce que les mêmes Auteurs raportent, qu'une grande partie de la Lune étant tombée dans sa manche, il la renvoya au Ciel pour rendre à cet Astre la rondeur qu'il avoit perdu. Là-dessus, qui ne prononcera que l'on doit s'en tenir à celle de ces deux Loix qui a de son côté les témoignages les plus certains de l'aprobation divine?

3. *De la comparaison de ceux qui ont les premiers embrassé le Christianisme & le Mahometisme.*

VII. JETTONS aussi les yeux sur ceux qui ont les premiers embrassé ces deux Loix. Ceux qui se soumirent d'abord à l'Evangile étoient des personnes qui craignoient Dieu, & dont la vie étoit simple & sans faste. Or il est de la bonté de Dieu de ne pas souffrir que des personnes, qui ne tâchent qu'à lui plaire, soient trompées par

par des aparences de miracles. Les premiers Sectateurs de Mahomet étoient des Voleurs de grand chemin, & qui, bien loin d'avoir quelques sentimens de piété, n'avoient pas même ceux de l'humanité.

VIII. La Religion Chrétienne n'a pas moins d'avantage sur celle de Mahomet, à l'égard de la maniére dont l'une & l'autre se sont répandues dans le Monde. La premiére doit ses progrès tant aux Miracles de Jésus-Christ, & à ceux de ses Disciples & de leurs Successeurs, qu'à la constance qu'ils témoignérent dans les suplices. Les Docteurs du Mahométisme n'ont fait aucuns miracles, & n'ont soufert ni miséres ni mort violente pour la défense de leurs sentimens. Cette Religion ne s'est étendue qu'à la faveur des Armes, & ses progrès se sont réglez sur le succès des guerres de ses Sectateurs; de sorte qu'elle servoit en quelque maniére d'accessoire aux victoires qu'ils remportoient. Cela est si vrai, que les Docteurs Mahométans ont fait de ces succès & de la grande étendue de Païs que leurs Princes ont subjuguée, l'unique preuve de la vérité de

4. De la comparaison des moyens par lesquels ces 2. Religions se sont établies.

leur

Reliure serrée

leur Religion. Mais qu'y a-t-il de plus équivoque & de moins sûr que cette espéce de preuve ? Ils rejettent avec nous la Religion Payenne. Cependant personne n'ignore, ni les victoires signalées qu'ont remportées les Perses, les Macédoniens, & les Romains; ni la vaste étendue de leurs Empires. Ces grans succès mêmes, dont nos Adversaires se vantent, n'ont pas été constans & perpétuels. Sans parler des désavantages qu'ils ont eus dans leurs guerres tant par terre que par mer, on les a contraints d'abandonner l'Espagne dont ils s'étoient rendus maîtres. Or ce qui doit servir de caractére à la véritable Religion, ne doit être ni commun aux méchans & aux personnes vertueuses, ni sujet au changement. J'ajoûte que ce caractére ne doit avoir en lui-même rien d'injuste : c'est ce que les Mahométans ne peuvent pas dire de leurs guerres. Ils les ont entreprises pour la plûpart contre des Peuples qui ne les avoient pas inquiétez, & dont ils n'avoient aucun lieu de se plaindre ; de sorte qu'ils en étoient réduits à colorer ces guerres du prétexte de la

Re-

Religion: ce qui choque directement les fondemens de la Religion même. Dieu ne peut agréer le service que les hommes lui rendent, à moins qu'il ne parte d'une volonté pleine & entiére. Or la volonté ne se peut fléchir, ni par les menaces, ni par la violence, mais par l'instruction & par la persuasion. Lors qu'on ne croit que parce qu'on y est contraint, on ne croit pas proprement, mais on fait semblant de croire pour se souftraire à la persécution. On peut dire aussi que ceux qui par la violence des maux ou par la terreur des menaces, veulent tirer des autres un consentement forcé, se font beaucoup plus de tort qu'ils ne pensent, puis qu'ils découvrent par là qu'ils se défient de la force de leurs raisons. Outre ce defaut que les Mahométans ont de commun avec tous les Persécuteurs, ils en ont un autre qui leur est particulier. C'est qu'après avoir pris pour prétexte de leurs guerres le desir d'étendre les bornes de leur Religion, ils détruisent ensuite ce prétexte par la permission qu'ils donnent aux Peuples qu'ils ont vaincus, de suivre telle Religion qu'il leur plait;

plait; & par l'aveu public que quelques-uns d'entr'eux font, que ceux qui vivent dans la profession du Chriſtianiſme peuvent être ſauvez.

5. De la comparaiſon de la Morale Chrétienne avec celle de Mahomet.

IX. Comparons enfin la Morale de Jéſus-Chriſt, avec celle de Mahomet. L'une nous ordonne de ſoufrir patiemment les maux, & d'aimer même ceux qui nous les cauſent: l'autre autoriſe la vangeance. L'une afermit l'union du Mari & de la Femme, en les obligeant à ſe ſuporter mutuellement: l'autre permet le divorce pour quelque raiſon que ce ſoit. L'une oblige le Mari à faire pour la Femme ce que la Femme fait pour le Mari, & veut qu'il lui montre par ſon exemple à ne partager pas ſon afection: l'autre veut bien qu'il prenne pluſieurs Femmes, & qu'il ranime par là ſa paſſion refroidie. La Loi de Jéſus-Chriſt raméne la Religion de l'extérieur à l'intérieur, & la cultive dans le cœur pour lui faire produire des fruits propres à édifier le Prochain: la Loi de Mahomet borne preſque tous ſes Préceptes & toute ſon éficace à la Circonciſion, & à d'autres choſes indiférentes par elles-mêmes. Celle là permet

met l'usage du vin & de toutes sortes de viandes, pourvû que cet usage soit modéré : celle-ci défend de manger de la chair de porc, & de boire du vin : quoi que dans le fond le vin soit un don de Dieu, utile au corps & à l'esprit, lors qu'on en use avec sobriété. Il est vrai que la Loi de Jésus-Christ a été précédée de certains rudimens grossiers, & dont l'extérieur sembloit avoir quelque chose de puéril : ce qui ne doit pas plus nous surprendre que de voir une ébauche grossiére & imparfaite précéder un ouvrage très-parfait. Mais qu'après la publication de cette Loi excellente, on retourne encore aux ombres & aux figures, c'est en vérité un renversement bien étrange: à moins que l'on n'allégue de bonnes raisons qui prouvent, qu'après une Religion aussi parfaite que la Religion Chrétienne, il étoit de la sagesse de Dieu d'en donner une autre aux hommes.

X. Les Mahométans paroissent scandalisez, de ce que nous disons que Dieu a un Fils, puis que Dieu, disent-ils, n'a point de Femme. Mais ils ne prennent pas garde que nous donnons à Jésus-Christ le nom de Fils dans

Réponse à l'objection que les Mahometans tirent de la qualité de Fils de Dieu que nous donnons à Jésus-Christ.

dans un sens digne de Dieu, & qui n'a rien de charnel. De plus, il ne leur sied guéres de nous faire de pareils reproches, après les choses basses & indignes que leur Prophéte atribue à Dieu. Il dit que les mains de Dieu sont froides, & qu'il le sait parce qu'il les a touchées ; que Dieu se fait porter en chaise, & telles autres puérilitez. Lors que nous disons que Jésus-Christ est le Fils de Dieu, nous n'entendons autre chose que ce que Mahomet dit lui-même, que Jésus-Christ est la Parole de Dieu. Car la Parole est en quelque façon engendrée par l'entendement. Deux autres raisons de ce titre de *Fils de Dieu*, sont que Nôtre Seigneur est né d'une Vierge par la seule puissance divine, qui lui a servi de Pére, & que par la même puissance, il a été élevé dans le Ciel. Mahomet ne le nie pas. Il doit donc reconnoître que ces glorieux priviléges fondent avec raison le nom de *Fils de Dieu* que nous donnons à Jésus-Christ.

Que les Livres des Mahometans sont pleins d'absurditez.

XI. Si nous voulions user de récrimination, raporter ici tout ce qu'il y a de faux, de ridicule, & de contraire re à la foi des Histoires dans les Ecrits des Mahométans, nous aurions une ample matiére de leur insulter & de les couvrir de confusion. Tel est le Conte qu'ils font d'une certaine femme très-belle, à qui quelques Anges, après s'être enivrez, enseignérent une Chanson, par le moyen de laquelle on monte au Ciel, & l'on en descend : à quoi ils ajoûtent que cette femme s'étant déja élevée extrémement haut par la vertu de cette Chanson, Dieu, qui s'en aperçut, l'arrêta tout court, & en fit l'Etoile de Venus. Tel est cet autre Conte, que dans l'Arche de Noé le rat naquit de la fiente de l'éléphant, & le chat de l'haleine du Lion. En voici encore quelques autres qui ne valent pas mieux. Ils disent que la mort sera métamorphosée en un bélier, qui aura son siége au milieu de l'espace qui séparera l'Enfer d'avec le Ciel : que dans la vie à venir, ce que l'on mangera se dissipera par les sueurs : qu'à chaque homme seront assignées des troupes de femmes pour assouvir sa passion. En vérité, il faut avoir irrité Dieu, & reçu une grande mesure de l'Esprit d'étourdissement, pour ad-

admettre des rêveries aussi grossiéres & aussi sales; sur tout, lors qu'on est environné de toutes parts, de la lumiére de l'Evangile.

Aplication de tout l'Ouvrage, adreſſée aux Chrétiens.

XII. CETTE dispute achevée, il ne me reste plus rien à faire que de m'adresser aux Chrétiens de toutes les Nations & de toutes les Sectes, & de leur montrer en peu de mots quel usage ils doivent faire des choses que nous avons dites jusqu'ici; qui est en général d'embrasser ce qui est bon, & de se détourner de ce qui est mauvais & criminel.

Usage du I. Livre, pour la pratique.

XIII. QUE premiérement donc, ils élévent leurs mains pures à ce grand Dieu qui a fait de rien toutes les choses visibles & invisibles. Qu'ils croyent avec une parfaite certitude qu'il a soin de nous, puis qu'un passereau même ne tombe pas sans sa permission. Qu'ils craignent moins ceux qui ne peuvent nuire qu'au corps, que celui qui par le droit qu'il a sur le corps & sur l'ame, peut traiter l'un & l'autre avec la derniére sévérité.

Usage du II. Livre.

Qu'ils mettent leur confiance, non seulement en Dieu le Pére, mais aussi en Jésus-Christ, puis qu'il n'y a sur la Terre aucun autre nom qui nous puisse sauver. Qu'ils songent que pour être agréable & au Père & au Fils, & pour aquerir la Vie éternelle, il ne sufit pas d'apeller l'un son Père, & l'autre son Seigneur, mais qu'il faut régler sa vie sur leur volonté. Qu'ils conservent avec soin la sainte Doctrine de l'Evangile, comme un trésor d'un prix infini.

Que pour y réüssir, ils lisent assidûment l'Ecriture S. qui ne peut tromper, que ceux qui veulent se tromper eux-mêmes. Qu'ils considérent que ceux par les mains de qui Dieu nous l'a donnée, étoient trop fidéles & trop surement guidez par le saint Esprit, pour avoir eu dessein de nous cacher aucune vérité nécessaire au salut, ou de l'envelope d'obscuritez impénétrables. Que pourvu qu'ils aportent à cette lecture un Esprit soumis & obéïssant, ils découvriront sans peine tout ce qu'ils doivent croire, espérer, & pratiquer : & que c'est là le moyen infaillible d'entretenir & de de réveiller en eux cet Esprit que Dieu donne à ses Enfans pour arrhe de la félicité éternelle.

Usage du III. Livre.

Qu'ils

Usage du
IV. Livre.

Qu'ils se donnent de garde d'imiter les Payens, soit dans le Culte des faux Dieux, qui, à parler proprement, ne sont que de vains noms, dont les Démons se servent pour nous détourner du service du vrai Dieu : & qu'ils sachent qu'ils ne peuvent participer à ce faux Culte, sans perdre tout le fruit du Sacrifice de Jésus-Christ. Qu'ils s'éloignent aussi autant qu'ils le peuvent, de la vie impure & libertine des Idolatres, qui ne suivent point d'autres Loix que celles de la cupidité.

Usage du
V. Livre.

Qu'ils réfléchissent encore sur l'obligation où ils sont de vivre plus saintement, non seulement que les Payens, mais aussi que les Pharisiens & les Scribes, dont la justice ne consistant qu'en de certaines pratiques extérieures & visibles, n'est pas capable de

Rom. II.
28. 29.

conduire à la Vie. Qu'ils aprennent que ce n'est pas la Circoncision faite de main qui peut plaire à Dieu, mais la Circoncision du cœur, qui n'est autre chose que l'observation des Commandemens de Dieu, la nouvelle Créature, & une confiance qui produit l'amour; que c'est là la marque & le symbole du véritable Israëlite, & du Juif

Juif myſtique, c'eſt-à-dire, du Juif qui loue véritablement Dieu. Qu'ils recueillent enfin de ce que nous avons dit contre les Juifs, que la diférence des viandes, les ſabbats, & les fêtes n'étoient que des ombres dont le corps ſe trouve dans Jéſus-Chriſt, & dans les Fidéles.

Voici les réflexions que peut fournir nôtre diſpute contre les Mahométans. C'eſt que Jéſus-Chriſt nôtre Seigneur a prédit, qu'après ſon aſcenſion, il s'éléveroit des perſonnes qui ſe vanteroient fauſſement d'être envoyez de Dieu. Mais que ſelon l'avis de ſaint Paul, quand un Ange même viendroit du Ciel pour annoncer une autre Doctrine que celle de Jéſus-Chriſt, il le faudroit rejetter avec exécration, parce que cette Doctrine a été vérifiée & confirmée par des témoignages inconteſtables, & qu'elle eſt ſi parfaite, qu'on ne peut y rien ajoûter. En éfet, quel autre Légiſlateur pourroit-on atendre après celui dont l'Ecriture nous fait cette magnifique deſcription : *Dieu*, dit-elle, *ayant autrefois parlé à ſon Peuple en beaucoup*

Uſage du VI. Livre.

Heb, I. v. 1. 2. &c.

de maniéres fort diférentes, a bien voulu dans l'acomplissement des tems s'adresser à nous par son Fils, qui est Maître de toutes choses, la splendeur de sa gloire, l'image vive & expresse de sa personne; qui après avoir créé toutes choses, les soutient & les gouverne par sa parole puissante; qui enfin, après avoir fait l'expiation de nos péchez, s'est assis à la main droite de Dieu & est parvenu à une dignité infiniment plus excellente que celle des Anges.

Une autre réflexion que les Chrétiens doivent faire sur ce que nous avons dit contre les Mahométans, c'est que les armes que Dieu a données aux Soldats de Jésus-Christ, ne sont pas de la nature de celles sur lesquelles Mahomet a apuyé sa Religion : qu'elles sont uniquement spirituelles, & propres à détruire les forteresses qui s'élevent contre la connoissance de Dieu: que le bouclier des Chrétiens est la foi, qui est propre à repousser les dards enflammez du Démon: que leur cuirasse est la justice, la droiture, & l'intégrité de la vie: que leur casque est l'espérance du salut, laquelle couvre en éfet, aussi bien que cette sorte d'ard'armes défensives, les endroits les plus foibles & les plus exposez : qu'enfin ils ont pour épée la Parole de Dieu, qui est assez éficace pour pénétrer jusqu'au fond de l'ame.

Après ces usages qui se retirent de ce Traité, j'exhorte sérieusement tous les Chrétiens à cette concorde mutuelle que Jésus-Christ recommanda si fortement aux siens un peu avant que de les quiter. Qu'ils considérent donc qu'il ne doit pas y avoir parmi eux plusieurs Docteurs, & qu'ils n'en ont qu'un, qui est Jésus-Christ, au seul nom de qui ils ont tous été batisez ; qu'ainsi l'on ne devroit pas voir parmi eux cette diversité de Sectes, & cette désunion, qui sont si contraires à l'Evangile; & qu'il est tems de travailler à y aporter du reméde. Pour le faire avec succès, ils doivent toûjours avoir devant les yeux ces belles paroles des Apôtres: qu'il faut être sage avec sobriété, & selon la mesure de la connoissance que Dieu a distribuée à chacun de nous: que s'il y en a de moins éclairez, on doit suporter leur foiblesse & les engager par cette modération à se réünir avec nous, à entretenir la paix, & à bannir toutes disputes : qu'il est juste, d'ailleurs, que ceux qui excellent en lumiéres & en connoissance, excellent aussi en charité : qu'à l'égard de ceux qui sont dans quelque erreur, il faut atendre que Dieu leur découvre les véritez qu'ils ignorent : que jusqu'à ce que cela arrive, on doit retenir les Articles dont on convient, & y conformer sa vie : que maintenant nous ne connoissons qu'en partie, & qu'un tems viendra que nous connoîtrons toutes choses avec évidence & avec certitude.

Je prie aussi chaque Chrétien en particulier, qu'il ne garde pas inutilement le talent qui lui a été confié : qu'il travaille de toutes ses forces à gagner des ames à Jésus-Christ : qu'il employe à ce dessein, non seulement des discours salutaires & pieux, mais la pureté & la sainteté d'une vie exemplaire, afin de donner lieu aux Etrangers de juger de la bonté du Maître par celle des serviteurs, & de la pureté de ses Loix par celle de leurs actions.

Je finis en priant ceux pour qui j'ai dit

dit dès l'entrée que j'ai composé cet Ouvrage, que s'ils y trouvent quelque chose de bon, ils en rendent graces à Dieu, & que s'il y a des choses qui ne soient pas de leur goût, ils veuillent bien avoir quelque égard, tant à la condition ordinaire des hommes, qui naturellement sont fort sujets à se tromper, qu'au lieu & au tems auquel ce Livre a été écrit, & qui ne m'a pas permis d'y aporter toute l'exactitude dont j'aurois été capable dans une plus heureuse conjoncture.

DU CHOIX

Qu'on doit faire entre les divers Sentimens qui partagent les

CHRÉTIENS

par Mr. LE CLERC.

§ I. *Qu'on doit examiner qui sont ceux d'entre tous les Chrétiens, qui suivent aujourd'hui la Doctrine la plus pure de Jésus-Christ.*

IL n'y a point d'homme sensé, qui ait lu les Livres du Nouveau Testament, pour s'instruire dans la connoissance de la Vérité, qui n'avouë que Grotius a renfermé dans ses

---

(1) *Devant les hommes &c.*] C'est Jésus-Christ qui parle Matt. x. 32. Où il dit *Quiconque fera profession d'être à moi, devant les hommes, je le reconnoi-*

2. & 3. Livres les motifs de crédibilité les plus forts que la Vérité puisse présenter à l'Esprit. C'est pourquoi celui qui desire son salut, & d'arriver un jour à l'Immortalité bienheureuse, doit s'atacher à la Doctrine renfermée dans ces Livres pour en faire l'objet de sa foi; pratiquer les Préceptes qu'elle lui impose, & fixer toute son espérance, sur les biens qu'elle lui promet. Autrement celui qui paroîtroit convaincu de la vérité de la Religion Chrétienne, & qui n'auroit pour sa Doctrine, ses préceptes, & ses promesses ni l'obéissance, ni la foi, qui leur sont dues, tomberoit en contradiction avec soi-même, & prouveroit qu'il n'est Chrétien, ni de cœur, ni d'esprit.

Or entre les préceptes que Jésus-Christ & les Apôtres nous ont donné, il y en a un qui nous oblige à confesser publiquement (1) devant les hommes, que nous sommes ses Disciples, si nous voulons qu'il nous reconnoisse au dernier jour lorsqu'il viendra pour juger les Vivans & les Morts; au contraire si nous

noîtrai pour mien, devant mon Pére, qui est au Ciel. Mais quiconque niera d'être à moi, devant les hommes; je nierai aussi qu'il soit à moi, devant mon Pére, qui est au Ciel. Voi. 2. Tim. II. 12. Apocal. III. 5.

nous refusons de le reconnoître devant les hommes pour notre Maître, il refusera de nous avouer pour ses disciples. (2) Jésus-Christ n'a pas voulu que ceux qui s'atacheroient à lui fussent des Disciples cachés, qui parussent avoir honte de sa Doctrine, & sur qui l'estime des hommes ou leurs bienfaits, leurs menaces & les supplices mêmes fissent plus d'impression que ses préceptes, & les promesses qu'il leur fait de leur donner la Vie éternelle. Mais il a voulu que ceux qui sont Chrétiens en fissent une profession publique, pour porter tous les hommes à embrasser la vraye Religion, & que si la Providence le jugeoit à propos, ils scellassent par leur mort la profession de leur foi (3.) remettant leurs Ames entre les mains de Dieu, pour montrer qu'ils *préferent ses préceptes à toutes choses.* C'est ce

qui

―――――――――――――――――

(2) *Jésus-Christ n'a pas voulu.*] C'est pourquoi il dit Matt. V. v. 14. *Que ses Disciples sont la lumière du Monde ; qu'une Ville située sur une montagne, ne sauroit être cachée, qu'on n'allume point une lampe, pour la mettre sous un boisseau, mais sur un chandelier, afin qu'elle éclaire tous ceux qui sont dans la maison &c.*

(3) *Remettant leurs Ames.*] Luc XII. 4, *Jésus-Christ nous deffend de craindre ceux qui tuent le Corps, & qui aprés cela n'ont plus rien à vous faire davantage* & il nous ordonne de craindre celui qui, aprés qu'on a été tué, a le

peu-

qui a fait dire à St. Paul (4) *que si nous confessions le Seigneur Jésus de notre bouche, & que nous croyions dans nos cœurs que Dieu l'a ressuscité d'entre les morts, nous serons sauvés*; car de cœur, ajoûte-t-il, *on croit pour obtenir la justice, & de bouche l'on confesse pour avoir le Salut*; car l'Ecriture dit, *que tous ceux qui croiront en lui, n'en auront point de confusion*. Sur ce principe, il faut que celui qui reconoît la Religion Chrétienne pour véritable découvre ses sentimens & sa foi, sans déguisement & sans crainte, lorsque l'occasion s'en présente.

Ensuite l'on doit s'atacher à connoitre ceux qui sont du même sentiment, & (5) entretenir avec eux une union parfaite, une paix profonde, & une amitié tendre & sincere, puis que la marque à laquelle Jésus-Christ veut

de jetter dans la gêne. Il prédit à ses Disciples Matt. x. 39. & suivans une infinité de maux, de toute espéce, leur disant que *celui qui aura conservé sa vie, la perdra & celui qui aura perdu sa vie, à cause de lui, la trouvera.* Préceptes auxquels les premiers Chrétiens ont obéi avec une fidélité constante, puisque le glorieux témoignage qu'ils ont rendu à la *vérité de l'Evangile*, les a fait appeller Martyrs, c'est-à-dire Témoins.

(4) *Si nous confessions.*] Rom. X. 9, 10, 11.
(5) *Entretenir avec eux &c.*] Jean. XIII. 34, 35.

veut que ses Disciples soient reconnus, c'est de s'aimer les uns les autres, & de se rendre mutuellement tous les services dont ils sont capables. Il les a même exhortez, (6) de s'assembler en son nom; leur promettant que lorsque deux, ou trois Chrétiens seroient dans un même lieu en son nom, il seroit au milieu d'eux; ce qui fait qu'outre que ces Assemblées mutuelles entretiennent & fortifient l'union & la charité, elles contribuent (7) à perpétuer la Doctrine, qui pourroit varier, s'il étoit permis à chaqu'un de conserver sa foi en particulier, sans que personne en fût témoin; car ce qui est caché s'oublie facilement, & disparoît peu-à-peu, mais Jésus-Christ a voulu que sa Doctrine, & les Eglises que la suivroient, durassent jusqu'à la fin

Je vous fais un nouveau commandement, c'est que vous vous aimiez les uns les autres; afin que vous vous entr'aimiez, comme je vous ai aimez. Si vous avez de l'amour les uns pour les autres, tout le monde connoîtra à cela que vous êtes mes Disciples. Voi. *x*. Jean. II. 7. III. 11. 16. 23.

(6) *De s'assembler en son nom.*] Matt. XVIII, 19, 20.

(7) *A perpetuer la Doctrine.*] C'est ainsi que les Philosophes ont transmis leur Doctrine à la Postérité, la faisant enseigner dans les Ecoles publiques, mais les Eglises Chrétiennes unies ensemble par des liens plus étroits, & plus forts transmettent a-
vec

fin du Monde, afin de continuer à répandre ses graces & ses bénédictions sur les hommes.

C'est pourquoi celui qui a connu la Religion Chrétienne par l'étude du Nouveau Testament, & qui est persuadé de la vérité de cette Religion doit embrasser sa Doctrine (8) & s'atacher à ceux qui la professent ; mais comme il n'y a point aujourd'hui d'Assembléés particuliéres, & qu'il n'y en a jamais eu, qui puissent prendre le titre de Chrétiennes à l'exclusion des autres, on ne doit pas s'en raporter à la seule dénomination extérieure, ni se joindre (9) sans examen & sans discernement à tous ceux qui se disent Chrétiens. Il faut examiner si leurs Dogmes sont conformes à la pureté de la Doctrine

qu'on

vec plus de certitude & de facilité la Doctrine qu'elles ont reçue de leur Maître, ce qui ne pourroit se faire sans Assemblées. Pythagore voulut éprouver ce moyen, mais il le tenta inutilement, parceque sa Doctrine n'avoit rien de céleste. *Voi Laërce & Jambliq.*

(8) *S'atacher à ceux.*] Voi. Ep. Tim. & Tit. où l'Apôtre leur ordonne d'établir des Eglises ; & Heb. x. 25.

(9) *Sans examen.*] Voi. 1. Thessal. v. 21. Mais S. Jean s'explique plus clairement sur ce sujet. 1. Ep. IV. 1. *Mes chers frères*, dit-il, *ne croyez pas à tout Esprit; mais examinez les Esprits, pour savoir s'ils viennent de Dieu. Car plusieurs faux Prophétes sont venus au Monde.*

qu'on a puiſſé dans la lecture du Nouveau Teſtament. Sans cela il pourroit arriver que nous regarderions comme une Aſſemblée Chrétienne, celle qui n'en auroit que le nom. Il eſt donc de la prudence d'un homme ſage de ne s'engager jamais dans aucune Egliſe ſans être perſuadé qu'on y enſeigne la pure Doctrine de Jéſus-Chriſt, & qu'on ne l'obligera jamais à rien dire ou pratiquer qui ſoit contraire à ce que Jéſus-Chriſt a preſcrit, & enſeigné.

§. II. *Qu'il faut s'atacher à ceux qui ſont les plus dignes du nom de Chrétiens..*

Les Chrétiens ne s'accordant pas dans leurs ſentimens, & étant non ſeulement diviſés par des Opinions différentes, mais, ce qu'on ne peut dire ſans les couvrir de honte, ſe condamnant les uns les autres, & ſe proſcrivant de leurs Aſſembléés, avec les marques de la haine la plus forte, il y auroit non ſeulement de l'imprudence, ce, mais de l'injuſtice & de la précipitation de s'atacher ſans diſcernement à quelqu'une de ces Aſſembléés, & de condamner les autres ſans les connoître. Un homme ne pourroit regarder comme une Egliſe Chrétienne, celle qui rejetteroit une partie de la vraye Religion ſelon l'idée qu'il en a conçue, & condamneroit ceux du ſentiment contraire; il ne pourroit même, ſe perſuader que tous ceux qui ſeroient condamnés par cette Egliſe particuliere qui les chaſſeroit de ſon ſein méritaſſent d'en être exclus. Par conſéquent un homme ſage & prudent doit examiner ceux qui ſont les plus dignes de porter le ſaint nom de Diſciples de Jéſus-Chriſt, & s'unir à eux.

Si l'on demande ce qu'il faudroit faire ſelon l'Eſprit du Chriſtianiſme s'il ne ſe trouvoit aucune Aſſemblée Chrétienne qui enſeignât publiquement la Doctrine de Jéſus-Chriſt, & qui n'obligeât perſonne à condamner ce qui lui paroîtroit véritable. Alors celui qui auroit découvert l'Erreur, devroit s'appliquer à en retirer les autres, joignant à une prudence conſommée

(10) la bonne foi & une sincérité parfaite, crainte de fournir aux autres quelque sujet de scandale, d'avoir travaillé sans fruit, & perdre l'espérance de leur insinuer la Vérité, & l'esprit de modération qui en est inséparable. Alors on pourroit dire avec sagesse & modestie ce qu'on croiroit être vrai, sans taxer d'erreur, ceux qui croient avoir la Vérité pour eux; mais Dieu n'a jamais abandonné, & n'abandonnera jamais le nom Chrétien jusqu'au point qu'il ne se trouve aucun homme digne de le porter, ou qui ne puisse s'en rendre digne, & avec lequel on puisse s'unir, supposé que les autres ne voulussent pas ouvrir les yeux à la lumiére de la Vérité, desorte qu'on fût contraint de se séparer des opiniatres,

(10) *La bonne foi.*] Ceci est conforme au Précepte de Jésus-Christ, qui Matt. x. 16. nous ordonne *d'être prudens comme les Serpens, & simples comme les colombes.* Simplicité qui ne doit pas cependant nous engager dans l'imprudence, & prudence qui doit nous éloigner de la fourberie, crainte de pecher contre la bonne foi. Nous pouvons même dire qu'il y en a très peu qui se garantissent de ces écueils en prenant un juste milieu entre ces deux extrémités.

(11) *S'il n'est pas permis.*] Pendant qu'on a le droit de suivre les lumieres de sa conscience, & d'agir selon ses principes, on n'est point obligé de se

tres, ce qu'on ne doit faire cependant qu'après avoir tenté toute sorte de moiens; (11) s'il n'est pas permis de leur dire son sentiment avec douceur & modestie, & de suspendre son jugement à l'égard de ceux qu'on ne croit pas coupables ni par conséquent dignes de condamnation. La Religion Chrétienne défend de parler contre sa conscience, de mentir, de condamner les Innocens; Et il est certain que celui qui plein de respect & d'admiration pour la sainteté des Préceptes que Dieu lui a donné souffriroit toutes choses, plutôt que de les enfraindre, seroit très-agréable à Dieu, puisqu'une action de cette nature qui ne peut avoir pour principe qu'une connoissance de ses devoirs, & un amour très-ar-

se séparer d'une Communion à moins qu'elle n'eût corrompu les fondemens du Christianisme ; mais lorsqu'elle peut opprimer les consciences, & qu'on ne peut demeurer au milieu d'elle, qu'en dissimulant, ou renonçant à la Vérité, il faut alors l'abandonner puisqu'il n'est pas permis de mentir, ni de cacher la Vérité pour faire triompher l'Erreur & le Mensonge, autrement la lumiere seroit mise sans le boisseau. C'est pourquoi Jésus-Christ ne s'est point séparé des Assemblées des Juifs, & les Apôtres ne les ont point abandonnées, pendant qu'il leur a été permis d'y enseigner & professer la Doctrine de leur Maître. Voi. Act. XIII. 46.

ardent pour Dieu, ne peut manquer de lui plaire.

C'eſt pourquoi dans cette diverſité de ſentimens qui partagent les Chrétiens il faut examiner ceux qui penſent le plus juſte; & ne condamner les autres, qu'après une pleine certitude qu'ils le méritent; nous atachant à ceux qui ne nous obligent à croire aucun Dogme que nous regardions comme faux, ni à condamner ceux que nous croïons vrais. Si nous ne pouvions trouver ces choſes dans aucune Aſſemblée Chrétienne, il faudroit alors nous retirer avec ceux qui ſont dans le même ſentiment, pour n'être pas contraint de mentir en trahiſſant la Vérité.

§. III. *Les plus dignes du nom Chrétien ſont ceux qui enſeignent la Doctrine la plus pure, dont Grotius a prouvé la vérité.*

Une des queſtions les plus importantes, & des plus difficiles à decider, c'eſt celle où l'on demande qui ſont ceux de tous les Chrétiens dont nous voions

DANS LE CHRISTIANISME. 385

Voions les Assemblées, qui pensent plus juste sur la Religion, & qui soient par conséquent plus dignes du nom de Chrétien qu'ils portent. Toutes les Communions différentes qui se sont séparées de Rome, & celle de Rome même, prétendent à ce glorieux privilege, mais mettant à l'écart toutes les raisons qu'elles apportent pour justifier ce titre, nous disons que l'une n'est pas plus croïable que l'autre, car il faudroit être insensé pour se laisser conduire sur ce sujet (12) au hazard, & terminer toutes les Controverses par un coup de déz, pour ainsi dire.

Or Grotius n'ayant prouvé la vérité d'aucun des Dogmes de toutes les Communions qui se disent Chrétiennes, mais s'étant uniquement ataché à la Religion que Jésus-Christ & les Apôtres ont enseignée aux hommes, il s'ensuit qu'il faut préferer cette assemblée de Chrétiens qui ne reçoit précisément que la Doctrine de Jésus-Christ & des Apôtres. On peut regarder comme la seule & vraye Religion Chrétienne, celle qui sans aucun mélange, sans aucune produc-
Bb tion
─────────────
(12) *Au hazard.*] Voi. la Not. 9. pag. 379. §. II.

tion de l'Esprit humain, peut se raporter toute entiere à Jésus-Christ comme à son Autheur; C'est à elle qu'il faut appliquer *les preuves* que nous trouvons dans son 2. Livre de la vérité de la Religion Chrétienne & qui ne peuvent convenir à aucune autre, si elle ne lui est conforme. Si quelqu'un ajoute ou diminue à la Doctrine de Jésus-Christ, il s'éloigne d'autant plus de la Vérité, que les additions ou les rétranchémens qu'il fait, sont plus ou moins considérables, & lorsque je parle de la Doctrine de Jésus-Christ, j'entens celle qui est reçue comme telle de tous les Chrétiens, & qu'ils conviennent tous être renfermée dans les Livres du Nouveau Testament, ou pouvoir en être déduite par des conséquences tirées de ses Principes. A l'égard des Dogmes qui, selon le sentiment de quelques-uns, ont été établis de vive voix par Jésus-Christ, & les Apôtres, & se sont ensuite répandus par la Tradition, ou quelqu'autre moien qui les a transmis, desorte qu'ils n'ont été écrits que long-tems après, je me contenterai de dire qu'ils ne sont pas reçus de tous les Chrétiens, comme me sont les Livres du Nouveau Testament; je ne dirai pas qu'ils soient faux, à moins qu'ils ne soient contraires aux lumieres de la Raison & de la Révélation, mais je dirai que leur Origine est incertaine & douteuse; & que tous les Chrétiens ne s'accordent pas sur ce point comme sur les Dogmes dont Grotius a démontré la vérité. Or il n'y a point d'homme sage qui connoissant l'incertitude d'une chose, (13) voulût s'y apuyer comme s'il en étoit très-persuadé, sur tout dans une affaire de la derniere importance.

Des

―――

(13) *Voulût s'y apuyer.*] C'est ce que St. Paul nous enseigne Rom. XIV. v. 23. où il dit *que tout ce qui n'est point de foi est peché*, où nous avons raporté les paroles de Philon dans son Livre des Errans Edit. Par. p. 469. Où il dit *que le plus beau de tous les sacrifices, & la plus excellente de toutes les victimes, c'est de se tenir tranquile, & suspendre son jugement dans les choses qui ne touchent point la foi:* & un peu après il ajoûte, *qu'un Esprit paisible est en sureté dans les ténébres,* c'est-à-dire lorsqu'on ne sait quel parti prendre.

§. IV. *Des choses dont les Chrétiens sont d'accord & de celles ou ils sont d'un sentiment contraire.*

Quoiqu'on voie parmi les Chrétiens les disputes les plus vives, soutenues avec chaleur & animosité, qui les engagent à s'accuser mutuellement de nier les choses les plus évidentes, & les mieux prouvées, cependant il y en a qui sont si claires que chaqu'un les admet sans contradiction, ce qui forme une démonstration convainquante de leur vérité, puis qu'elles sont reçues d'un consentement unanime, sans que l'Esprit de contestation & de chicane qui aveugle ses Partisans puisse y former aucun nuage. Je ne prétens pas dire que toutes les choses dont on dispute soient incertaines & douteuses, parce que les Chrétiens n'en conviennent pas unanimement ; car une chose peut paroître obscure à certaines Personnes, qui la trouveroient claire, si le préjugé, ou quelqu'autre Passion ne l'obscurcissoit

dans

dans leur Esprit ; mais il n'arrivera presque jamais que des Partis contraires, & acharnés à la dispute, s'accordent sur une chose qui est obscure.

Les Chrétiens qui vivent aujourd'hui conviennent prémierement ensemble du nombre & de la vérité des Livres du Nouveau Testament ; & si les Savans sont en dispute sur quelques Epîtres, (14) c'est une chose qui n'est d'aucune conséquence puisqu'ils conviennent tous qu'elles sont divinement inspirées, & que ces sortes de controverses ne peuvent apporter aucun changement à la Doctrine Chrétienne. Ce consentement unanime est de la derniére conséquence, puisqu'il s'agit ici de la source indubitable de la Révélation sous la nouvelle Alliance, & qu'à l'égard des autres monumens de révélation que quelques-uns reçoivent, d'autres les révoquent en doute.

De plus les Chrétiens s'accordent sur plusieurs Points de Foi qui renferment

(14) *Sur quelques Epîtres.*] Celle aux Hébreux, la 2. de St. Pierre, & les deux derniéres de St. Jean, sur les Autheurs desquelles les Savans sont partagés.

ment ce qu'on doit croire, esperer, & pratiquer; par exemple, ils croient tous, pour retracer ces principaux Points, I. qu'il y a un Dieu Eternel, tout-puissant, souverainement bon & saint; qui posséde dans le dégré le plus parfait, les Attributs les plus excellens, sans aucun mélange d'imperfections; qu'il a créé le Monde, & tous ceux qui l'habitent, & qu'il conduit & gouverne toutes choses par les Loix de sa souveraine Sagesse. II. Que ce Dieu a un Fils unique, savoir Jésus-Christ né à Bethléem de la Vierge Marie sans connoissance d'homme, sous la fin de la vie d'Hérode le Grand, & sous l'Empire de César Auguste; qu'ensuite il fut ataché à la Croix où il mourut sous le Regne de Tibere, Ponce Pilate étant Intendant de la Judée; que sa Vie est raportée fidellement dans l'Histoire de l'Evangile; qu'il avoit été envoyé par son Pére pour apprendre aux hommes le chemin du salut, les racheter par sa mort de la malédiction éternelle, & les réconcilier à Dieu; que la vérité de sa Mission a été confirmée par plusieurs miracles, que sa mort a été suivie du triomphe de de sa Résurrection, & qu'après avoir conversé plusieurs fois avec plusieurs Personnes, qui l'ont vu & touché, il est monté au Ciel en leur présence & eux le regardant; qu'il y regne, & n'en reviendra qu'au dernier jour, lorsque les Vivans & les Morts étant sortis de leurs Tombeaux, il les jugera selon l'Evangile; que tout ce qu'il a enseigné doit faire l'objet de nôtre foi, & que ce qu'il a commandé doit faire celui de nôtre obéïssance, soit qu'il régarde le Culte de Dieu, l'Empire que nous devons avoir sur nos passions, ou la charité du Prochain; que l'homme n'a jamais reçu de Préceptes plus saints, meilleurs, plus utiles, & plus conformes à sa nature, quoique tous les hommes, excepté Jésus-Christ, les transgressent, & ne puissent arriver au salut, que par la miséricorde de Dieu. III. Qu'il y a un Saint Esprit que les Apôtres de Jésus-Christ ont reçu, qui a opéré plusieurs miracles en leur faveur, & par leur ministére, qui anime la piété des hommes fidéles, & les fait persévérer dans l'obéïssance qu'ils doivent à Dieu, les fortifiant dans les Epreuves de cette vie, & que cet Esprit saint

nous parlant par la voix des Apôtres, exige la même foi & la même obéïssance que le Pére & le Fils. IV. Que l'Eglise Chrétienne a été fondée & conservée depuis le tems de Jésus-Christ jusqu'au nôtre par le Pére, le Fils & le S. Esprit; que tous ceux qui joindront la répentance à la foi, obtiendront miséricorde de Dieu, & seront participans de la Vie éternelle lorsque Jésus-Christ viendra pour les résusciter; & qu'au contraire ceux qui auront refusé de croire à l'Evangile & de pratiquer ses Préceptes resusciteront, s'ils sont morts, pour souffrir des supplices éternels. V. Que tous les Chrétiens doivent reconnoître & professer ces vérités, soit dans le Batême où ils promettent de vivre d'une maniére conforme aux Régles de l'Evangile, & éloignée de vices
&

(15) *Tous les Chrétiens.*] Dans l'explication que nous venons de donner de la Doctrine Chrétienne, nous avons suivis l'ordre du Symbole appelé des Apôtres, évitant tous les termes contestés parmi les Chrétiens, parcequ'il s'agissoit des choses dont ils conviennent tous; cependant nous ne condamnons point comme faux ce qui peut y être ajoûté par voye d'explication ou de confirmation. Au contraire nous louons le travail & les soins de ceux qui nous ont communiqué leurs lumieres sur ce sujet, ne doutant point qu'on n'ait découvert & qu'on ne découvre encore plusieurs choses pour l'éclaircissement de ces Vérités. C'est pourquoi *Tertullien*

& de la corruption du fiécle, foit dans la S. Cene, où nous annonçons la mort de Jéſus-Chriſt, felon ſes préceptes, juſqu'à ce qu'il vienne, faiſant connoître que nous voulons être ſes Diſciples, & régarder comme nos freres ceux qui la célébrent comme nous, afin que ces Cérémonies étant pratiquées avec le reſpect & la piété qu'elles démandent, nous procurent l'Eſprit de Dieu, & ſes bénédictions ſpirituelles & céleſtes.

(15) Tous les Chrétiens croyent ces choſes, & celles qui y ont une liaiſon eſſentielle (car il ne s'agit pas ici d'entrer dans un détail plus étendu ſur ce ſujet) & ils s'accordent tous ſur ces Points, ſi ce n'eſt que quelques-uns y ajoûtent pluſieurs choſes pour ſervir de Commentaire, d'explication

&

lien a très-judicieuſement penſé lorſqu'il a dit ſur ce ſujet dans ſon Livre *de Virginibus velandis.* Chap. I. La Régle de la foi eſt une ſeule dont la fermeté eſt invariable, ſavoir de croire en un ſeul Dieu Toutpuiſſant, Créateur du Monde, & en ſon Fils Jéſus-Chriſt, né de la Vierge Marie, crucifié ſous Ponce Pilate, réſuſcité des Morts le 3. jour, monté au Ciel, apréſent aſſis à la dextre de Dieu, d'où il viendra juger les Vivans & les Morts *par la réſurrection de la Chair.* Cette Régle de la foi demeurant immuable, les autres Points de la Diſcipline, ou de la Doctrine, & de la conduite des mœurs, peuvent être rectifiés ſous l'aſſiſtance & la direction particuliere la grace de Dieu &c.

& de supplément à la Doctrine que nous avons raportée; ce qu'ils ne prouvent pas par les Ecrits des Apôtres, mais par la Tradition, par la Pratique de l'Eglise, & quelques Ecrits modernes, qui selon leur sentiment se sont perpétués de siecle en siecle. Je ne dirai de ces Additions que ce que j'ai déja dit, que tous les Chrétiens ne sont pas d'accord sur ce sujet, comme sur les Dogmes que nous avons raportés, & dont la clarté est si évidente qu'ils écartent les moindres doutes, sitôt qu'on reconnoît l'authorité de l'Ecriture qu'aucun Chrétien de bon sens ne peut nier.

Si l'on se rend attentif sur cette Doctrine, & qu'on pése les raisons qui prouvent la vérité de la Religion Chrétienne, on verra d'abord (ce qu'il est essentiel de bien remarquer) que la solidité de ces preuves ne porte pas sur les Points contestés, & qui divisent le Monde Chrétien, comme nous l'avons déja insinué.

§. V. De quelle source chaqu'un doit tirer la connoissance de la Religion Chrétienne.

Un homme sage & prudent qui verra les Chrétiens disputer sur certains Points particuliers, & s'accorder unanimement sur d'autres, comprendra qu'il ne doit pas puiser la Religion Chrétienne dans une source équivoque & douteuse, mais dans celle dont ils réconnoissent tous unanimement la pureté. Or cette source ne peut être la Confession de Foi d'aucune Eglise particuliere, mais les seuls Livres du Nouveau Testament qu'ils régardent tous comme très-véritables. Il est vrai qu'il se trouve des Chrétiens qui prétendent que ces Livres ne peuvent être entendus, qu'en y joignant la Doctrine de leurs Eglises ; mais d'autres s'inscrivent en faux contre ce sentiment, & tout ce qu'on peut dire sur ce sujet, c'est qu'une Opinion devient suspecte lorsqu'elle n'a pour apui que le témoignage de ceux qui la soutiennent, & qui ont un intéret particulier à l'établir.

blir. D'autres avancent qu'il faut un secours extraordinaire du S. Esprit non seulement pour croire à l'Ecriture, ce qu'on accorde sans peine ; mais aussi pour comprendre le sens des vérités qu'elle renferment, ce qu'ils auroient de la peine à prouver ; mais supposons-le, pourveu que tous ceux qui lisent les Livres du Nouveau Testament dans le dessein de connoître la Vérité, avouent que dans ces dispositions Dieu leurs accorde cet Esprit par un effet de sa bonté, il n'y aura plus de disputes sur ce Point ; chaqu'un agissant avec prudence & sans danger pourra puiser dans la lecture de ces Livres la connoissance de la Religion Chrétienne, en se servant des moïens qui sont utiles & necessaires pour les entendre, ce que nous n'examinons pas ici.

Tous ceux qui croyent que Dieu a pleinement révélé sa volonté par Jésus-Christ, dans les Livres du Nouveau Testament, se trouvent indispensablement obligés d'embrasser toutes les choses que ces Livres lui proposent comme l'objet de sa Foi, de son Espérance, & de ce qu'il doit faire & pratiquer ; car celui qui s'atache à Jésus-Christ

Chrift & le régarde comme fon Docteur dans la foi, doit récévoir & s'atacher à tout ce qu'il a enfeigné, fans qu'il puiffe admettre aucune exception en recevant une partie de fa Doctrine & rejettant l'autre. Tels font tous les Dogmes que j'ai raporté ci-deffus, & dont tous les Chrétiens conviennent enfemble d'un confentement parfait.

A l'égard des autres Points fur lesquels ils difputent, n'ayant pas la même évidence, un homme qui craint Dieu & qui a de la piété peut & doit examiner toutes chofes & fufpendre fon jugement jufqu'à ce qu'il en ait une connoiffance plus éxacte; car il y auroit de l'imprudence d'admettre ou de rejetter des chofes dont on ne connoîtroit ni la vérité ni la fauffeté, puifque le falut éternel n'eft pas promis dans les Livres du Nouveau Teftament à celui qui embraffera un fentiment controverfé plutôt que l'autre, mais à celui qui récevra d'efprit & de cœur les Points fondamentaux de la Doctrine Chrétienne que nous avons raporté.

§. VI. *Qu'on ne doit prescrire aux Chrétiens que ce qui est tiré du Nouveau Testament.*

On ne peut donc de droit (16) obliger les Chrétiens à recevoir que les choses qu'ils croyent contenues dans les Livres du Nouveau Testament, pour pratiquer celles qui y sont commandées, & éviter les autres qui y sont défendues. Si l'on prétend leur imposer d'autre Loi, c'est sans en avoir ni le droit ni l'authorité. Car qui est le Juge équitable qui puisse obliger le Chrétien à croire qu'un Dogme est émané de Jésus-Christ, lorsqu'il n'en trouve aucun fondement dans le moien par lequel Dieu nous a transmis la Ré-

---

(16) *Obliger de droit.*] C'est à quoi se raporte ce que Jésus Christ nous dit Matt. XXIII. 8. & suiv. *Mais pour vous, ne vous faites pas appeller, mon maitre ; car vous n'avez qu'un seul maitre, savoir, le Christ, & vous êtes tous frères! Ne nommez personne vôtre Pere sur la terre, car vous n'avez qu'un seul Pére ; savoir, celui qui est au Ciel. Ne vous faites pas appeller conducteurs; car vous n'avez qu'un seul conducteur; savoir, le Christ.* Voi. Jaq. III. 1. Apoc. III. 7. Où il est dit que *Christ a la Clef de David, qui ouvre,* savoir le Ciel, *& que personne ne ferme, qui ferme & que personne ne peut ouvrir.* Or si Jé-

révélation, de l'aveu de tous les hommes ? Suppofons qu'il y ait d'autres Dogmes qui foient vrais, ils ne peuvent avoir aucun motif de crédibilité dans l'efprit de celui, qui les voyant admis par les uns & conteftés par les autres, prendra un milieu plus feur en s'atachant aux Livres du Nouveau Teftament, comme à la fource de la Révélation, fans vouloir entrer en difcuffion des Points difputés. Pendant qu'il fe tient ferme à ce fentiment, on n'a aucun droit de lui demander autre chofe, & il ne changera point jufqu'à ce qu'il foit perfuadé qu'on peut trouver dans une autre fource la connoiffance du Chriftianifme, ce que je ne croi pas qu'on puiffe faire.

(17) Si quelqu'un vouloit donc ôter aux Chrétiens les Livres du Nouveau

---

Jéfus-Chrift doit être le feul objet de la foi, & que le Nouveau Teftament renferme toute la Révélation qu'il a apporté fur la terre, il s'enfuit que toute la foi du Chrétien doit porter fur ces Livres.

(17) *Si quelqu'un vouloit.*] C'eft ce que prouvent les paroles de S. Paul. Gal. I. 8. *Mais fi nous vous annonçions, ou fi un Ange du Ciel vous annonçoit, autre chofe, que ce que nous vous avons evangelifé, que nous & lui foient anathême.* Certainement il ne convient à perfonne de vouloir ajoûter à l'Evangile ce qu'il croiroit néceffaire, ou en rétrancher ce qu'il regarderoit comme inutile.

veau Testament, ou y ajoûter des choses dont ils n'ont aucune certitude, il ne doit pas être écouté, puisqu'il démande ce que la prudence deffend d'accorder, en voulant nous obliger à croire des choses dont nous ne sommes pas certains, & à en omettre d'autres que tout le monde régarde comme certainement révelées. Il n'est pas nécessaire à chaqu'un d'entrer dans un détail circonstancié de toutes les Controverses, ce qui démanderoit une discussion presqu'infinie, & ne peut convenir qu'aux Savans qui consacrent leurs veilles à cette étude, & qui ont du tems pour le faire. Celui qui veut nous forcer à croire ce que nous ne pouvons pas, nous chasse de sa Communion, parce qu'on ne peut faire violence à la foi, & qu'un homme craignant Dieu & qui aime la Vérité, n'aura jamais la criminelle complaisance pour qui que ce soit de faire profession d'une chose qu'il ne croit pas.

Ceux qui sont d'un sentiment contraire nous objectent, que si chaqu'un à la liberté de juger des Livres du Nouveau Testament, on verra bientôt autant de Religions que de Chapitres,

&

& que la vérité qui est unique sera opprimée par la multitude des Erreurs. Avant de produire des Objections, & de combatre le sentiment que nous avons établi ci-dessus, & qui est apuïé sur les raisons les plus fortes, je croi qu'il faudroit avoir renversé nos principes puis que ces principes étant toûjours les mêmes, la Doctrine qu'ils soutiennent demeure inébranlable comme il est facile de le prouver. Car s'il s'ensuit quelque difficulté de ce que nous avons établi, la vérité n'en est pas moins certaine jusqu'à ce qu'on ait montré que nos principes ne sont ni vrais, ni solides. Mais sans aller plus loin sur ce sujet, nous disons qu'il est faux que la Révélation du Nouveau Testament soit si obscure qu'un homme d'un esprit sain, & qui cherche avec ardeur & sincérement la Vérité, ne puisse y trouver, & n'y trouvé effectivement, les Points fondamentaux de la Religion Chrétienne, ce qui est prouvé par l'expérience, puisque tous les Chrétiens, comme nous l'avons montré, se trouvent sur ce sujet d'un consentement unanime, ce que Grotius a remarqué au §. XVII. de son

II. Livre. Nous ne parlons pas ici de ceux qui ont le Cerveau bleſſé ou le cœur corrompu, nous portons nos veuës ſur les Communions entieres des Chrétiens, qui quoique deviſées & animées par des diſputes continuelles, s'accordent toutes ſur ce Point.

§. VII. *Qu'on doit admirer la Providence de Dieu dans le ſoin qu'il a pris de conſerver la Doctrine Chrétienne.*

L'on doit admirer ſur ce ſujet, comme ſur une infinité d'autres qui concernent la conduite & le Gouvernement de l'Univers, la Providence particuliere de Dieu, qui au milieu de tant de diſputes qui ont été autrefois, & qui continuent encore aujourd'hui, a cependant toûjours conſervé les Livres du Nouveau Teſtament dans toute leur pureté, afin de rétablir par ce moien la Doctrine Chrétienne toutes les fois qu'elle ſeroit alterée; nous ayant tranſmis ce Thréſor tout entier, mais ayant conſervé la Doctrine qu'il renferme, au milieu de cette Mer o-

ra-

rageuſe de diſputes, de ſorte que les Points eſſentiels ne ſe ſont jamais éclipſés de la memoire des Chrétiens.

Une partie conſiderable de Chrétiens prétend, que dans les ſiecles qui ont précédé, pluſieurs Erreurs ſe ſont imperceptiblement introduites & gliſſées dans les Ecoles, ce que les autres nient, ce qui a cauſé en Occident cette ſéparation qui a diviſé le Monde Chrétien en deux parties preſqu'égales, ſeize cens Ans après la naiſſance de Jéſus-Chriſt; cependant dans ces ſiecles mêmes, où l'Erreur a ſéparé une partie des Chrétiens de l'autre, & où ils ſe réprochent avec vérité les ténèbres, la corruption & les vices qui regnoient alors, le principaux Points de la Religion Chrétienne, que nous avons raporté, ſont toûjours demeurez invariables ſans viciſſitude ni changement.

(1) Il n'y a point de ſiecle ſi téne-

___

(1) *Il n'y a point de ſiecle.*] Les Partiſans de Rome, & ceux qui en ſont ſéparés conviennent qu'il n'y a point eu de ſiecles plus malheureux que le 10. & 11. Cependant ſi quelqu'un veut lire ce que les Ecrivains de ce ſiecles infortunés nous ont laiſſé dans *la Biblioth. ſq. des Peres*, il y trouvera tous les Dogmes que nous avons raportés dans la § IV. *Bernard* Abbé du Monaſtere de Clervaux & qui
vi-

nebreux & si corrompu qui ne fournisse la preuve de cette vérité en lisant les Ecrivains de ce tems là dont nous avons encore les Ouvrages. J'avoue, car il ne s'agit pas de dissimuler, qu'on a introduit dans la Théologie Chrétienne plusieurs choses étrangeres, inconnues, & qu'on a joint aux Ecrits du Nouveau Testament; c'est pourquoi l'Evangile, cette semence de régénération n'a pas porté tant de fruits qu'elle eût fait, si on eût écarté les ronces, les épines des chicanes Scolastiques, qu'on peut comparer à de mauvaises plantes que la main du Pere Céleste n'a point planté. Les vices ont accompagné l'Erreur, non seulement on les a commis, mais on les a toléré, & canonisé dans la suite; cependant cette sainte Doctrine a toûjours été conservée pure & entiere dans les Livres du Nouveau Testament, & tous les

---

vivoit au commencement du 12. siecles. Ce grand homme dont quelques-uns relévent avec tant d'Eloges la constance, l'érudition, la piété, & dont les Ouvrages transmis aux siecles futurs n'ont jamais été condamnés, raporte dans ses Ecrits, les Points fondamentaux de la Doctrine Chrétienne. Les siecles qui ont suivi jusqu'au 16. prouvent la même Verité, & ceux qui se sont écoulés depuis ce tems là ne laissent aucun doute sur ce sujet.

les Chrétiens s'accordent sur ce sujet. C'est pourquoi l'on a veu paroître dans la suite des hommes illustres qui se sont vivement oposés aux vices & aux Erreurs de leur siecle, qui les ont répris & censurés, & ont eu assés de zéle & de fermeté pour se roidir contre le torrent. C'est par ce moien que Dieu selon sa promesse a empêché (1) que les portes de l'enfer ne prévalussent contre son Eglise, c'est-à-dire qu'il n'a jamais permis qu'il ne restât aucune Assemblée dans laquelle la Doctrine Chrétienne ne subsistât dans toute sa pureté, quoiqu'il s'y trouve quelques Dogmes particuliers quelquefois plus obscurs ou plus clairs. Or il est certain, pour le rémarquer en passant, que si cette Doctrine ne fût émanée de Dieu, elle ne se fût jamais sauvée d'un déluge de vices & d'Er-

---

(1) *Les portes de l'Enfer, ou du Sépulchre.*] C'est ainsi que nous avons traduit le terme, grec πύλας ᾅδου, parceque ce terme & l'expression hébraique Scheol à laquelle il répond, n'a jamais signifié dans l'Ecriture un Démon, mais seulement le sépulchre ou l'etat des morts, comme, Grotius & d'autres l'ont remarqué, d'où l'on peut conclure qu'il y aura toûjours quelqu'Assemblée, qui conservera les Points fondamentaux de la Doctrine Evangelique.

d'erreurs qui l'ont toûjours environnée; mais elle eût été r'enverſée de fond en comble & enſevélie ſous les variations, les caprices, & les viciſſitudes de l'Eſprit humain.

§. VIII. *L'on répond à la queſtion, pourquoi Dieu a permis qu'il y eût des Erreurs & des diſputes entre les Chretiens.*

L'on pourroit peut-être nous objecter ici, qu'il ſembleroit que la Providence eût veillé avec plus de ſoin à conſerver la Doctrine Chrétienne, ſi Dieu eût prévenu par ſa toute-puiſſance les Erreurs qui ont été, & qui regnent encore aujourd'hui parmi les Chrétiens, & qu'il eût maintenu au milieu d'eux la vérité, la concorde & la paix. Mais nous apartient-il de preſcrire à Dieu les Loix qu'il doit ſuivre afin que les choſes ſoient mieux réglées dans le Gouvernement de l'Univers? Au contraire n'eſt-ce pas à nous à penſer que Dieu qui eſt ſouverainement ſage a eu des raiſons particulieres pour ſouffrir ce qu'il a ſouffert, quoique ces veües qui ſont impénétrables ſoient incompréhenſibles à l'Eſprit humain

main.) Mais si l'on peut découvrir quelques raisons probables qui ont engagé Dieu à agir comme il a fait, nous devons croire que ces raisons & d'autres plus importantes l'ont déterminé à permettre & souffrir ce que nous voions sous nos yeux.

Mais avant de s'arrêter sur ce sujet à aucune conjecture, il faut établir que Dieu a résolu de créer (1) les hommes libres, & de leurs conserver cette liberté jusqu'à la fin, c'est-à-dire qu'ils ne fussent pas tellement bons, qu'ils fussent contraints & necessités de l'être toûjours, ni tellement mauvais qu'ils succombassent sous le pois des crimes, sans jamais s'en réléver; mais il les à créés changeans variables & inconstans afin qu'ils pussent passer alternativement du crime à la vertu & de la vertu au crime avec plus ou moins de facilité, selon que leurs habitudes pour le bien

ou

---

(1) *Les hommes libres.*] Toute l'Antiquité Chrétienne n'a eu qu'un même sentiment sur ce sujet. Voi. *Justin* Mart. Apol. I. Chap. LIV. & LV. *Iren.* Liv. IV. Chap. IX. & XXIX. sur la fin Chap. LXXI. & LXXII. *Orig.* dans son Livre intitulé *de Philocalia* Chap. XXI. *Euseb.* Prep. Evang. Liv. VI. c. VI. & d'autres dont *Denis Petau* raporte les sentimens, au I. Tom. Dogm. Theol. Liv. VI. Chap. VI. l'on trouve encore plusieurs choses sur le même sujet Tom. III. Liv. III. IV. & V.

ou le mal auront été plus ou moins fortes. Le Peuple Juif nous fournit la preuve de cette vérité, que les Chrétiens confirment chaque jour par expérience. Les uns & les autres n'ont été contraints par aucune force insurmontable de pratiquer la vertu ou le vice; ils n'étoient conduits & dirigés que par les Loix qui promettent des récompenses aux gens de bien, & des punitions aux méchans, auxquelles Dieu joignoit des motifs pour les encourager à la pratique de la vertu, & les détourner du vice, quoiqu'ils aient toûjours été libres d'obéir, ou de désobéir à Dieu, ce qui est justifié par l'expérience, puisqu'ils ont toûjours été bons ou mauvais lorsque la Loi de Dieu leurs prescrivoit également la pratique de la vertu, & leur deffendoit également le vice. Jésus-Christ nous a fait connoître que la même chose arriveroit parmi les Chrétiens, comme on le peut conclure des deux Paraboles qu'il a raporte (1) l'une de la Zizanie que l'homme ennemi a semé & qui est crüe avec le bon grain

&

---

(1) *L'une de la Zizanie.*] Matt. XIII. 24. & suiv.

& (2) l'autre du filet jetté dans la Mer & dans lequel se trouvent de bons & de mauvais Poissons, pour montrer que dans le Corps extérieur de l'Eglise il y auroit un mélange de bons & de mauvais Chrétiens, ce qui prouve qu'il a parfaitement connu les maux qui devoient arriver dans l'Eglise. S. Paul n'a-t-il pas averti les Corint. (3) *Qu'il falloit qu'il y eût des héréfies, afin que l'on découvre parmi vous ceux qui sont dignes d'être approuvez?* (4) Et s'il n'y avoit point eu de disputes & que tous les Chrétiens se fussent unanimement accordés sur la Doctrine, il n'y eût point eu d'occasion de choisir, & de pratiquer cette vertu, qui fait préferer la Vérité à toutes

---

(2) *L'autre de filet.*] Mat. XIII. 47. & suiv.

(3) *Qu'il falloit qu'il y eût.*] I. Cor. II. 19. *Car il faut qu'il y ait des hérésies entre vous, afin que ceux qui sont dignes d'approbation soient manifestés entre vous*, c'est-à-dire qu'en considérant les hommes tels qu'ils sont, il faut, s'ils ne deviennent pas meilleurs, qu'il s'élève au milieu de vous des Sectes qui distinguent les bons des mauvais, pendant que les premiers se trouveront unis à la Vérité & à la charité; & que les autres marcheront à travers champs. Voi. Matt. XVIII. 7.

(4) *S'il n'y avoit point eu* &c.] Nous nous sommes étendus sur l'explication de ce sujet dans nôtre *Histoire Ecclésiastique*. Siec. I. an. 83. &c.

tes choses. La Sagesse de Dieu brille donc avec éclat sur ce sujet, puisqu'il fait tirer la vertu du milieu même des vices.

Mais si l'on dit (1) comme font quelques uns qu'il eût été plus à propos que cette vertu n'eût jamais été pratiquée, que de voir regner des vices qui lui sont contraires, qui ont produit tant de crimes, tant de malheurs & de calamités parmi les hommes, & seront suivis des chatimens les plus rigoureux ; nous répondons que ces Maux quelque grands qu'ils paroissent, n'ont pas empêché Dieu de donner des preuves autentiques de sa puissance en créant des êtres libres. Sans cela, aucune Créature n'eût connu sa liberté; Dieu même, quoique Souverainement libre, n'eût jamais été regardé comme tel, si par un effect de sa toute-puissance, il n'eut empreint dans l'esprit des hommes cette idée qu'ils ne se fussent jamais formée par la contemplation de ses Oeuvres. On ne lui eût même rendu aucun Culte, si l'on

___

(1) *Comme font quelques-uns.*] Pierre Bayle a produit cette objection ornée d'un faux brillant, & soutenue de tous les artifices que la Réthorique peut

l'on eût cru qu'il agiſſoit, non par une bonté ſouverainement libre, mais par contrainte & une néceſſité indiſpenſable de faire ce qu'il faiſoit; & s'il eût recu quelques homages, la liberté n'y eût point eu de part. On ne peut donc comparer les maux de cette vie, ni même de celle qui eſt à venir, avec un auſſi grand mal que l'ignorance de Dieu, & l'anéantiſſement de la vertu; & ſi ces choſes nous paroiſſent incompréhenſibles & nous font de la peine, nous devons penſer que Dieu qui eſt très-bon, très-juſte, très-puiſſant & très-ſage ne peut agir que d'une maniere conforme à ſes perfections divines & infinies; qu'il trouvera facilement le moien déclaircir nos doutes, de réſoudre nos difficultés, & juſtifier ſa conduite, en montrant à toutes les Créatures intelligentes qu'il n'a fait que ce qu'il devoit faire. En attendant ce grand jour qui fera diſparoître les ténèbres de l'ignorance, il a voulu donner des preuves de toutes ſes vertus, pour nous engager à mettre en lui

peut fournir. Nous l'avons refutés dans quelques volumes de nôtre *Bibliotheque choiſie*, & principalement dans le IX. X. XI. & XII. compoſé en Françoiſ.

lui toute nôtre confiance, & à regarder ses Oeuvres dans des veues de justice & d'équité.

Nous pourrions ajoûter ici plusieurs choses, mais elles nous éloigneroient de la fin que nous nous sommes proposés, en nous engageant dans une discussion qui ne convient pas ici.

§. IX. *Que ceux là professent & enseignent la plus pure Doctrine de Jésus-Christ, qui ne proposent pour Regle de la foi, de l'espérance & des mœurs que les choses dont tous les Chrétiens sont d'accord.*

Laissant toutes ces choses à l'ecart, pour revenir au parti qu'on doit prendre entre les différentes Opinions qui partagent les Chrétiens, nous ne pouvons agir plus sagement & avec plus de sureté dans ses circonstances qu'en nous atachant à la Communion qui régarde l'Evangile comme la Regle de sa foi sans aucun mélange des Traditions humaines, & est contente que chaqu'un y conforme ce qu'il doit croire, espérer & pratiquer; ce qui étant éxécuté de bonne foi, & fans déguisement, l'on trouvera la pureté de la Doctrine que nous avons montré avoir toûjours été la même malgré les révolutions des fiecles, la multitude des Erreurs, les Orages des difputes, & les changemens des Royaumes & des Villes. L'Evangile renferme tout ce qui eft neceffaire pour régler la foi & les mœurs, & fi l'on veut y ajoûter quelque chofe, il faut montrer que ces additions ne font faites que par raport à certaines circonftances de tems & de lieux, mais qu'on ne les propofe pas comme néceffaires, ce qui n'apartient qu'au (1) Souverain Légiflateur; fans cette reftriction, on introduiroit facilement des Dogmes contraires.

Il n'eft pas permis aux Chrétiens, comme nous l'avons remarqué, de fe foumettre avec une obéïffance aveugle

_____
(1) *Souverain Légiflateur.*] Voi. Rom. XIV. 1. & fuiv. L'Apôtre parlant de ceux qui vouloient prefcrire aux autres de Rites particuliers, ou condamner ceux qui les pratiquoient, dit que ce droit *n'apartient qu'à Jéfus-Chrift feul.* Nous trouvons la même chofe, Jaq. IV. 12. *Il n'y a qu'un feul l'Egiflateur qui peut fauver & qui peut perdre.*

gle à toutes les Opinions des hommes, ou de faire une profession extérieure de ce qu'ils ne croient pas, pratiquant ce qu'ils condamnent intérieurement en eux-mêmes, parcequ'ils le croient contraire aux Préceptes de Jésus-Christ. C'est pourquoi lorsqu'ils n'ont plus cette liberté Chrétienne dont nous avons parlé, ils doivent se retirer non pas comme s'ils condamnoient ceux qui ne sont pas du même sentiment qu'eux, mais parceque chaqu'un doit agir selon ses lumieres, pratiquer ce qui lui paroît le meilleur, & éviter ce qu'il regarde comme un mal.

§. X. *Que la prudence nous obliger de participer à l'Eucharistie avec ceux qui ne demandent des Chrétiens que ce que chaqu'un trouve dans les Livres du Nouveau Testament.*

Jésus-Christ aiant établi deux Sacremens dans son Eglise, savoir le Batême & l'Eucharistie, il n'a pas dépendu de nous de recevoir le Batême dans l'Eglise qui enseigne & professe le plus pur-

pur Chriſtianiſme; puisqu'il nous a été adminiſtré dans l'âge le plus tendre & le plus incapable de ce diſcernement; mais ne participant à l'Euchariſtie que dans un âge mur, nous pouvons examiner la Société Chrétienne dans laquelle nous voulons recevoir ce Sacrement, & ſi nous ne l'avons pas encore fait, nous ſommes obligés de le faire dans la ſuite.

Il y en a qui au lieu de conſidérer l'Euchariſtie, ſelon l'Inſtitution de Jéſus-Chriſt, comme un (1) ſigne de paix, d'union & de charité entre les Chrétiens, la régardent comme l'Etendart de la diviſion, & excluent de leurs Communion tous ceux qui ne veulent ſe ſoumettre qu'à ce que Jéſus-Chriſt leur a propoſé pour être le modele de leur foi, l'objet de leurs eſpérance & la regle de leur conduite;

---

(1) *Comme un ſigne de paix.*] Voi. 1. Cor. X. 16. 17. où après avoir parlé du Calice, & du pain de l'Euchariſtie dont pluſieurs ſont participans, il ajoûte, *quoi que nous ſoyons pluſieurs, nous ne ſommes qu'un ſeul pain & qu'un ſeul corps; car nous participons tous à un ſeul pain.* Paroles qui prouvent que l'Euchariſtie eſt un ſigne d'union entre les Chrétiens, comme l'ont judicieuſement remarqué les plus célèbres Interpretes.

te ; qui ne reçoivent ce qu'ils font persuadés être contenu dans l'Evangile, leur conscience ne leur permettant pas d'admettre d'autre Regle que celle dont nous avons parlé ; sujet qui ne paroît pas mériter d'être éxclus d'une Assemblée. Il est permis, & l'on doit conserver la paix & l'union avec ces sortes de Personnes, mais il n'est jamais permis a un homme sage & craignant Dieu de (1) participer à l'Eucharistie avec ceux qui veulent admettre d'autre Regle de la foi & des mœurs que l'Evangile, & qui éloignent de leur Communion ceux qui sont d'un sentiment contraire ; mais a l'égard des Chrétiens qui n'admettent d'autre moien d'arriver au salut que celui que Jésus-Christ & les Apôtres nous ont prescrit dans l'Evangile, & que chaqu'un y peut trouver ; l'on peut en toute sureté, & l'on doit même participer avec eux à l'Eucharistie

se

---

(1) *Participer à l'Eucharistie.*] Grotius a été du même sentiment comme il paroît par un petit Livre qui a pour titre. *Si l'on doit toûjours participer aux signes*, où il traite des raisons qu'on peut avoir de ne pas communier. Tom. 4. Œuv. Theol. p. 511,

si l'on est véritablement ataché à l'Evangile. Car il y a une grande différente entr'eux, & les autres dont nous avons parlé ci-dessus; puisque tous ceux qui sont appellés, & qui participent à la même Table reçoivent tous également les Livres du Nouveau Testament comme la seule & unique Regle de la foi & des mœurs, à laquelle ils veulent conformer toutes leurs actions; qui n'admettent aucune Idolatrie, & ne regardent pas comme Ennemis ceux qui reçoivent quelque Dogme qu'ils n'adoptent pas eux-mêmes. Il est certain qu'on ne doit pas communier avec ceux qui veulent forcer les autres à recevoir leur Doctrine, ou leurs sentimens particuliers; qui adorent d'autre Divinité qu'un seul & vrai Dieu Pére, Fils & S. Esprit; qui prouvent par leurs Oeuvres, qu'ils s'embarassent peu de Préceptes de l'Evangile; qui reconnoissent d'autre moien de salut que ceux qui sont marqués dans les Livres de l'Alliance éternelle; mais ceux qui ont des sentimens contraires & qui en fournissent les preuves méritent qu'on s'unisse à eux, & qu'on les préfere à tous les autres. Il n'y a point (1) d'homme ni d'Ange même capable de prescrire au Chrétien un nouvel Evangile comme l'objet de sa Foi, & c'est cet Evangile qui le rend vrai Disciple de Jésus-Christ, lorsqu'il s'atache à sa seule Doctrine; qu'il lui obéit autant que la foiblesse humaine le peut permettre; qu'il adore un seul Dieu, qu'il aime son Prochain comme soi-même, & qu'il conforme ses actions aux Regles de la temperance & de la sobriété. Si l'on retranche quelque chose de ce que nous venons de marquer, l'on tronquera les Loix de l'Alliance dont personne ne peut dispenser que Dieu seul; si l'on y ajoûte, c'est un joug inutile que personne n'a droit d'imposer aux Chrétiens. Dieu seul, souverain Arbitre du salut éternel, est le souverain Legislateur de qui les Chrétiens peuvent recevoir la Loi.

On pourroit nous demander par quel titre ces Assemblées Chrétiennes, dont nous venons de tracer le portrait, sont distinguées des autres; mais il ne s'agit pas ici d'une dénomination parti-

(1) *Il n'y a point d'homme,*] Voi. la Not. sur. §. 1.

ticuliere : le Lecteur doit être perſuadé que par tout où il trouvera les Principes que j'ai établis, ce ſont les Aſſemblées que j'ai eu en vue ; partout où ſera cette ſeule & unique Regle de la Foi, & cette liberté de Conſcience dont j'ai parlé, qu'il s'aſſure que c'eſt là le véritable Chriſtianiſme, ſans s'atacher à aucun nom particulier, ce qui ne fait rien à la choſe. Je croi qu'il y en a pluſieurs de ce caractere, & je demande à Dieu de tout mon cœur qu'il les augmente de jour en jour, afin que ſon Royaume vienne & ſoit étendu dans toutes les parties du Monde; que tous les hommes lui obéïſſent, & ne rendent homage qu'à lui ſeul.

§. XI. *De la Diſcipline Eccléſiaſtique.*

Il ſe préſente ici quelque difficulté ſur la forme extérieure du Gouvernement de l'Egliſe, ce qu'on appelle la diſcipline Eccléſiaſtique : car il n'y a point de Societé ſemblable à celle de l'Egliſe qui puiſſe ſubſiſter ſans ordre, c'eſt c'est pourquoi il a fallu établir quelque forme de Gouvernement. Or on demande quel modelle les Apôtres nous ont laissé sur ce sujet, & de quelle maniere ils ont conduit & gouverné les Eglises, puisque ce qui a été établi dès le commencement semble mériter la préférence, & que de deux Eglises qui enseignent également la Doctrine de Jésus-Christ dans toute sa pureté, il faudroit préférer celle qui suivroit dans la Pratique le Gouvernement des Apôtres, quoique ce Gouvernement seul destitué de la Prédication de l'Evangile ne fût qu'un fantôme d'Eglise.

Or il se trouve aujourd'hui deux sortes de Gouvernement; l'un par lequel l'Eglise est conduite sous l'autorité d'un seul Evêque, qui a seul le droit d'ordiner des Prêtres & d'autres Ministres d'un ordre inferieur; l'autre dans lequel tous les Ministres ont un pouvoir égal, & associent à leur Gouvernement quelques personnes de l'Eglise, sages, prudentes, & d'une conduite sans réproche. Ceux qui ont lu sans préjugé ce qui nous reste des plus anciens Ecrivains de l'E-
gli-

glise, (1) ne peuvent ignorer que la première forme de Gouvernement qu'on appelle Episcopal, tel que nous le voïons établi dans la partie méridionale de l'Angleterre, fut mis en pratique dans le premier siécle après les Apôtres, ce qui suffit pour conclure qu'il est d'institution Apostolique ; mais à l'égard de celle qu'on appelle Presbytérienne, elle doit son origine à ceux qui s'étant séparez de la Communion de Rome dans le 16. siécle, l'on établie en plusieurs endroits de France, d'Allemagne, de Suisse, & de Flandres.

Ceux qui ont lu l'Histoire de ce siécle savent, que cette forme de Gouvernement ne fut introduite que parceque les Evêques refuserent d'accorder la Réforme qu'on demandoit dans la foi & dans les mœurs, & qu'on jugeoit indispensable pour extirper les Erreurs & abolir les Vices. Si les Evêques de ce tems là eussent voulu faire librement & de bon cœur, ce que firent dans la suite ceux d'Angleterre l'on

(1) *Ne peuvent ignorer.*] Voi. notre *Histoire Ecclesiast.* l'an. 52. 6. 68. 8. & suiv.

l'on verroit une uniformité de Gouvernement parmi tous ceux qui se sont séparés de Rome, & l'on eût prevenu une infinité de malheurs, suites ordinaires des troubles & des divisions; car examinant la chose avec attention, l'on voit que la seule raison qui a fait changer le Gouvernement, c'est qu'on ne pouvoit rien obtenir ni espérer de juste & d'équitable de ceux qui conduisoient alors. C'est ce qui a fait introduire la forme Presbytérienne, qui étant une fois établie, il a été, & il est encore aujourd'hui de l'interêt des Souverains & des Magistrats de la maintenir, à moins de vouloir porter le trouble & la division dans les Provinces & dans les Villes, ce que des personnes sages n'accorderont jamais, & ce qui ne seroit pas à souhaiter. La forme du Gouvernement fut autrefois établie pour conserver la Doctrine Chrétienne, & non pas pour troubler la République qui ne pourroit être agitée, sans que la Religion en ressentît le contrecoup.

 C'est pourquoi les personnes les plus sages qui auroient souhaité que le Gouvernement le plus conforme aux

tems

ems Apostoliques eût été établi partout, ont cru qu'il étoit plus à propros de laisser les choses dans l'état où elles sont, que de s'exposer aux dangers inévitables qui accompagnent presque toûjours les changemens & les nouveautés. Cependant les plus judicieux n'ont point conçu pour ce sujet de sentimens de haine & d'animosité les uns contre les autres ; ils ne se sont ni chargez d'outrages, ni condamnez, comme ont coutume de faire ces Esprits brouillons qui n'agissent que par interêt de Parti, comme si le salut éternel dépendoit de la forme du Gouvernement Ecclesiastique, ce qu'on ne prouvera jamais par l'Ecriture ni par l'Esprit de la Religion Chrétienne.

§. XII. *Que Grotius a beaucoup estimé l'ancienne Discipline, quoiqu'il n'ait jamais condamné l'autre.*

Ceux qui ont lu les Ecrits du célébre Grotius, & qui ont éxaminés sa Doctrine & ses mœurs, sont trèsconvaincus qu'il s'étoit formé (1) une juste idée de la Doctrine la plus pure dont il a prouvé la Vérité, & qu'il n'a jamais cru d'autre Religion véritable; mais parfaitement instruit de ce que les Auteurs Ecclesiastiques ont raporté sur ce sujet, & voiant que la forme du Gouvernement Episcopal étoit la plus ancienne, il l'à approuvée de la maniere qu'elle subsiste en Angleterre, comme on en peut juger par ses paroles (2) raportées au bas de la page.

(1) *Une juste idée.*] Voi. entr'autres choses l'*Instruction des Enfans Chrétiens* que l'Auteur a traduit des Vers flamans en Latin. Tom. 4. Ouvrag. Theol. p. 629. Il a souvent même répeté dans ses derniers Ouvrages que tout ce qui est nécessaire au Salut est clairement renfermé dans le *Nouveau Testament*. Voi. ses Remarq. sur les *Consult.* de *Cassand*, à la fin, où il traite de la suffisance & de la clarté de l'Ecriture, desorte que selon ses Principes, chacun peut tirer de là les Points essenciels de la Doctrine Chrétienne que nous avons raportés.

(2) *Par ses paroles raportées &c.*] Remarq. Consult. de Cassand. 14. *Les Evêques sont supérieurs aux Prêtres, & nous trouvons cette dignité de prééminence établie par Jésus-Christ dans la personne de Pierre & continuée par les Apôtres partout où ils en ont trouvé l'occasion, pratique approuvée par le S. Esprit dans l'Apocalipse; c'est pourquoi comme il est à souhaiter que cette pratique soit établie par tout &c.* Voi. ce qu'il dit ensuite touchant la puissance Ecclesiastique, & dans l'Examen de l'Apologie de Rivet. p. 714. Col. 2. à quoi l'on pourroit joindre les lettres qui sont à la fin de ce petit Ouvrage.

page. Il ne faut pas douter que si la chose eût dépendu de lui, & qu'il n'eût pas été agité par de si facheux contretems, & aigri par la malignité de ses Ennemis, il ne se fût joint à ceux qui suivoient cette ancienne forme de Discipline & qui n'eussent exigé de lui que la pure Doctrine Chrétienne que nous avons raportée, & dont il a lui-même prouvé la Vérité. Ce qui nous engage à avoir cette pensée est fondé sur des raisons qui nous ont paru si importantes, que nous les avons jointes à ce petit Livre.

§. XIII. *Exhortation à tous les Chrétiens divisés de sentimens de n'exiger les uns des autres la créance d'aucun Point de Doctrine, que de ceux dont chacun connoit la certitude par la lecture du Nouveau Testament, & qui a toûjours fait l'objet de la Foi.*

Les choses étant comme nous les avons raportées, nous ne pouvons trop exhorter les Chrétiens de se souvenir que ce que nous avons dit renferme toute l'essence de la Religion Chrétienne dont la Vérité peut être prouvée par les Argumens de Grotius, & qu'il ne s'agit pas de Points de dispute que chacun conteste de part & d'autre, & qui ont enfanté tant de maux : puisqu'on ne peut persuader à personne, qui aura lu & médité avec attention & respect le Nouveau Testament, qu'il y ait un (1) autre Législateur que Jésus-Christ des Loix duquel dépende l'Eternité du Salut ; ceux qui seront convaincus de ces Vérités, ne pourront jamais obtenir d'eux-mêmes, d'admettre ou regarder comme nécessaire au Salut & essentiel à la Foi ce qui ne sera pas fondé dans la Doctrine de Jésus-Christ & des Apôtres, soit qu'il le regarde comme vrai, ou qu'il croie lui être contraire. C'est pourquoi le meilleur & le plus éfficacé

---

(1) *Un autre L'egislateur.*] Les paroles de S. Jaq. IV. 12. sont formelles sur ce sujet ; nous les avons citées au §. 5. avec d'autres qui s'y raportent. De plus la chose parle d'elle-même, puisque les Chrétiens étant divisés par des sentimens contraires, personne ne voudra se soumettre aux raisons du Parti oposé.

ce de tous les moiens qu'on puisse employer pour terminer les disputes, c'est de n'obliger personne à croire que ce qu'il connoit certainement être révelé, & l'on ne doit pas craindre les inconveniens qui en pouroient arriver, puisque l'Expérience démontre que dans la durée de tous les siécles qui se sont écoulés depuis Jésus-Christ jusqu'à nous il n'y a pas eu un homme de bon sens qui ait rejetté les Points essentiels de la Doctrine Chrétienne que nous avons raportés. Si l'on ne demandoit que cette seule chose (1) & qu'on voulût se fixer sur ce qui est essentiel à la Foi, les disputes seroient bientôt terminées, & les autres Points, dont on ne conviendroit pas unanimement, ne regarderoient plus le corps entier des Eglises, mais les particuliers qui agissant chacun selon les lumieres

(1) *Cette seule chose.*] Ce fut le sentiment du Jaques I. Roi d'Angleterre, si nous en croions Casaubon, qui dans la réponse aux Lettres du Cardinal *du Perron à la* 3. *Observ.* p. 1612. nous raporte ces paroles. *Le Roi croit qu'il n'y a pas un grand nombre de choses nécessaires au Salut, c'est pourquoi sa Majesté se persuade que le meilleur & le plus court moien pour établir la paix & l'union, c'est de séparer avec precision les choses qui sont nécessaires de celles qui ne le sont pas, & d'emploier tous ses soins pour convenir des choses qui sont absolument nécessaires, accordant une entiere liberté sur celles qui ne le sont pas.*

res de leur Conscience, en doivent un jour rendre compte à Dieu : s'ils pouvoient se persuader qu'ils sont tous d'accord sur les Points fondamentaux de la Religion, comme cela est vrai, & qu'ils se tolerassent mutuellement sur le reste, sans employer la violence ou de laches & d'indignes artifices, pour attirer les autres dans leurs sentimens, & les astreindre à leurs Culte; c'est en quoi consisteroit la paix qu'on peut espérer sur la terre. (1) L'ignorance des hommes, soutenue & fortifiée des préjugés qui les aveuglent, ne doit pas faire espérer à une personne sage & prudente de pouvoir les réunir tous dans un même sentiment, soit qu'on y emploie la violence, ou qu'on les convainque par les raisons les plus solides. Les Esprits les plus éclairés, & les cœurs les plus nobles n'ont jamais approuvé la violence, qui est le ministre de mensonge, & non pas de la

---

(1) *L'ignorance des hommes.*] Hilaire a pensé très-juste, lorsqu'il a dit sur la Trinité Liv. 10. N. 70. *Dieu ne nous a point appellez au Salut & à la Vie éternelle par des questions épineuses & difficiles ; il ne veut point nous attirer à lui par les traits d'une Eloquence mondaine : ce qu'il nous prescrit pour arriver à l'Eternité est également absolu & facile, c'est de croire que Dieu a réssuscité Jésus-Christ des morts & le reconnoître & confesser pour notre Seigneur.*

la Vérité; & les Savans qui se laissent souvent éblouir par de fausses lumieres, ou aveugler par les préjugés de l'éducation, & d'autres motifs particuliers, connoissent assés le poids des raisons qu'on leurs propose; ce qui rend inutile la violence qu'on leurs voudroit faire pour les forcer d'agir ou de parler contre leurs consciences. Que ceux qui sont chargés du Gouvernement de l'Eglise soient contens qu'on croie à l'Evangile, & qu'on établisse ce Point de Foi, comme ce qu'il y a de plus essentiel, qu'on observe ses Préceptes, & qu'on espére le Salut de la fidélité avec laquelle on observera ses Loix, alors tout sera dans l'ordre; mais pendant qu'on fera un mélange des Traditions humaines avec la Révélation, & qu'on voudra unir les choses douteuses avec celles qui sont certaines, les disputes ne finiront point, & il n'y aura aucune espérance de paix que tous les gens de bien & qui ont de la piété doivent demander à Dieu de tout leurs cœur, contribuant à la procurer par tous les moiens dont ils sont capables.

LIVRE

Contre l'indifférence des Religions

par Mr. LE CLERC.

§. I. Quiconque a dit le premier (1) qu'il y avoit une Alliance immuable entre l'Esprit de l'Homme & la Vérité d'où les effets sembloient dependre, quoique souvent interrompus par les Passions & les changemens des hommes, sans cependant jamais se séparer, paroît avoir

---

(1) *Quiconque a dit le premier.*] Jean Smith dans ses Diss. imp. à Lond. en 1660. *Augustin. Serm.* 140. *sur les paroles de l'Evang. de St. Jean. Tom.* 5. *Col.* 682. Tout homme cherche la Vérité & la Vie, mais chaqu'un n'en trouve pas le chemin; *& au même serm.* 140. *Col.* 726. l'Esprit hait l'Erreur, & l'on peut comprendre le degré de la haine qu'il lui porte, puisque la joie de ceux qui ont l'esprit troublé, est un sujet de compassion qui fait pleurer les sages. Si l'on proposoit le choix de ces deux choses: Voulés vous être dans l'Erreur, ou suivre la Vérité, il n'y a pas un homme qui ne prit les dernier parti.

voir pensé très-juste. Car il n'y a personne qui veuille être trompé, & qui n'aime mieux connoître la vérité des choses que d'être dans l'erreur à leur égard lorsqu'elles sont importantes, & même quand elles ne consisteroient que dans une simple contemplation. Nous aimons naturellement le vrai, & nous haïssons l'Erreur, de sorte que si nous connoissions le chemin qui conduit a la Vérité, nous le suivrions sans contrainte ; c'est pourquoi tant de grands hommes ont immortalisé leur memoire en employant toute leur Vie à la recherche de la Vérité. Il y en a eu une infinité, & il s'en trouve encore aujourd'hui parmi les Physiciens, & les Géometres qui se sont donné des peines inconcevables pour la découvrir ; (1) & qui ont avoué n'avoir jamais gouté de plaisir plus sensible & plus doux, que lorsqu'après de longues & pénibles recherches, ils ont enfin trouvé le vrai. Nous regardons même la connoissance & l'amour de la Vérité, comme un

_____

(1) *Et ont avoué n'avoir jamais goutés de plaisir.*] Voi. la Vie de Pythagor. par Diogene Laërce Liv. 8. 12.

un des plus glorieux Privileges qui distinguent les hommes des Animaux.

Mais comme chaque Vérité n'est pas de la même importance, qu'il y a certains Dogmes Théoriques que nous négligeons d'approfondir, parcequ'ils ne pourroient nous procurer aucun avantage, ou du moins très-peu, & que leur recherche semble ne pas mériter tant de peines ; il y en a d'autres qui sont si importans que nous consacrons de bon cœur nos soins les plus assidus & nos travaux les plus redoublés pour les connoître ; tels sont ceux qui nous enseignent les moiens de couler nos jours dans la paix, le bonheur & la tranquilité, ce que tous les hommes estiment & recherchent avec ardeur & empressement. Si nous joignons à une vie bien reglée & hureuse (car ce qui est bon, c'est-à-dire conforme à la Vérité doit toûjours être regardé comme heureux) le bonheur éternel qui doit suivre cette vie si courte, ce que tous les Chrétiens dans toutes les Communions différentes font profession de croire ; l'on avouera que la connoissance des mo-

iens

moiens par lesquels on y peut parvenir mérite toute nôtre étude, nos recherches & nôtre application.

§. II. *Qu'il n'y a rien de plus important que la Religion, & que par conséquent l'on doit employer tous ses soins à la connoître.*

Nous ne parlons point ici à ceux qui méprisent toute sorte de Religions & nous n'avons rien à leur dire ; le célèbre Grotius les a si solidement réfutés dans l'Ouvrage dont nous avons parlé ci-dessus, qu'il n'y a point d'homme qui cherche la Vérité, qui puisse, après l'avoir lu, révoquer en doute qu'il y a un Dieu qui veut être honoré des hommes, & qu'ils lui rendent le Culte que Jésus-Christ a établi, promettant à ceux qui le serviront de cette maniere la félicité éternelle après cette vie fragile & périssable.

Sur ce principe, personne ne peut douter que la Religion ne soit de la derniere importance, & que se trouvant plusieurs Assemblées de Chrétiens

E e

tiens différens dans leurs Dogmes, on doit s'appliquer à connoître celle qui est la plus conforme à la Doctrine & aux Préceptes de Jésus-Christ. On ne peut pas les regarder toutes dans le même point de vue, & les considerer comme étant égales, puisqu'il y en a plusieurs si différentes dans la Doctrine & dans le Culte, qu'elles s'accusent réciproquement des Erreurs les plus monstrueuses, & du Culte le plus corrompu; qu'il y en a même quelques-unes qui excluent les autres du Salut éternel. Si la chose étoit vraie, il faudroit s'en séparer d'abord pour s'atacher à ceux qui se disent véritablement Chrétiens, & qui objectent à leurs Adversaires des Points si essenciels. Car il ne s'agit pas simplement de cette vie fragile & mortelle, sujette à une infinité de maux, de chagrins & de traverses dans quelqu'état qu'on soit placé; mais il s'agit des supplices dont Dieu menace ceux qui ne croiront pas à l'Evangile, & de la possession d'un bonheur éternel & infiniment parfait.

Cependant l'on trouve des hommes, qui à la vérité ne sont pas savans, & n'ont n'ont jamais lu ni médité l'Ecriture, qui par conséquent ne connoissent point les sujets contestés entre les Chrétiens, & ne peuvent savoir qui a raison; ceux de ce caractere s'embarrassent peu d'entrer dans cette discussion, se persuadant qu'il est permis d'embrasser le sentiment, ou de pratiquer le Culte qu'on veut. La chose leur paroît indifférente quelque Communion Chrétienne qu'on suive, & dont on fasse profession. Nous ne parlons pas simplement du menu Peuple, mais il y a des Roiaumes où non seulement le Commun, mais les Grands & les premiers de l'Etat après s'être separés de l'Eglise Romaine, y rentrerent sous un nouveau Regne, & parurent ensuite les plus zélés à secouer son joug, lorsque le Gouvernement changea de face. Sous *Henri VIII.* Roi d'Angleterre, on fit plusieurs Ordonnances contre l'Eglise Romaine, non seulement par la seule autorité du Roi, mais du consentement des principaux Officiers de la Couronne, & des plus Grands du Royaume; & ceux même qui n'approuvoient pas les raisons de ce Prince souscrivirent cependant à sa volonté. Après sa mort, son fils *Edouard* VI. qui lui succeda, aiant embrassé le Parti de ceux qui s'étoient séparés de la Communion de Rome, ce que son Pére avoit déja fait, & qui avoient établi des Dogmes condamnés par le Pape & ses Adhérans, les principaux du Roiaume firent une profession publique de la Religion du Roi. *Edouard* étant mort, *Marie* sa sœur, entierement dévouée au Pape, monta sur le Thrône; l'on vit alors les Grands du Roiaume se joindre à la Reine & devenir zélés persécuteurs de ceux qui sous le Regne précédent avoient paru avec éclat & méprisé l'Autorité de Rome; après la mort de *Marie*, *Elizabeth* lui succéda, & qui aiant suivi les sentimens d'*Edouard* son frere affermit la Religion par un long Regne, & en posa des fondemens si solides, qu'ils lui servent encore aujourd'hui des base & de soutien.

Ceux qui liront l'Histoire de ce Siecle, verront que ces variations de la part des Grans du Roiaume ne peuvent avoir pour principe qu'une fausse persuasion que l'on peut également trou-

trouver le Salut éternel dans toutes les Communions Chrétiennes. J'avoue qu'on peut attribuer une partie de ces changemens à la crainte; mais quand je me repréfente le courage des Anglois, la conftance & le mépris de la mort dont ils ont fi fouvent fourni des preuves, je croi facilement que l'atachement à la vie & l'indifférence de la Religion, principalement dans les Grands du Roiaume, ont été les mobiles de ces variations fi fenfibles.

§. III. *Que l'indifférence de Religion n'eft pas permife d'elle-même; qu'elle eft deffendue par les Loix divines, & condamnée par toutes les Communions Chrétiennes.*

Plufieurs raifons démontrent avec évidence, que c'eft une Erreur très-dangereufe de croire qu'on peut placer la Religion parmi les chofes arbitraires, qu'on peut changer comme un habit, conformant fa Créance & fa Foi aux circonftances du tems où l'on fe trouve. Nous raporterons fur ce sujet les principales raisons tirées de la nature de la chose même, des Loix divines, & du consentement unanime de tous les Chrétiens.

Premierement il est honteux de mentir & sur tout dans une chose importante, puisqu'il est défendu de le faire dans la plus légere, à moins de produire plus de fruit par le mensonge que par la vérité; mais ici les hommes ne peuvent ni mentir ni dissimuler sans s'exposer à un danger très-évident, puisque confirmant le mensonge autant qu'ils en sont capables dans une chose si importante, ils oppriment la Vérité & la retiennent captive dans les ténèbres. Exemple contagieux, principalement dans les Personnes distinguées sur qui le Peuple régle sa conduite, & qui se rendent coupables non seulement de leurs propres péchés, mais de ceux où ils entraînent les autres par leur mauvais exemple; ce qui fait d'autant plus d'impression sur les Esprits, qu'on se rend toûjours plus attentif sur les actions des Supérieurs que sur leurs paroles.

Il est également honteux & indigne d'un

d'un Cœur noble & généreux de mentir pour conserver une vie fragile, périssable & mortelle, & aimer mieux déplaire à Dieu qu'aux hommes. C'est pourquoi les plus grans Philosophes ont préféré la mort, aux actions qu'ils croioient condamnées par la Divinité. (1) Socrate nous en fournit une preuve, puisqu'il aima mieux boire de l'extrait de Cigue, que de vivre & cesser de parler en Philosophe selon sa coutume. D'autres se sont (2) éxilés de leur Patrie, plutôt que de renoncer aux Opinions qu'il avoient soutenues les croiant véritables. Il s'en est trouvé d'assés courageux parmi les Paiens pour oposer une conduite réglée au torrent du vice, couvrir de honte la corruption de leur siécle par les reproches les plus vifs, & cru qu'il valoit mieux mourir que de flatter un Tiran, & changer leur maniere de vivre. Tels ont

(1) *Socrate.*] Voi. ce que nous avons raporté sur ce sujet dans nos Ouvrages de Littérature, Liv. I. C. III.

(2) *Exilés de leur Patrie.*] Galenus dans le Livre où il montre que les *affections de l'Ame suivent les mouvemens du Corps.* Chap. dern. sur la fin parlant des Stoïciens, dit *qu'ils ont mieux aimé abandonner leur Patrie, que de trahir leurs sentimens en cachant leur Doctrine.*

ont été Thraseas (1) le louche & (2) Helvidius l'ancien qui choisirent la mort, plutôt que d'approuver par de laches & d'indignes flatteries les vices & le déréglement des Empéreurs; ce qui aiant été pratiqué par des hommes qui n'avoient qu'une espérance incertaine d'une vie plus heureuse que celle-ci, doit faire une impression plus vive sur ceux qui ont une espérance invariable d'une félicité éternelle.

Tous les Siécles ont immortalisé la mémoire de ceux qui se sont exposés à la mort avec un courage intrepide pour le salut de leur Patrie; & sur ce principe, qui pourra refuser des louanges à ceux qui ont préferés le Ciel à la terre, & une Vie éternelle & bien heu-

---

(1) *Thraseas le louche.*] Fut mis à mort sous le Regne de Néron, parce qu'il ne *voulut pas le flatter* dans ses vices. Voi. Annal. Tacite, Liv. XVI. XXIV. & suiv.

(2) *Helvidius l'ancien.*] Gendre de Thraseas, à qui on commanda de sortir d'Italie, selon le raport de Tacite dans le même endroit; qui fut ensuite mis à mort par Vespasien, comme nous le raporte Suétone Chap. XV. parce qu'il n'avoit pas témoigné assez de respect pour son nouveau Souverain. Le Fils d'Helvidius eut le même sort, puisque Domitien le fit mourir. Voi. Suéton. dans sa Vie, & Tacite dans la Vie d'Agricola. C. XLV.

heureuse que la Révélation nous decouvre, à cette vie mortelle & fragile qui doit finir un jour? Qui au contraire ne blameroit pas une ame basse qui aime mieux conserver une vie qui lui est commune avec les Bêtes & qu'elle doit bientôt perdre, que de se mettre en possession d'une vie bien heureuse & immortelle lorsque l'occasion s'en présente? Nous voions des Soldats affronter avec intrépidité les périls les plus dangereux moins par amour pour leur Patrie, que pour acquérir & se conserver la faveur & la bienveillance du Prince & du Souverain, & la faire ensuite réflechir sur leur Famille. Nous les voions sur le bord du Tombeau se feliciter que leurs Enfans soient intéressés dans les plaies qui leurs procurent la mort. Combien de Mercenaires qui combattent & exposent leur vie pour un gain sordide; & il se trouvera des hommes qui pour soutenir la Vérité qui est éternelle, agréable à Dieu & accompagnée des plus magnifiques récompenses, ne voudroient pas risquer je ne dis pas la vie, mais leurs biens & les honneurs qu'ils possédent!

Ee 5   C'est

C'est pourquoi Jésus-Christ nous a donné le Précepte rénfermé dans ce paroles: (1) *Quiconque fera profession d'être à moi, devant les hommes; je le reconnoîtrai aussi pour mien, devant mon Pére, qui est au Ciel. Mais quiconque niera d'être à moi, devant les hommes; je nierai aussi qu'il soit à moi, devant mon Pére, qui est au Ciel.* Paroles dans lesquelles il nous enseigne qu'il reconnoîtra pour ses Disciples & couronnera de la gloire éternelle celui qui n'aura jamais dissimulé ni caché sa Doctrine par ses oeuvres ni par ses paroles. Il nous avertit dans une autre endroit; (2) de nous conduite avec prudence, & *de ne pas jetter les perles devant les Pourceaux*; mais cette prudence ne tend pas à nous engager à dissimuler ou à mentir pendant toute nôtre vie, pour éviter la colere & l'animosité des hommes; & à ne pas tentèr en vain de faire revenir à eux-mêmes des gens aveuglés par l'Erreur, & obstinés dans leur aveuglement. Il nous déclare même, après les paroles que nous avons raporꝛ

(1) *Tout homme donc &c.*] Matt. X. 32.
(2) *De ne pas jetter les perles* &c.] Matt. VII. 6.

porté, qu'on sera obligé de garder cette conduite, & de confesser publiquement son Nom malgré la haine des Parents, la persécution de ses Proches, & le danger de la mort. *Car celui, dit-il,* (1) *qui aimera son Pere & sa Mere plus que moi n'est sera pas digne de moi; celui qui aimera son Fils ou sa Fille plus que moi, ne sera pas digne de moi;* ce qu'on peut appliquer à celui qui par des vues charnelles & pour l'amour de ses Parens dissimule la Doctrine de Jésus-Christ & ses Préceptes. Il nous avertit même que cette fermeté peut nous exposer à la mort; mais que ce motif ne doit pas nous obliger à changer de conduite, puisque perdant cette vie nous retrouvons dans celle qui est avenir l'immortalité bienheureuse, ce qui fait qu'il ajoûte, (2) *Celui qui ne prendra pas sa croix, & qui ne me suivra pas, ne sera pas digne de moi: Celui qui aura conservé sa vie* (dans ce siécle) *la perdra* (dans le siécle futur), *& celui qui aura perdu la vie* (sur la terre) *à cause de moi, la trou-*

---

(1) *Qui aimera son Pere* &c.] Matt. X. 37.
(2) *Celui qui ne prend* &c.] Matt. X. 38.

vera dans le Ciel accompagnée d'un bonheur éternel.

Doctrine si évidente & si claire que toutes les différentes Communions la reçoivent & l'admettent : ceux qui obéïssent au Pape, ou qui en sont séparés conviennent tous d'un commun accord qu'il n'est jamais permis de déguiser ni de trahir les sentimens de sa Conscience sur la Religion, lorsqu'il s'agit des Dogmes fondamentaux, & que cela se peut faire sans trouble & sans tumulte : car il seroit plus à propos de se taire sur des choses qui ne touchent ni la Foi ni la pureté des mœurs, afin de ne pas donner lieu à des contestations & à des disputes perpétuelles entre les Chrétiens, puisque nous trouvons si peu de Savans qui soient parfaitement d'accord sur toutes choses ; nous disons qu'alors il vaudroit mieux se taire, & non pas feindre ou déguiser, puisque garder le silence sur ses sentimens, ce n'est pas mentir ; mais dire qu'on croit ce qu'on ne croit pas c'est un mensonge formel. De plus si l'on veut faire passer en Loi un Dogme que vous croiez faux, il vous est permis & vous étés obligé de té-

témoigner avec douceur & modestie que vous n'êtes pas de ce sentiment, & le faire sans éclater par des disputes & des contestations. Autrement la douceur du Gouvernement de l'Eglise Chrétienne, qui n'exclut pas la diversité d'Opinions lorsque la Charité n'en soufre aucun domage, deviendroit une Tirannie qui voudroit enchaîner les pensées, & les réünir toutes au même objet sans que l'Esprit eût la liberté de varier sur la moindre chose. Il y a une infinité de Questions Theoriques & très-obscures, principalement à ceux qui n'en ont jamais fait une Etude particuliere; Questions qui ne doivent jamais porter aucune atteinte à la liberté Chrétienne; vérité d'autant plus certaine, que de l'aveu de tous les Chrétiens il y a une infinité de passages de l'Ecriture, & un grand nombre d'Opinions Theologiques sur lesquelles les Savans ne se sont jamais accordés & ne s'accordent pas même entre ceux qui en d'autres choses demandent & exigent un consentement unanime.

§. IV.

§. IV. *Qu'il ne faut pas légérement taxer d'Erreur & d'un Culte déffendu, ceux qui sont d'un sentiment contraire au notre, ni les exclure du Salut éternel qui ne se peut trouver dans leur Communion ; quoiqu'il ne soit jamais permis de professer ce que nous ne croions pas, ou de pratiquer ce que nous condamnons.*

Ceux qui sont séparés de l'Eglise Romaine, & ceux qui y sont encore, ne sont pas d'un même sentiment entr'eux sur tous les Points, quoique selon la pensée des plus éclairés de part & d'autre les choses dans lesquelles ils diffèrent ne portent aucune atteinte à la Foi, & aux hommages que nous devons à Dieu. Il est vrai que ceux qui sont séparés de l'Eglise Romaine l'accusent d'avoir introduit des Dogmes & un Culte qu'ils croient faux; nous ne décidons rien sur ce sujet, mais nous disons que selon le sentiment de cette

Eglife il n'eſt jamais permis de feindre approuver ce qu'on condamne, puiſqu'elle n'admet perſonne dans ſa Communion qui faſſe connoître qu'il ne s'accorde pas avec elle ſur ce ſujet.

Il ſe trouve cependant parmi ceux qui ſont détachés de Rome (1) des Savans éclairés & d'une profonde litterature, qui ne croiant pas qu'il leur fût permis de r'entrer dans une Communion dont ils ſe ſont ſéparés à cauſe de la Doctrine & du Culte, ne voudroient pas exclure du Salut éternel tous ceux qui vivent & meurent dans cette Egliſe, de quelqu'ordre qu'ils ſoient Savans où Ignorans. Ceux qui croient la Doctrine de Rome contraire & opoſée à l'eſprit & aux Points fondamentaux du Chriſtianiſme ſavent qu'il ne leur eſt pas permis d'en faire profeſſion ni de feindre approuver ce qu'ils condamnent, puiſque s'ils tomboient dans ce malheur & qu'ils y perſévéraſſent juſqu'à la mort, ils n'auroient rien à prétendre au Salut, mais

---

(1) *Des Savans éclairés.*] Entre ceux qui compoſent ce nombre *Guillaume Chillingworthius*, dans un Livre Anglois intitulé : *la Religion des Proteſtans eſt un chemin ſûr qui conduit au Salut*, où il raporte tous les Auteurs qui ſont de ſon ſentiment.

mais à l'égard de ceux qui suivent de bonne foi cette Doctrine qu'ils croient conforme à la Révélation, ou du moins ne lui être pas si contraire, qu'elle sappe les fondemens de la Foi ou de la Sainteté Chrétienne, soit que cette pensée soit le fruit des Etudes de leur jeunesse, soit préjugé, defaut de lumiere, de connoissance ou de jugement; les Auteurs dont nous avons parlé ne croient pas qu'on puisse exclure du Salut ces sortes de personnes, parce qu'ils ne savent pas jusqu'à quel point Dieu étend sa miséricorde. Il y a une infinité de circonstances, de lieux, de tems, d'affections de l'Ame qui nous sont inconnues & qui peuvent affoiblir ou diminuer devant Dieu les fautes des hommes pécheurs : ce qui fait qu'on doit excuser dans les uns, ce que l'on condamneroit dans d'autres plus savans & plus éclairés : c'est pourquoi ils croient qu'il est plus conforme aux Loix de la sagesse & de l'équité Chrétienne, en condamnant la Doctrine & le Culte, de laisser au Jugement de Dieu ceux qui pratiquent l'un & l'autre, quoique cet acte de charité ne les empêche pas de croire

qu'il

qu'il ne leur est pas permis de suivre cette Doctrine ni de pratiquer ce Culte.

On ne peut pas conclure de ces principes qu'un homme élevé dans d'autres sentimens, instruit dans l'Etude & la connoissance des saintes Lettres, selon la coutume de ceux qui se sont séparés de Rome, qui agissant contre sa Conscience feroit ou diroit ce qu'il croit faux ou deffendu, & trahiroit la Vérité dans quelque vuë temporelle & mondaine, il ne s'ensuit pas qu'un homme dans ces dispositions puisse espérer le pardon de Dieu, principalement s'il meurt dans la funeste habitude de faire ou pratiquer ce qu'il condamne, ou qu'il eût été dans le dessein de continuer plus long-tems s'il eût plus long-tems vécu. Nous ne croions pas que dans toutes les Communions qui se disent Chrétiennes, un homme de ce caractere puisse trouver aucune assurance de Salut.

Que les Hypocrites considérent & examinent ce qu'ils font lorsqu'ils méprisent & foulent aux pieds toutes les lumieres que la Raison & la Révélation leur présentent qu'ils les rendent inutiles

les par leur conduite, & s'embarassent si peu du jugement unanime que tous les Chrétiens portent sur ce sujet. Il est vrai que ces sortes de personnes ne doivent pas être mises au rang des Savans, & qu'il ne faut pas croire qu'elles aient examiné les choses avec précision; au contraire ces gens méprisent la Littérature des Theologiens, & n'ont aucune connoissance de ce qui est essentiel pour porter sur ce sujet un jugement équitable & solide. Ils ne font pas plus de cas de la Philosophie que les plus distingués d'entre les Romains ont autrefois tant estimée & qui tire sa source de la lumiere naturelle, parce que toutes leurs vuës portent à satisfaire leurs Passions, ce que la Philosophie Payenne n'a jamais approuvé; peu inquiets du jugement des siecles passés, & se mettant peu en peine de ceux d'aujourd'hui, sans se soucier de ce qui arrivera dans la suite, l'on peut dire qu'ils sont plus semblables à des Bêtes qu'à des hommes raisonnables, puisque la Raison ne leur sert de rien & qu'ils n'en font aucun usage. Ceux de ce caractere, qui ne se font aucune peine de feindre ou de men-

mentir, ne meritent aucune créance; ils sont indignes de posséder la confiance de qui que ce soit dans les choses de cette vie, puisqu'ils croient pouvoir impunément se moquer de Dieu & des hommes dans la plus importante des toutes les affaires. Il s'en trouve parmi eux qui posent pour principe qu'on doit toûjours suivre la Religion du Prince, qui venant à changer peut faire varier la foi, & il n'est pas étonnant de leur voir avancer des maximes si impies, puisqu'ils n'ont pas même les principes de la Religion naturelle & comptent pour rien les lumieres de la droite Raison & de la Vertu. Que les Princes & les Souverains sont à plaindre d'honorer de leur confiance des gens de ce caractere qui ne croient ni Religion naturelle ni révélée, & n'en observent aucuns principes! Des gens qui n'ont aucune teinture des belles Lettres ni des Sciences, qui se moquent du jugement des personnes les plus éclairées, qui se mettent peu en peine de rechercher la Vérité & vivent dans un deguisement continuel, sont indignes de gouverner l'Etat ou d'avoir quelque Administration dans les affaires de la République.

Cependant ces sortes de personnes, qui méprisent également la Vérité & la Vertu, se persuadent qu'ils sont meilleurs Citoiens & qu'ils ont plus d'esprit que les autres, quoique leur persuasion soit fausse, puis qu'étant toûjours disposés à soutenir la vérité ou le mensonge, à pratiquer la vertu ou le vice, à parler & agir differemment selon leurs intérêts; ils prouvent par leur conduite qu'ils ont renoncé au bon sens, & fait divorce avec la Raison, & meritent que tout le monde les méprise & les évite.

§. V. *Qu'un homme qui est dans l'Erreur & qui péche par ignorance peut être agréable à Dieu; mais qu'un hypocrite & un fourbe qui dissimule ne le peut pas.*

Telle est la condition des hommes qu'il s'en trouve qui d'ailleurs ne sont pas méchans, mais qui par les préjugés d'une mauvaise éducation, ou fau-

faute de Maîtres & de bons Livres par le moien desquels ils pourroient découvrir l'Erreur & la quitter, ou n'aiant pas assés d'esprit pour comprendre les Controverses de Chrétiens & en juger, passent toute leur vie dans un espéce de ténèbres. Ces sortes de personnes qui, selon la portée de leur Esprit, ont cru ce qu'on leur a enseigné de la Religion Chrétienne, & qui ne sachant pas mieux l'ont suivi de bonne foi, nous paroissent plus dignes de pitié, que de colere. J'avoue que leur Religion est un assemblage d'ignorance, qu'elle est imparfaite, tronquée, défectueuse; mais elle est de bonne foi, & nous pouvons croire que *celui qui ne recueille point où il n'a point semé*, leur fera grace, ou du moins ne les punira pas dans toute la rigueur de sa Justice.

Mais si nous portons nos vues sur d'autres d'un caractere différent, qui n'ont manqué ni d'éducation, ni de Maître, ni de Livres, ni de lumieres, ni d'esprit, pour connoître, en matiere de Controverse, de quel côté se trouve la Raison & la Vérité, & qui malgré toutes ces choses demeurent fermes &

atachés au Parti de l'Erreur, parce qu'ils y trouvent les honneurs, les richesses, & les plaisirs de cette vie; nous ne pouvons regarder sans indignation ces sortes de personnes, & il n'y a point d'homme qui voulût entreprendre d'excuser ou justifier une pareille conduite, sans donner des preuves de l'impudence la plus hardie: d'où il faut conclure que si nous ne pouvons nous résoudre à leur pardonner, nous dont la vertu est si imparfaite quelle sera la rigueur & la sévérité de Dieu contre ceux qui agissant avec connoissance & contre leurs propres lumieres auront préféré le mensonge à la vérité pour les biens fragiles d'une vie perissable & mortelle.

Dieu qui est souverainement miséricordieux pardonne à l'ignorance lorsqu'elle n'a pas le vice pour principe; il fait grace aux vertus imparfaites & à l'erreur de ceux qui ont été trompés, principalement lorsqu'il n'y a aucune malignité formelle ni aucun mépris de la Religion; mais, comme nous l'a enseigné Jésus-Christ, il ne pardonnera jamais à ceux qui aiant connu la vérité auront publiquement pro-

professé le mensonge. Un Hypocrite ne peut pas même être agréable & plaire à ceux de son caractere, qui ne voudroient point d'un Ami capable de changer au moindre intérêt, & d'abjurer à la premiere occasion les Loix les plus saintes de l'amitié la plus inviolable. Nous concluons de ce que nous avons dit, qu'il n'y a point de crime plus énorme & plus honteux que de dissimuler, dans les choses de la derniere importance, ce qu'on connoit de meilleur, pour faire une profession publique de ce qu'on croit de plus mauvais, ce que la Raison nous enseigne & ce que la Révélation nous confirme du consentement de toutes les Communions differentes qui se disent Chrétiennes.

F I N.

www.ingramcontent.com/pod-product-compliance
Lightning Source LLC
Chambersburg PA
CBHW051126230426
43670CB00007B/693